开店创业手册

实体店赚钱就这么简单

逸新◎主编

第3版

中国纺织出版社

内 容 提 要

本书汇集了开店的多种经验，为那些创业开店者出谋划策，指点迷津。在书中，编者根据开店的经营流程和运作程序，分别介绍了开店所具备的条件、市场调研、筹划与准备、选址与布局、营销与服务、财务管理、连锁加盟和网上开店等创业者迫切关心和急需应用的经营策略和技巧，其中既有相关的理论知识，又有简明的操作方法，既有成功者的宝贵经验，又有失败者的探索心得，是创业开店者的行动指南。

图书在版编目（CIP）数据

开店创业手册 / 逸新主编. --3 版. -- 北京：中国纺织出版社，2016. 3（2018.5重印）

ISBN 978-7-5180-2329-5

Ⅰ. ①开… Ⅱ. ①逸… Ⅲ. ①商店—商业经营—手册 Ⅳ. ①F717-62

中国版本图书馆 CIP 数据核字（2016）第 023782 号

策划编辑：曹炳镝　　责任印制：储志伟

中国纺织出版社出版发行

地址：北京市朝阳区百子湾东里 A407 号楼　邮政编码：100124

销售电话：010—67004422　传真：010—87155801

http: //www.c-textilep.com

E-mail: faxing@c-textilep.com

中国纺织出版社天猫旗舰店

官方微博 http: //weibo.com/2119887771

三河市宏盛印务有限公司印刷　各地新华书店经销

2009 年 1 月第 1 版　2016 年 3 月第 3 版

2018 年 5 月第 18 次印刷

开本：710 × 1000　1/16　印张：20.5

字数：257 千字　定价：38. 00 元

前言 PREFACE

常言道：生意做遍，不如开店。的确，开店是最容易做，也是最容易赚钱的生意。对于梦想创业而又未寻找到好的生意门路的人来说，开一家店铺或许是最好的创业之道。

可以说，开店通常是从事经营的始点，又贯穿于经营的整个过程。只要稍加留意，我们就会发现，经营无不与开店有关，那些叱咤风云的大商家几乎都有过经营店铺的经历。有人说，开店包容了经营的全部规则，这或许有些绝对，但至少说明开店包含着丰富经验和内容。经营好一家店铺，就有可能成为你日后成功的起点。

这是一个机遇与挑战并存的时代，机遇只会垂青有准备的人，成功只属于那些敢于冒险的人们。投资开一家自己的店铺，可以给你一个发财致富的机遇，让你拥有独立自主经营的梦想，提供给你一个安逸生活的保障，还可以实现你人生的价值。

但说起来容易做起来难，开店并非像有些人想象的那么简单，不要认为有一笔资金，找到一个地点，再装修一下房子，生意就成功了。开一家店非常容易，但开一家赚钱的店就不简单了。店铺虽小，但方方面面的事情却非常多，本质上就如同一家小型企业。所以，在店铺林立、竞争日趋激烈的今天，要想开店成功，就必须熟悉开店的流程，掌握开店的技巧，学习经营的经验，避免开店的误区。

本书汇集了开店的多种经验，为那些创业者出谋划策、指点迷津。书中，编者根据开店的经营流程和运作程序，介绍了开店的必备知识，如怎样进行市场调研、筹划与准备、选址与布局、营销与服务、管理与理财，对异常情况怎样进行处理、连锁加盟和网上开店应注意什么等创业者迫切关心和急需应用的经营策略和技巧，其中既有相关的理论知识，又有简明的操作方法；既有成功者的宝贵经验，又有失败者的探索心得。

本书是开店创业者的行动指南，是一张财富的导航图。希望读者能通过本书学会经营之道。

目 录
CONTENTS

第一章
准备充分——开店必须具备的基本条件

第二章
弃“生”取“熟”——开店前的风险评估与处置

第三章
“得算多胜”——开店的前期市场调研与分析

第四章
“金角银边”——开店选址大有讲究

第五章
装点门面——旺铺靓店是包装出来的

第七章 “体贴”赚钱——从细节处抓营销服务

第八章 让利得利——店面商品促销有高招

第九章
巧得人心——店面人员管理有高招

第十章
现金为王——店面的日常财务管理与评估

第十一章
有礼有节——顾客异常反应的处理技巧

第十二章
由小做大——店面的发展与扩张

第十三章
借势创业——加盟连锁投资虽大见效快

Part 1 第一章

准备充分——开店必须具备的基本条件

要有强烈的赚钱欲望

一个人是否有改变自己命运的强烈欲望，决定了他最终能不能改变自己的命运。如果一个人没有成为“有钱人”的强烈欲望，那他终生就会为生计而奔波。

要想成功开店，就必须具有强烈的赚钱欲望，这是开店最重要的条件。具有强烈赚钱欲望的人，一定天天充满干劲，抬头挺胸勇往直前；具有强烈赚钱欲望的人，才会把自己的全部精力都投入到店面经营中去，不会因遇到困难而退却。可以说，赚钱是开店最强大的动力。一个人赚钱欲望的大小，决定了他赚钱的多少。

马云，一个家喻户晓的名字。作为当今中国最著名的创业者之一，他的成功就得益于其永不放弃的精神，以及强烈的创造财富的欲望。

马云的创业道路充满曲折和艰辛。刚开始，他创办过海博翻译社，虽然翻译社入不敷出，但他没有动摇。他一个人背着个大麻袋去义乌、广州进货，在翻译社卖小商品，用最原始的资本积累方式维持翻译社的运转。后来马云又投身互联网，创立“中国黄页”，只有一间房、一台电脑，一块钱一块钱地数着开销，一家企业一家企业地上门推销，无数次被当作“骗子”赶出门。但他没有放弃，经过所受波折和不断思考，最终创立了阿里巴巴。

创立阿里巴巴时，为了节约费用，公司就设立在马云的家里，员工每月只拿500元工资，大家没日没夜地工作。地上有一个睡袋，谁累了就钻进去睡一会儿。2002年网络经济泡沫破灭，互联网遭遇寒冬，马云将阿里巴巴当年的发展主题定位为“活着”，当许多网站纷纷易帜或转向短信、网络游戏业务时，马云仍然坚守在电子商务领域。马云常说：“只要不把我打死，我还会再来。”马云就是凭着这股坚持，最终获得了巨大的成功。

在创造财富的道路上，强烈的欲望会使人产生坚不可摧的力量。在这种欲望的呼唤下，定会成功地创造出财富。

陈先生是温州人，带着20万元钱到上海创业。他从一个小小的美容店做起，经过八年的经营，终于在上海拥有了三十多家大型美容院，还拥有了自己的生物制药厂、化妆品厂以及美容美发职业培训学校，并在全国建立了三百多家连锁加盟店。个人资产超过亿元的陈先生有一句话：“一个人的梦想有多大，他的事业就会有多大。”

欲望是挣取财富的原动力，动力越大，其行动就越有力；行动越有力，实现财富梦想的概率就越大。所以，要想获得财富，就必须要让自己的欲望变得非常强烈，只有强烈的欲望才能使你奋进。

只看到钱的人绝对不会成功，而看不到钱的人简直就是傻瓜。特别是对于刚创业的小老板。没有钱时的贫困、人穷志短的遭遇、有钱人的随心所欲都深深刺痛他们的心。一心想当老板，一定要赚到钱的内心冲动使得千百万人前仆后继地走上了创业之路。也正是有这种冲动和欲望，所以才出现了一个又一个成功者。所以，开店前请先问问自己是否具有开店赚大钱的强烈欲望。

要有经营的头脑和眼光

有句话说得好：“你能看多远，你便能走多远。”所以，开店必须要有经营的头脑和眼光。具备了这个条件，才能使店面红红火火地开下去，才不会没开多长时间就倒闭关门。

具有经营头脑和眼光的人，往往能发现赚钱的机会，而且能及时付诸行动。具有这种品质的人从不眼高手低，对生活的热爱以及对生活的深切

了解，使他们能从衣、食、住、行等各行各业中闯出一片天地。

王琼是地道的广州女人，当过教师，做过媒体广告，后来就自己开店，而且数量越开越多，规模越开越大，从家居饰品到服装、餐饮，但凡与生活有关的，她都感兴趣。

王琼开的第一家店叫“纯美生活”，专卖家居饰品。那时候，类似“纯美生活”这样的家居饰品店非常少，可以说是个性十足，精美的国外玻璃制品着实让人眼界大开。即使在个性家居饰品风行的今天，“纯美生活”仍然独具动人之处。

开店并不是突然的想法，而是在她装修房子的时候产生的。装修免不了要买装饰品，她就去市场上找，在家饰用品商场和小店铺找来找去就是找不到喜欢的。王琼想，应该有不少人和她一样，想找一些别致的家居装饰用品。她认为这其实就是一个市场空间，或者可以说是商机。而且，对于家里的小摆设，王琼一向很有兴趣，于是，在广州就出现了“纯美生活”。

开了家饰店后，王琼又把眼光投向了时装市场，于是她的时装店——“凤凰会”开业了。

开时装店的一个优势就是她的父母都是美院的老师，他们的很多朋友都知道不少服装的进货处，这一次，似乎比开家饰店还要顺利些。卖一些个性十足、在其他服装店没有的服装，就是“凤凰会”的定位。在店面的选址上王琼颇费了些心思。王琼看了不少店铺，最终选定了淘金路。因为这一带已经形成了一个经营个性服饰的氛围，平时去逛的大多是附近上班的白领，有着不错的消费能力。另外，淘金路一向老外光顾较多，有一种异域风情，个性化的东西在这里比较容易被接受。

后来，“凤凰会”还开了分店，一家在小资传统悠久的淘金路，另一家在小资情调弥漫的天河商城。一些模特已成为店里的常客，此外，还吸引了城内一些酷爱到处搜寻个性服饰的年轻女性。

虽然已经开了好几家店了，但王琼并不满足。她敏锐地发现，在广州，餐饮业是一个不错的生意。吃是王琼生活中的一大乐事，工作之余到处找好吃的是夫妻俩的一大消遣。吃得多了，总觉得没找到最合自己心意的餐馆，就想：不如自己开一家吧，以后自个吃饭也有着落了。有了这个心思，她出外吃饭就不再似以往那般简单，和楼面经理聊，和做菜师傅聊，收获颇多。王琼的信条是不懂就问，问得多了，也可以充半个行家。貌似吃喝玩乐，其实大有文章，就看你上不上心了。就这样，王琼在孜孜不倦地吃的同时，也在孜孜不倦地学。

最终，她的“渔人堡”海鲜酒楼顺利开业。这个时候，除了有一家家居饰品店，她还和妹妹一起经营着两家服装店。后来，她又开了一家叫“楼上楼”的专做私房菜的粤菜酒楼。

开私家菜馆缘于一趟香港游。香港餐饮发达，王琼去的时候，私房菜馆在香港很受欢迎，而广州还没有一家专做私房菜的，她想，开这样一家酒楼应该是个不错的主意。

随着店越开越多，人也越来越忙，忙得没有时间在家了，没有时间逛商场了，没有时间看电影了，也没有时间运动了，但她过得很快乐，是辛苦并快乐着。她用自己睿智的头脑和善于发现机会的眼光开创了人生的辉煌。

开店创业是挖掘人生财富的开端。人生很短暂，每个人都有权利享受上帝赐予我们的一切财富。只要你不甘落后于人，希望可以像富人那样生活，就要有一个长远的目标，把眼光放得长远一些，不要一味地只看眼前而忽略了未来，我们要想开店成功，就要像王琼一样，放开自己的眼光，开动自己的大脑，不断地去开创自己的事业。

要具有敢于冒险的精神

做任何事都需要冒一定的风险，开店也一样。如果经营不善，就赚不到钱，出现亏损，甚至是血本无归。财富不会从天而降，只有那些为了追求财富而敢于冒险的勇敢者，才能把握机遇，获取财富。有风险，才有丰厚的利润回报。所以，开店必须要具有敢于冒险的精神。

那些成功的商业经营者都是敢于冒险之人，只要有百分之一的可能性，他们都会全力以赴。他们敢于吃螃蟹，做他人不敢做的事情，同时他们也敢于标新立异，引导市场潮流。

刘小姐是一个敢于冒险的人。她开的是饰品专卖店。也许你会说，卖饰品有什么大惊小怪的，饰品店到处都是，生意都很红火。

确实，女性饰品店一向受到消费者的喜爱，生意红火也不足为奇。但是，却很少有人卖男性饰品。刘小姐就在温州素有“男人街”之称的府学巷开了一家男性饰品专卖店。

刘小姐认为，男人的饰品更有经营的空间。为此，她加盟了香港一家男性饰品专卖店，主要经营钨金材质的项链、戒指和手链等男性饰品，售价都在百元以上。

尽管开店的投入将近 20 万元，但是在开业短短一个半月的时间内，小店已经有了一些固定顾客，主要是 20 ~ 40 岁的男士。另外，许多女性也经常到店里来购买男性饰品作为礼物。由于生意做得比较成功，刘小姐信心十足，决定扩大经营规模，再开一家分店。

人们都知道，孩子和女人的钱是最好挣的，大部分人经商都从这两类人入手，但是，刘小姐却是个敢于探索和冒险的人，她并没有随大流，而是瞄准了人们不看好的男性用品。她知道，针对孩子和女人消费品做生意的人实在太多了。经营者一多，利润就会下降，生意就会很难做。而男性消费群体则就成了另一个消费热点，因为男性是家庭经济最主要的来源，男性在选择商品的时候非常理性，他们坚持少而精的原则，而这一点正好给精明的刘小姐提供了切入点，即提供质优价高的商品。这样，尽管男性消费者的基数比不上女性消费者，但是单位商品的利润却要高得多，刘小姐因此获利颇丰。

随着社会的发展，市场竞争越来越激烈，使得开店做生意的风险也越来越大。风险是客观存在的，一般来说，决策可能得到的效益与决策所冒的风险是成正比的。因此，在决策开店时，就要对效益和风险这两者做认真仔细的权衡，不敢冒险前进，只能使风险更大。所以，只要估计风险是在主客观条件可以承受的范围内，为了获得较大的经营效益，就应该勇于冒险决策。

一个有志于在商场上拼搏的人必须要有冒险精神，如果一个人惧怕失败，不冒风险，求稳怕乱，想平平稳稳地过一辈子，只会亲自葬送了自己的潜能，享受不到成功的喜悦。与其造成这样的悔恨和遗憾，不如去勇敢地闯荡和探索；与其平庸地过一生，不如做一个敢于冒险的创业者。

但是，有冒险的勇气、敢于去做有风险的事，并不意味着顾前不顾后，横冲直撞。真正有价值的冒险，并不是赌运气，就像上面事例中的刘小姐，她并不是盲目地赌运气，而是对饰品市场做了详细的分析后做出的判断。

冒险需要智慧来打底，需要严谨的思考做基础。风险是一定要冒的，但那应该是经过计算后的风险。

有人说，赌博能看出一个人身上的很多东西，如品性、魄力、胆识、为人……赌博不值得提倡，但是，这句话却并非没有道理。

在某种程度上，商业上的冒险与赌博不无相似之处。赌场上的高手尚且需要智慧和胆识，洞察全局、步步为营，创业者就更是如此了。管理者并不是冒失者，他们必须采取一切可能的手段降低行动的风险。他们会致力于考虑各种革新的方法，处理各种复杂的关系。

大胆的决策并不等于蛮干。对于成功的创业者来说，冒险的前提是明了胜算的大小。在决定冒险之前，不要问自己能够赢多少，而应该问自己输得起多少。一点儿把握都没有就盲目地去冒险，那你的胆量越大，赌注下得越多，损失也就越大，离成功就越来越远。

我们要学会聪明地冒险，要把开店的风险考虑清楚，要拟定合理可行的目标，以智慧的脚步踏上成功的征途。

要具有相关的商业知识

常言道：生意做遍，不如开店。的确，开店是所有生意中最容易做，也是最容易赚钱的。对于资金不是很大的创业者来说，开一家小店或许是最好的从商之路，也是第一次创业的首选。但是，要开店，就必须具备相关的商业知识，了解开店的程序、经营过程中的各种知识。这样才能做到心中有数，少走弯路。

一般来说，创业开店应该学的商业知识有以下几种：

1. 合法开业知识

“合法经营、劳动致富”是每一个创业者应该确立的基本观念。无论做什么，都应遵纪守法，不能靠投机取巧，坑骗顾客致富，也不能偷税漏税，因此，必须要学习合法开业知识。这些知识包括：

（1）有关私营及合伙企业、有限公司的法律法规。

（2）怎样进行验资。

（3）怎样申请开业登记。

（4）哪些行业不允许私营。

（5）哪些行业的经营须办理有关行业管理手续。

（6）怎样办理税务登记。

（7）纳税申报有哪些规定和程序。

（8）如何领购和使用发票。

（9）银行开户程序和有关结算规定。

（10）成为一般纳税人有哪些条件。

（11）你应该缴哪些税费，如何缴纳。

（12）怎样获得税收减征免征待遇。

（13）怎样进行账务票证管理。

（14）国家对偷漏税等违反行为有哪些制裁措施。

（15）增值税率及计征方法。

（16）工商管理部门怎样进行经济检查。

（17）行业管理部门如何进行行业管理和检查。

2. 营销知识

营销是关于企业如何发现、创造和交付价值以满足一定目标市场的需求，同时获取利润的学科。开店必须掌握一定的营销知识，以便满足店面经营的需要。

这些营销知识包括：

（1）市场预测与调查知识。

（2）消费心理、特点和特征知识。

（3）定价知识和策略。

（4）产品知识。

（5）销售渠道和方式知识。

（6）营销管理知识。

3. 货物知识

开店必须对相关的货物知识了解透彻，熟练掌握进货、商品存储等知识。这些货物知识包括：

（1）批发、零售知识。

（2）货物种类、质量和有关计量知识。

（3）货物运输知识。

（4）货物保管储存知识。

（5）真假货物识别知识。

4. 资金及财务知识

资金及财务的基本知识是必须掌握的。经营者必须能进行简单的财务核算，掌握账务等知识。资金及财务知识包括：

（1）货币金融知识。

（2）信用及资金筹措知识。

（3）资金核算及记账知识。

（4）证券、信托及投资知识。

（5）财务会计基本知识。

（6）外汇知识。

5. 行业知识

每个行业都有其特殊的专业知识，如服装行业、美容美发行业、日用百货行业等。这些知识具体包括：

（1）行业管理的法律法规。

（2）各行业的规则、业务知识。

6. 经济法常识

经济法是调整在国家协调经济运行过程中发生的经济关系的法律规范的总称。要开店创业，必须要了解基本的经济法常识。

7. 劳动用工及社会保障知识

如果店面有一定的规模，或开连锁店，就要招聘员工，这时就一定要熟悉相关的劳动用工和社会保障知识。

8. 公关及交际基本知识

这部分知识需要在日常生活和经营实践中不断积累学习。

对普通创业者来说，上述知识不需要全部掌握，只需掌握与你选择的挣钱方法有关的知识，各取所需，学以致用。

上述知识可以通过专业培训、就业指导咨询、广播电视媒体讲座、自学或向别人请教等多种方式获得。可以边干边学，边学边干，带着问题学，学以致用，逐渐了解和掌握。

要有开店的启动资金

资金是开店筹划中最重要的一个环节。如果没有资金，一切都是枉然。那么，创业开店具体需要多少启动资金呢？这就要根据具体情况确定了。一般来说，开店启动资金越充足越好，因为经营启动可能会遇到意想不到的情况，引起资金周转困难。如果准备资金不足，就可能使刚刚起步的事业面临危机。因此，充分考虑资金的筹措对于每一个开店者而言都是至关重要的。

1. 对投资的总费用进行估算

不管做什么生意，都要有一笔资金，而且还要对资金的需要量进行比较精确的估算。店面的地理位置以及当地的经济发达程度都会在很大程度上影响你需要投入的资金量。毫无疑问，在繁华地段的店面租金费用和建设成本肯定会高出其他一般地段很多，在旅游胜地的周边地带，或者兴旺发达的商业街更是如此。

（1）对场地租用或购买的资金估算。场地用的资金，是开店资金中比例较大的一部分。店面的大小、地理位置的好坏，会直接影响到这笔投资费用的大小。

如果你是自己购买房产，一下子会投入很大一笔资金，虽然这样可以不用担心房租的事情。但风险是你一定对这个地方的前景看得很准，否则买下来后使流动资金再脱手就没那么容易了。而且自己买房产做生意，也会占用大量资金，不利于资金流动。

如果你是租用场地，当然会相对于买房投资省很多钱，这对于一般刚开始创业的人来说是最好的方法，因为这样可以有更多的资金进行周转。店面租金可以根据地段的不同以及规模的大小来确定。

（2）对店面装修资金的估算。对于店面的装修，不仅要从美学角度去设计，而且还要根据实际需要去设计，更要考虑自己的资金实力。

在装修之前，必须对自己购买的设备了如指掌，同时在装修期间预先留下一些必要的管道位置。装修设计时一定要将设备安置设计在一起，才会令店面实用且完美。投资者最好请设计师来参与设计，这样对以后店面的顺利运作有很大的帮助。

装修的风格可以因投资者的喜好而定，也要考虑所从事行业的特点。当然这也会影响到资金使用的多少。装修资金的多少，还要看装修的要求，一般新店装修资金需要比较多。

（3）对日常运作成本的投资估算。这部分的投资，亦根据店面的大小而决定，当然也可先购买满足基本运作的部分，然后再根据生意的好坏增加或减少，或再扩大经营，增加经营项目。同时，设备的增加会令运作顺利、损耗减少，是更省钱的方法。

（4）对牌照领用资金的估算。对于这部分资金，应考虑到某些行业的店面设计是否符合消防要求、环保要求以及卫生要求，这几个要求达不到，就无法领取营业执照。当然这部分的资金相对不大，而且基本是固定的，可以预先准确估算出来。

（5）最低营业额预算。以 5 年归本算，最低营业额即：

每月最低营业额＝（折旧费＋人工＋租金＋水电）÷ 毛利率（其中的折旧费包括装修、环保设施、营业设备、楼面设备、其他设备和不可预算的资金）。

毛利率＝毛利 ÷ 销售收入。毛利率可以在一定程度上帮助我们区分固定成本和可变成本。

将这些费用相加，就可以大致计算出你开店所需要的资金。通常来说，要准备比上述资金预算更为宽裕的资金，这样才能在发生意外成本的时候从容不迫地应付。

不同地段、不同规模、不同档次以及不同发达程度的地方，店面投资数额的估算值也不一样，投资者可以根据自己的具体情况编制自己的资金预算表。

从资金的筹备来说，如果你的资金有限，那么你就必须在资金的限度之内对店面的规模、档次以及从筹建到正常运作的时间进行严格控制，尽量避免浪费资金和时间。但是如果你的资金比较雄厚，还可以考虑丰富经营模式和各类附属功能，从一开始就可以着手制定比较长远的经营战略，开展店面的有关促销活动，充分利用资金。

2. 选择适合自己的筹资方式

对任何一个创业者来说，筹资是其进行一系列活动的先决条件。不能筹集到一定数量的资金，就不能取得预期的经济效益。常用的筹资方式主要有：

（1）个人存款。用个人存款进行独资经营有下列三个优点：

第一，易于组织或停办。独资经营是最简单的店面组织经营方式，业主能在任何时候扩大或停办业务。

第二，行动和控制自由。独资经营的所有权属于老板本人，有绝对的自由发挥空间，个人完全掌握经营决策、实施的全过程。只要遵纪守法，经营者就几乎有完全管理的自由。

第三，无须分配利润。独资经营的利润属于经营者，所得利润不需要与其他人均分。

但独资经营也存在难于筹措资金、缺乏帮助和难于长久经营的缺点。一般的积累自有资金要靠储蓄，即要有存款。要想存钱，就要养成好的习惯，无论你手头钱多钱少，都要有一种心理压力，要有持之以恒的意志。另外，在积累时要注意，避免盲目性开支，杜绝有害性开支，减少浪费性开支，限制积压性开支。

（2）银行贷款。银行贷款一般来说很不容易，除非你有房产作抵押，或者你的生意计划引起某些有产业的公司的浓厚兴趣，可请他们提保，向银行申请贷款。

（3）亲朋借款。如果你有一两个先富起来的朋友或亲戚，他们是最理想的借钱对象了。大胆登门向他们求助吧，亲戚朋友之间最好说话了。不过，跟他们借贷时，你要向他们介绍你的生意计划，使他们对你今后的还款能力有信心，还要明确讲好偿还借款的期限和利息，写好借据。否则会出现矛盾，损害感情。

（4）供应商。有些供应商为了开拓市场，给经销商前期铺货，允许你赊购某些存货和商品，这种无本生意，何乐而不为？

（5）出租或抵押财产。“真正的商人要敢于拿妻子的结婚项链去抵押。”这句话是美国著名的小商品经营家格林尼所说的。有时候，这也是一条不错的筹资渠道。

（6）合伙开店。没有钱创业开店或者没有更多的钱来求发展，可以走股份集资之路，去找几个有钱的朋友，把自己的想法告诉他们，征询他们是否愿意冒险投一部分资金，作为共同创业的伙伴。要强调“冒险”两个字，因你这不是请求借款，也无法保证能及时还钱。你和几个朋友是这桩生意的合作伙伴，换言之，大家都是股东。生意做成功了，每个人都可以按股份分利；生意一旦做垮了，大家都要面对现实，承担相应的风险。

获得银行贷款的要诀

尽管在各种渠道的融资类型中，银行贷款风险最大，但不可否认的是，银行贷款始终作为最传统的融资手段而被不少人作为融资途径的首选。对个体经营者来讲，银行是店铺获得中长期资金的重要支持者。银行贷款可以帮助商家获得投入再生产的资本，是中小规模店铺成长的重要支柱。

然而，对个体经营者来讲，由于规模小、可抵押资产少，在银行的信用评级体系中往往处于不利地位，因此，获得贷款所经历的过程也相对困难复杂很多。

接下来我们就为您提供可以顺利获得银行贷款的两个要诀。

1. 学会抵押贷款

李小姐原本是一家日用百货店的店主，后来她看中了某个黄金地段的一幢商业房。想要进行投资，但房价至少要120万元，她费尽千辛万苦只筹集到了100万元，后来通过朋友的推荐，李小姐找到了所在地的银行信贷部，银行工作人员对房屋进行了价值评估后，同李小姐签署了拟购房子抵押的协议，并向她提供了商用房抵押贷款20万元，期限为10年。顺利地接手后，李小姐很快就将房子租了出去，由于地段非常好，每月租金和还贷的利差让李小姐每个月的收入稳稳地达到了5000元。

抵押贷款是指按照担保法规定的抵押方式，以借款人或第三人的财产作为抵押物而发放的贷款。目前，银行主要开展的是房屋和汽车的抵押贷款。办理抵押贷款时应由银行保管抵押物的有关产权证明。严格地说，这些产权已经抵押给银行了，你拥有的只是使用权。目前，车抵押贷款一般不超过购车款的80%，贷款期限最长5年。房屋抵押贷款，贷款金额一般不超过拟购商业用房评估价值的60%，贷款期限最长10年。

2. 利用质押贷款

张女士想开一家彩扩连锁加盟店，需要10万元的启动资金，而她目前手头上的现金只有5万元。张女士在银行里有一张10万元的定期存折，由于提前支取会造成较大的利息损失，所以在银行理财师的建议下，她顺利地办理了定单质押贷款，获得了银行7万元的贷款，既及时筹齐了创业资金，又避免了提前支取几千元利息的损失。

目前在国内，银行设置了以存单、国库券、保单、个人信用等信贷资源为质押的个人贷款。现在较普遍存在的是存单和国库券质押。存单质押贷款的起点一般为5000元，每笔贷款不超过质押面额的80%，在银行网点当天即可取得贷款。国债质押贷款的起点为5000元，每笔贷款不超过质押国债面额的90%；贷款期限最长一般不超过凭证式国债的到期日，若用不同期限的多张凭证式国债作质押，以距离到期日最近者确定贷款期限。另外，如果征得亲友的书面同意，并同时出示本人和亲友的有效身份证件，还可以用亲友的凭证式国债办理质押贷款。

中小工商户除了有银行贷款这个主要融资途径之外，还可以采取典当贷款的方式。典当贷款是以实体物品做为抵押，这是以实物所有权转移的形式从典当行取得临时贷款的一种融资方式，现在也较为流行。典当物品的范围通常包括珠宝首饰、古玩字画、有价证券、家用电器、汽车、服装等私人财物。典当行一般按照抵押商品现时市场零售价的50%～80%估价，到期不能办理赎回的可以办理续当手续。典当贷款不受贷款额度限制，是一条简便、快捷、安全、可靠的融资渠道。

投资者需要特别注意的是，无论通过哪种方式获得第三方贷款进行个人创业，首要的因素是要做到尽量清晰地熟知自身的业务、银行放贷的标准，更要深入了解创业贷款，只有这样才能顺利获得贷款，开展自己的项目。

要赢得家人和朋友的支持

在创业开店的过程中，取得家人和朋友的支持非常重要。创业，其实不是你一个人的事情，是你一家人的事情，是你所有朋友圈的事情，因为你的创业必将影响到他们的生活，如果他们不理解不支持，你也是孤掌难鸣，坚持不了多久就会放弃。

例如，小李大学刚毕业，想自己做事情，当他需要家人支持的时候，而家人却说："你自己有什么本事？"这使得小李很受打击。最终他只好去人才市场找工作。如果创业的时候能取得家人和朋友的支持，你就会轻松很多。而王峰就是这样的幸运儿。

2006年，动画与网页制作专业毕业的王峰，为了实现动画梦想，决定自己创业。于是，他租了一间房子作为办公室，创办了劲舞影视动画制作公司。

那时，他所在城市的动画市场还是一片空白，几乎没有专业公司。公司开张半年后，接不到业务，两个合伙人先后离开，并带走了部分创业资金，加上税务、房租的支出，入不敷出，他急得焦头烂额。

幸好有家人“雪中送炭”，前后三次共寄来2万元。第一次的6000元，王峰用于4个月的生活费。接下来的5000元，他用于公司的各项开支。3个月后的9000元，他用于给员工发工资。最终，在家人的大力支持下，王峰的公司渡过了困难期，慢慢走上了发展轨道。

“我的家境还好，感谢父母支持，现在我可以‘断奶’了。”王峰说，他为了兴趣而创业，在最艰难的时候，父母给予了很多鼓励和支持。

由此可见，家人和朋友的支持对一个创业者是多么重要。

有的人可能出于某种原因，不会支持自己的亲人创业开店。这时候，想创业开店的你该怎么办呢？如何才能取得家人的支持呢？

的确，家人是否支持，对于我们的创业之途会有决定性的影响。比起硬着头皮先斩后奏，留下一连串的后遗症甚至到最后还要影响和家人感情的激烈做法，耐心而细致地与家人沟通则是个圆满的方法。一般来说，家人的反对无非是怕我们把家里的钱赔光，没有时间照顾老人、孩子，弄坏了身体等。这时的我们，应先收集好自己所要创行业的资料，备妥创业计划书，并以逐步渐进的方式开始展开“游说”大计。通过与家人理性反复的沟通，详细说明创业的方案，勾勒出未来创业后的种种场景与状况，并强调他们的支持对你所产生的极大帮助。这样，一般情况下都会获得家人支持的。

要有失败的心理准备

开店做生意的出发点是为了赚钱，但也存在风险。风险并不可怕，只要心态保持平和，做事未雨绸缪，就可以将风险控制在最小的范围。盲目冒险，是武夫的作为，但如果一个人什么风险都不敢冒，那是做不成事的。开店之前，只有在心理上正确认识风险，做好充分的心理准备，才能在面对风险的时候做到有勇有谋，沉着应对。

对于开店做生意来说，防止陷入失败的陷阱是最为重要的。经营店铺，每开都会产生一定的费用，如果没有收入与盈利，必然是坐吃山空。加之很多店铺的本钱都很有限，尤其是那些规模较小的店铺，稍有闪失，必然是血本无归。所以，开店会有很大的压力。对于创业者来说，对开店的风险要有足够的认识，并最大限度地杜绝风险的出现。一般来说，开店的风险来自以下几个方面。

1．选项失误造成失败

不少人在准备开店的时候，只是从自己认为“有利”的角度考虑问题，而没有进行全面的分析判断。很多店铺的经营走进困境，乃至失败，最主要的原因便是选择经营项目失误，经营着注定要失败的生意。

店铺经营业务是在特定的场所开店，提供特定的商品或服务，等着消费者上门选购或消费。因此，我们必须牢记一点：在特定的地点、有足够的消费者对特定的商品或服务有现实的消费需求，这才是店铺有生意的根本原因。对于创业者来说，如果出现选择项目失误，无法满足消费者的现实需求，那只有死路一条。

2．管理不善造成失败

管理不善是所有生意和事业的致命杀手，店铺生意也不例外。严格来说，店铺生意是更需要管理的生意。好多店铺生意兴旺，都是因为老板具有卓越的管理能力。

开店失败的原因很多，如用人不当、慢待顾客、进货失误、补货不及时、现场管理混乱等，所有这些都是管理不善所致。很多店铺仅仅是更换了一个店主或者经理，其他的都没有改变，但经营业绩却相差很远，原因很明显，那就是“管理”。

一般来说，开创一个事业，要想获得成功，市场可行性占成功因素的

40%，管理占 30%，其余则占 30%。即便是家小小的店铺，管理同样是至关重要的，不少店铺关门大吉的原因便是店主缺乏管理经验。

其实一些店铺的老板以前也是上班一族，在大企业中对某个小部门的业务管理还算得心应手，但要主持一个店铺，这点经验往往是不够的。例如，做过销售的人，可能对财务方面缺乏了解，在估计投资总额时会出现差错，只考虑到开店所必需的项目开支，而对一些额外的开支，如税收意外、各项收费等就会忽略，对存货、现金流动等估计不足，导致开业后捉襟见肘，经营出现问题。

3. 选址不当造成失败

在国外，有一种观点认为店铺成功的秘诀主要有三点：其一是选址，其二是选址，其三还是选址。由此可见选址对于店铺是多么重要。

同样的一种植物，在森林中可以成为参天大树，可在沙漠中只能枯死。店铺生意从本质上说，应该属于“植物型”的经营模式，任何店铺都应该找到适宜它生长的土壤，这其中的道理似乎不难理解。

开店，必须具备营业场地，因此，选址是店铺产生和发展的基础。店址选择要根据店铺发展规划，对可能建店的地址多次进行调查、分析、比较，才能最终选定店址。

与店铺经营所需的人、财、物、信息等因素相比，店铺位置具有长期性和稳定性的特点，是各种要素中最不灵活的一个因素。店址在某种程度上决定了店铺的客流量多少、顾客购买力大小、店铺对潜在顾客的吸引程度等店铺核心竞争力。

店铺位置方便顾客且符合顾客对不同商品或服务的需求特点及购物习惯，才能吸引顾客，获得良好的经济收益。

4. 资金不足造成失败

开店做生意，如果没有足够的资金是很难成功的，因为做生意的基本原则便是“将本求利”。没有足够的本钱，做起生意来势必非常艰难。

经营店铺需要包括两个部分的资金：其一是店铺开办资金，其二是店铺经营资金。其中，店铺开办资金是指租赁门面、装修门面、置办营业设备、招聘人员的资金，这一部分一般占开店总投资的五到七成，开办资金是开店的一次性投入，如果开店失败了，资金是很难收回的。

店铺经营资金，是指采购商品的资金，通常应当是店铺月营业额的3倍。因为在实际操作中，店铺采购的第一批商品可能出现失误，这就必须及时筹集适销对路的第二批商品，否则店铺可能陷入被市场无情挤出的窘境。

在现实中，很多人忽略了店铺经营资金的重要性，认为将店铺装修之后，守着店铺就肯定能够赚钱。其实不然。如果商品采购出现失误，店铺经营业绩处于很低水平，没有足够的现金支付各种费用和筹集新的商品，就只能眼睁睁地看着店一天天衰败，直至关门歇业。所以，做生意一定要准备足够的资金。

5. 所有权出现纠纷造成失败

有时候，一些生意兴隆的店铺也会在很短的时间内倒闭，这其中的原因外人很难窥其端倪。出现这种情况，多半是店铺内部出现了问题，最常见的便是店铺的所有权出现了纠纷。

现在有很多店铺是由几个老板共同投资创建的，一人一个主意，当股东之间出现不可调和的矛盾时，店铺的生意势必受到影响，有时甚至是毁灭性的，这一点也应引起充分的重视，家和才能万事兴。

6. 缺乏足够的专业知识、经验与业务关系造成失败

对于开店来说，专业知识、经验与业务关系则纯粹是店主个人的事情，谁也没有办法帮忙。专业知识、经验与业务关系是店铺生意的进入障碍，在营销学中，有一个重要的概念就是“进入障碍”。所谓进入障碍，是指做特定生意必须具备的前提条件。我们常说的“没有金刚钻，别揽瓷器活儿”，金刚钻就是干瓷器活儿的“进入障碍”。

在实务中，一般的进入障碍有两个：一是资金；二是专业知识。开店解决了资金问题，之后就是特定行业的专业知识、经验与业务关系。如果您对自己的生意没有一定的专业知识，则成功的可能性将降低很多，所以，最好不要轻易进入。

经营特定的店铺，往往需要通用知识与专业知识。

通用知识，包括人事管理、市场营销、财务管理等各种行业都通用的知识。

专业知识，是特定行业的知识，这种知识仅仅是特定行业所独有的。例如，餐饮业中大厨师的烹饪知识与技巧，服装业的生产技术、流行信息、面料知识等。

掌握核心专业知识是店铺赚钱的基础。在特定生意中，专业知识有特定的核心专业知识。两家相邻的店面，经营同样的服装生意，营销措施类似，但一家赚钱，另一家赔钱，原因在于两家老板进货的眼光有差异。赚钱的老板进的货通常适销对路，受到消费者的欢迎；赔钱的老板进的货销量平平。因此，开服装店的核心专业知识就是进货的眼光，包括个人的品味、对流行资讯的把握、供应渠道、对消费者的理解程度等。

自谋生路，不论做什么，都可能会遇到困难和挫折，可能出现意想不到的问题，开店也一样。所以，开店创业者要有充分的心理准备，要有吃苦的心理准备，要有遇到困难和挫折的心理准备，要有失败的心理准备。有了心理准备，就能在遇到困难挫折的时候泰然处之，渡过难关，走出失败的阴影，到达理想的彼岸。

Part 2 第二章

弃“生”取“熟”——开店前的风险评估与处置

不做自己不熟悉的生意

对于开店来说，要避免风险，首先就要做自己熟悉的生意，不能无的放矢，盲目行动，涉足自己陌生的行业。其实，凡是小本创业，一般都有一条原则，就是“不熟不做”。任何一个行业，都是内行赚外行的钱，要想在这个行业赚钱，就要先变成内行。这一点非常重要，任何项目、任何行业都不是三天两天可以摸透的，不要把一个行业想得太简单，相关的行业经验也非常重要，如果你对某个领域不熟悉，无论别人赚多少钱都不要去跟风，跟风的结果可能就是做别人的垫脚石。

王林想自己创业开店，这时正好有朋友转让花店，于是他就接手做了店主。鲜花是王林所喜欢的，但是经营他并不在行。接手花店几个月了，王林的生意始终清淡。

王林分析，开花店最重要的应该是店面位置，看来是花店所处的位置不佳，影响了鲜花的出售。正当他准备关门歇业、另起炉灶时，距王林花店不远处又有人新开了一家花店，抱着观望的心态，王林倒要看看那家花店究竟经营得如何。

不曾想数日后，那家花店的经营风生水起，生意越做越红火。如此看来，王林的花店“位置论”有失偏颇。

闭门思过，王林终于想明白了，生意萧条的根本原因不在于“位置”，而在于自己对花店的经营业务“不熟悉”——不是说“不熟的不做”吗？王林陷入沉思……

“砰！砰！砰！”一阵敲门声传来，一位老同学火急火燎地请王林去抢修电脑。王林立即拿起工具包，披衣出门。到了老同学家，三下五除二，一直死机不动的电脑很快恢复了活力。老同学紧蹙着的眉头终于舒展开来：“你小子真行啊！干脆开个小店专修电脑吧，现在像我这样会用电脑但不会修电脑的人很多，你专修电脑生意一定不会差！”

对呀，自己精通电脑，为什么不做自己最熟悉最拿手的事情呢？王林瞬间做出了决定：关掉花店，开一家电脑维修店！

由于轻车熟路、技术精湛，王林赢得了很多电脑用户的青睐。有的电脑需要重装系统，有的电脑打印机连不上了，有的电脑完全黑屏什么都不显示，有的电脑重要数据被破坏需要恢复……面对五花八门的电脑“病症”，王林都能一一救治，手到病除。

不仅坐店维修，王林还应客户的要求，提供上门服务。就这样，“修电脑，找王林”像广告词一样，竟一传十、十传百地传出了口碑。昔日的花店消隐了，如今的王林电脑维修店在当地已是家喻户晓。

俗话讲：行行有道，隔行如隔山。每一个行业都有自己一套规则和规律，每种生意都有自己的特点。不熟悉这个行业或不熟悉这种生意，若贸然进入，就如同进入一个黑暗的房子，不知东西南北，容易失去方向。

当今社会竞争激烈，业内的行家里手存活尚且不易，何况一个外行人？什么该做、什么不该做你不知道，哪里是陷阱、哪里是坦途你也不知道，你只有处处被动、时时挨打的份。你辛辛苦苦投资的几万、几十万元，可能不明不白就已经打了水漂。因此，一定要做自己最熟悉的生意，这样才最容易成功，风险才会最小。如果说细节决定成败，那么做最熟悉的事，便会使所有的细节了然于胸，既然成竹已经在胸，岂有不胜之理？

根据自己的风险承受能力选择店铺

开店必须量力而行，不能盲目行动。要在了解个人性格特征、兴趣，清楚手头资金的情况下，进一步考虑所开设的店面要经营什么，需要什么样的条件等，并将所经营的品种的发展潜力进行评估，再决定是否进行投资。

开店风险较大，稍有不慎就会面临失败的境地。特别是青年朋友，刚步入社会，阅历不足，技能也相对薄弱，创业开店失败的风险会更大，加之经济基础相对较弱，心理承受能力也相对欠佳，因此，创业开店应慎之又慎，要充分了解与创业相关的知识及技能，避免盲目投资。

有些青年在开店时，总希望取得更大的资金支持与资金投入。其实，开店做生意总与风险相伴而生，因此，适当控制创业的风险，也是保证创业成功的关键。这就要求创业开店时量力而为，结合自己的承受能力，开拓与自身实力相符的事业，而不应贪大求全。否则，一旦创业不利，极易陷入困顿，一蹶不振。

童陵是西安交通大学的学生，大一时进了校学生会网络部，从做学校部门网页开始学习网页制作。大二暑假，童陵做成了第一笔生意，为一家公司制作网页，“完工后拿到3900元时真的太激动了，我可以自己打工赚学费了！”初战告捷的童陵兴奋地说。此后，整个大三期间，他陆续为近30家小公司做了网站。

后来，童陵开了一家网络公司，还通过网络在咸阳、宝鸡等地招聘了近20名业务员。开始的几笔生意赚了一万多元。童陵踌躇满志，要让他的小公司上一个新的台阶。很快，他联系到一家知名房产公司，为其制作网站。面对公司的高要求，童陵稍作考虑就签下了合同。前期工作进展得很顺利，眼看就要完工了，却遭遇了技术难题，无法攻克，无奈以违约赔偿告终。“整个工作算下来，大约赔了15000元。这次‘失手’让我明白了一个道理，创业是有风险的，对承担风险能力较差的大学生来说，创业要量力而行。”生意失败的童陵懊悔地说。

对于普通创业者来说，大多是小本投资，由于经济相对比较拮据，又希望利用手中这点钱尽快赚到钱，在投资过程中只能赢，不能输。因此，开始投资时，要根据自身的情况量力而行，不能借贷太多。因为大量借贷风险大，创业者的心理压力大，极不利于经营者能力的正常发挥。

创业开店，在选择店铺的时候也要量力而行，不能选择不适合自己的店铺，从而增加开店的风险。具体来说，不同店铺有不同的特点，创业者可根据自己的实际情况选择。

1. CBD 商务区商铺

商铺投资的诀窍之一就是"看客买铺"。哪里的消费能力高，哪里的商铺投资就越有价值。从城市的发展看，每个城市的 CBD 商务区规划都非常有限，因此，特别适合一些现代商贸服务行业入驻。

在具体投资项目选择上，通常而言，CBD 商务区的商铺客流消费能力相对较高。以白领为目标消费群的酒吧、咖啡馆、健身健美中心、美容美发厅、高级餐厅都会是这些地方的主角。

2. 超市商铺

大型超市往往伴随居住区诞生，拥有聚集人气的先天优势。大型超市内的商铺大多是分割型的，和独立商铺相比较来说成本要低，经营灵活，因此风险也较低。

需要注意的是，超市内的商铺是依赖于超市整体而产生的，超市经营的好坏直接影响超市商铺的盈利状况。因此，选择有实力的超市或者已经树立起良好口碑的超市，会起到事半功倍的作用。

3. 商业街商铺

商业街的经典旺铺，其优越的商业氛围、稳定的客流量决定了该类商铺运营收益水平较高。但其租金或单位面积价格也是高不可攀，在商业较发达的城市甚至会出现千金难求的局面。

商业街商铺的投资回报率高，但是风险也会相应增加。商铺投资专家认为，这类位置佳、地段好的所谓经典旺铺，其价格一般会被抬升到一个非常高的区间。如果投资者盲目选择这类店铺，存在巨大的套牢风险。

4. 社区商铺

社区商铺将成为潜力最大的商铺类型之一，这在业界已形成了共识。一般来说，一个新的社区只要定位准确、发展环境良好，随着社区的成熟所带来的商铺价值提升毋庸置疑。

但值得投资者注意的是，一些开发商通过包装宣传，从而促成了社区商铺销售价格虚高，这样商铺就丧失了升值空间。因此投资前进行详细的考察，理性投资非常关键。

避免过分乐观的期望

开店能赚钱，也能赔钱。可是，很多人都只看到了赚钱的一面，而忽视了赔钱的一面。经商最怕的就是一心只打如意算盘，把什么事情都想得很简单。当然，乐观并没有什么不对，但过分乐观、盲目乐观则十分有害。

比如，你从国外进口了一批水果，每斤进价 1 元，卖价 4 元，每斤净赚 3 元，这批货总共 10 万斤，毛利 30 万元，除去费用 5 万元，净赚 25 万元。但殊不知，水果在长途运输过程中遇上了台风或其他恶劣天气，运输途中耽搁时间过长结果全部烂掉了。最后，进口的 10 万斤水果，10 万元进货款，5 万元费用全打了水漂。这就是事先估计不足、准备不充分的结果。如果事前把各种可能性考虑周全，加强保鲜措施、购买保险等，损失也不会那么惨重。再比如，很多人见市面上旗袍好卖，利润高，便大批进货，但转眼风头一过，旗袍便大量积压，损失惨重。原来，旗袍热是因为某部电影正在热播所致，可等电影播完便迅速冷却了下来。很多人没看到这一点，损失是自然的。

所以，开店一定要避免不切实际的预期，避免盲目乐观。开店之初稍稍低调一点，不但可以避免因盲目乐观所定立的目标未能实现而导致信心大失甚至一蹶不振，也有助于店铺生意的稳定发展。

一般来说，由于盲目乐观，创业开店者常会犯如下错误：

1. 要求过高

在情况未知或不可预料时，就为自己设立第一年或第二年内可以销售多少、盈利多少的目标。

2. 把盲目乐观与无所畏惧混为一谈

人们佩服有勇气开创自己事业的人，但是不能把盲目乐观和无所畏惧混为一谈。比如说，心存畏惧，就是一种健康的倾向，并且应多提醒自己如何避免遭遇失败。创业投资时，畏惧失败乃是最大的刺激与动力。

3. 计划不落实

有些人创业计划总是说得多，引经据典，旁征博引，但是如何落实、怎样去做却不具体，一旦在实施过程中遇到麻烦就不知如何解决，甚至轻易地放弃了事。

4. 迷信金钱的能力

只有思想才能解决问题，金钱只能促其实现而已。对“怎样寻找顾客”的问题，如果单单寄希望于“花 40 万元来做广告”，显然不能达到预期目的。

5. 低估竞争者

不要因为手上有了创业计划就轻视你的竞争者。对于你的竞争者，不要等闲视之。如果你轻看或忽视竞争者存在的事实，那么最终失败的可能是你自己。

盲目乐观会使人低估风险、看不到潜在的危机、做出错误的判断和决策。不改变这种心态，往往会导致生意失败。所以，务实保守一点，将会降低风险，使生意越做越红火。

谨慎选择合伙人

导致开店失败的一个重要原因就是合伙人选择失误。合伙开店有利有弊，如果合伙人选择失误，往往会造成意见不统一，矛盾激化，最终散伙。

合伙开店的好处是显而易见的。俗话说，“三个臭皮匠顶个诸葛亮”，可以使合伙店铺的日常管理容易得多。合作伙伴发展各自的专业和技能，仿佛多名演员在一场好戏中的巧妙配合，不但可以进一步提供店铺的经营管理水平，还可使店铺发展的前景更广阔、更美好。

另外，合伙经营可以保证更多的资金来源。一个人拥有的资金是有限的。如果是两个人合伙，则好比两个碗装水，两碗合在一起总比一个碗装的水多。有了足够的资金来源，店铺的经营规模、档次、等级等方面自然也会有相应的发展潜力，也就能做更多的事情。所以合伙经营的筹资方式可说是店铺扩大经营、发挥潜力的一种可供选择的好方式。

当然，合伙经营的缺点也是非常明显的。这需要每一个店铺经营者对于合伙经营的缺点要有足够的思想准备。因为对一个有长远打算的经营者来说，任何影响都是要防备的。

一、合伙经营的缺点

1. 合伙经营要承担无限债务

和独资创业相比，这种债务对业主的影响会更久、更大一些。一个合伙人自加入合作那天起就有了负债的义务。同理，一个合伙人不仅要偿付店铺的负债，而且还需要在自己的全部财产范围内，负有偿付其他合伙人所负债的责任。承担无限责任对每个合伙人都是非常严重的风险。

2. 合伙经营存在时间的有限性

所谓存在时间的有限性，即指店铺寿命的有限。因合伙经营的形式是几个合作伙伴共同出资开店，因此每一个合作伙伴的行为方式、生老病死都会对店铺产生影响，任何合作伙伴的死亡或宣告破产，都会导致合伙店铺的消亡。

3. 合伙经营权力分散

由于合伙人的不断增加，店铺的管理权必须分散。有关店铺方针、资金规划、人事管理以及发展方案等都将产生变化。权力分散就会使合伙人之间意见产生分歧。

由于合伙经营的弊端存在，所以合伙开店时一定要慎重选择合伙人。不然你的合作伙伴将成为你最大的敌人，他的压力会让你乱了方寸，影响公司的正常运转。

二、选择合作伙伴要坚持一定的原则

1. 合作目的和目标要明确

合作可以使项目很好地发展实施，合作可以使合作双方资源共享，合作可以使自己变得更强大。因为志同道合、共同的目的和互相的信任，才让大家走在一起合作经营一个项目。

2. 要明确合作伙伴的职责

在合作初期，创业合作者要明确合作伙伴各自的职责，拿出书面的职责分析。因为是长期合作，明晰责任最重要，这样可以避免在后期的经营中互相推诿反目成仇。好多创业合作中出现问题，就是因为责任不够明确。

3. 合作者之间要建立商业信任

在合作初期，由于彼此关系比较亲密，往往会把一些合作细节分得不清。这种做法是不正确的，等有问题出现的时候，没有一个根本的办法解决，互相攻击，最终留下一堆乱摊子。朋友和亲人之间的合作要建立在商业的基础上，用商业的解决方法去解决合作纠纷，一切合作细节都要提前考虑到，提前明晰，创造一个良好的合作平台。

4. 要协商好合作资金的投入比例和利润分配

合作投入比例是合作开始双方根据各自的合作资源作价而产生的。因为投入比例和分配利益成正比关系，所以书面明细要清楚。当然，根据经营情况的变化，投入也要变化。在开始的时候，就要分析后期的资金或者资源的再进入情况。如果一方没有融资的实力，那另一方的投入会转换成相应的投资占有股来分配投入产出的利益，根据合作双方约定的书面合同分配双方的利润。

5. 合作方的退出机制要合理

合理的退出机制是合作的重要的组成部分。在合作过程中，当一方退出，那么，什么时候退出、退出时的投入比与退出比以及怎样补偿、是谁承担，这些要提前书面明晰，规范到合同里。

6. 要预防合作过程中的摩擦

合作双方之间的摩擦主要是后期经营权和利润分配的矛盾，合作经营者合理地安排合作职责，明晰合作双方的利益，保持一个良好的经营合作氛围，预防摩擦，重视摩擦，解决摩擦。良好的合作心态是解决摩擦的好方法。

选择理想的合作伙伴，处理好合作过程中的各种问题，会大大减少合作开店的风险。

不能超过投资预算太多

超出预算太多会给开店带来一定的风险。有些创业开店者筹备不充分，把开店想得太简单，对各种支出及运作资金预算不足，结果导致开店时捉襟露肘，陷入困境。

所以，开店所需要的资金数额一定要仔细论证，认真推敲。数额与开店的规模、经营品种、经营方式以及竞争对手的情况等多种因素有关。通常需要多个方案进行比较，对每个方案的支出要明细列项，并核算每个方案可能产生的利润。

如预付的租金是多少、房屋装修费是多少、添置多少及什么样的设备、需要多少人力等。确定的数额要与同行同规模的商店进行比较，再看这个数额是否可行，是偏高还是偏低，这样就不至于出现太大的误差，造成投资的严重失误。估计投资数额，要有足够的保险系数。

投资目标额不可超出规模要求过多，但低估投资数额，开业后会造成非常被动的局面。因为店面开业后，除了事先可计算的合理支出，总避免不了一些随机性的临时支出，有时会直接影响到经济效益。在创业开店初期，由于创业者的过度热情与乐观，就会忽略一些隐藏性的和不可预料的开支。

另外，还要注意细节方面的开支，以减少超出预算的支出。有些人会因为前期投入的资金过大而忽略一些资金上的细节，如日用现金的准备、小物品的购买等。特别是小物品的购买，一开始创业总想给人留下个好印象，装饰品、日常生活用品、办公用品等都会选择最好的，以为大钱都花了，这点小钱不算什么，但实际上在这方面的投入最不划算。这种小的开支，虽然资金用量不大，但积累起来也是一笔不小的费用，而且这些费用还不会直接产生效益，所以，一定要注意这方面的开支。

俗话说：开店容易守店难，一旦店面开始营运起来，需要花钱的地方很多，就是最专业的财务专家也做不到财务预算面面俱到，所以任何财务报表都会有流动资金这项，就是专用于预防风险、应急和开创新的局面用的，这项是重中之重。

因此，对于创业开店者来说，精打细算、合理开支、对预算进行严格控制是必须要认真做到的。

开店弃热就冷风险小

在投资创业初期，很多人由于不熟悉市场，往往是跟着感觉走，把眼光盯向那些所谓的热门，看到别人做什么生意赚了钱就盲目仿效跟潮。他们听说电子商务现在很火，就想建个网站，看见加盟连锁赚钱，就决定加盟。其实，这些热门项目往往容易出现供过于求的情况，给投资者造成损失，甚至血本无归。

对于那些迷信热门的创业者来说，往往缺乏明确的目标，缺乏对自身条件和现有资源的分析。如果在清楚地了解市场近期前景、投入又不太多的情况下，做“热门”并不是不可行，但是一定不要盲从，不要美化前景。真正成功的人，绝不去赶“热门”，而是留心发现商机，寻找“冷门”，从而成为抢先进入市场、占领市场的人。

田彬是河南洛阳人，高中毕业后没有考上大学，在外面一直打工。后来，他觉得打工不是长久之计，这样干一辈子永远翻不了身。于是他就打算自己创业开个小店。田彬看到好多人都在开服装店，就决定开家服装店。他原先以为开服装店生意肯定不错，没想到几个月下来不但没赚到钱，除去房租和相关费用反倒还要亏本。田彬有些泄气，就想改行，可店面一下子又转不掉，即使能转掉，店里库存的一大堆服装又该怎么办？他真是骑虎难下。

在我们的现实生活中，像田彬一样在创业路上碰壁的人并非个别现象。有的人看到别人开店赚到钱，就以为随便开上一家店就能赚到钱，于是就拼命往热门挤，其实这样的想法太过于简单，结果是辛苦了一番反而赚不到钱。相对于田彬的失败，有一位年轻人则比较成功，因为他善于钻空档。

春节的时候，这位年轻人从外地打工回乡探亲，他发现如今农村生活条件好了，城里人吃腻了的卤制食品在农村却十分受欢迎，有些村民家里办喜事，一下就要买好多卤制品招待客人，而如今一千多人的大村子却没有一家卤味店，村民们买卤制品都得去镇上或县城。于是他看准了这一项目，立即从外地请来了师傅，在村里开起了一家卤味店。由于他经营的卤制品味道好，价格还比县城便宜，一时门庭若市，连附近村子的村民也赶来购买卤味，生意十分红火。

由此可见，开店创业要学会弃热就冷，想他人之未想，做他人之未做的冷门生意，这样才会一举成功。

因此，对于创业者来说，要努力寻找那些有市场需要，或有某种潜在需要却又没人做的事情。要研究人们生活中还有哪些不便，能不能通过某种服务或产品解决人们生活的不便。如果能通过自己的行为创造市场、引导市场那就更高明了。

Part 3 第三章

“得算多胜”——开店的前期市场调研与分析

投资项目的前景分析

开店就要做好项目的前景分析，不打无准备之仗，成功总是青睐那些有准备的人。而这种准备，很大程度上来自于你对市场的了解。当你想要投资某个项目或者进入某个领域的时候，要搞可行性研究，可以委托给专业的公司进行。如果觉得没有能力投入的时候，也要尽可能地利用自己的现有资源进行了解和调研。那些不经调研和分析、仅凭头脑发热就盲目投入的做法是非常幼稚的。

以前那个凭着一股冲劲儿、某个灵感就能占领市场、获得成功的时代已经永远过去了。现在，对于创业者来说，机会似乎处处都有，又似乎无处可寻。其实，关键在于当你想进入某个领域时，你对它的现状了解多少，你对它的前景又能预测多少。

一些人手头有了一笔钱，又听别人谈到某个商机，觉得是个机会，就雄心勃勃地想干一番自己的事业。但是，如果缺乏信息指导，也不做市场调查，而只是几个朋友坐在一起，凭空勾勒一下未来，那么结果往往是一场空。因为没有可靠的数据支持、充分的市场分析，在你脑海里所浮现的往往是一厢情愿的美好前景，而不能认识到漏洞和危机的存在，这样做非常危险，可能你的店铺没开多久就要关门了。

开店所选项目的前景分析，一般可以从项目的现状、市场、优势三个方面来进行。在这里，我们以两元店的前景分析为例进行说明。

1．两元店的现状

近年来，在不少城镇出现的许多两元店，以其一律两元的低价定位、琳琅满目的产品、绝对保证的质量、先进的超市业态，以“农村”包围“城市”、低端占领高端的策略迅速走红。集中采购、低成本的运作已经使之成为独特的量贩经济的代表。

两元店充分抓住了消费者的心理。与各种大型商场、超市、百货公司相比，小小的两元店也能够生意兴隆，大赚其钱，主要靠的就是它敢于标榜自己的“每件 2 元”，没有性能相同而价格相差太大的商品，并以此形成经营特色。两元店不过多考究地理位置，不讲求消费水平高低，它凭借人人都能接受的两元低价，成千上万种用于日常生活的商品，适宜在任何地方发展。

2. 两元店的市场

（1）中国有 13 亿人口，按每 10 个人购买一件小商品计算，就需要 1.3 亿件。强大的需求、巨大的市场潜力，小商品市场具有极大的开发价值。

（2）历来农村、乡镇都是商家投资禁忌之地，因为他们缺乏一定的消费力。但我国是农业大国，9 亿农民对商品的需求更大。两元店产品新颖、实用而富有创意，售价低廉，农民可轻松消费。

（3）两元店专卖人们日常所需的小物件，正好弥补了大商场对此类商品不屑一顾、其他同类小零售商店商品杂乱无章的缺陷。大商场的高昂开支必然会人为抬高商品价格（如入场费等）而导致农民不敢进商场；其他同类小零售商商品价格不一，容易使不熟悉所购买商品的顾客上当受骗。而两元店集中了超市的明码标价与杂货店运作成本低廉的优点，规模不大，货架集中，配货方便，成本低，更容易为广大老百姓所接受。

（4）两元店的商品应有尽有。纽扣、别针、牙签、鞋刷……虽小却蕴涵大市场，只有小商品没有小生意。专家认为，两元店其实蕴藏着大市场，以新颖实用为主导，消费者月月要买、日日所需、人人必用，这样就促成两元店无淡旺季之分。虽然薄利，但多销同样能赢得高额利润！

3. 两元店的优势

（1）市场优势。两元店关注老百姓的需求，价廉物美是老百姓最期待的选择。

（2）价格优势。所有商品均卖两元，从价格上吸引客户，做多数人的生意，小商品、大市场，成就大事业。

（3）产品优势。上万种商品，琳琅满目，实用性强，可选性大。

（4）投资优势。开一家两元店，投资仅需两到三万元，店面选择性强，任何想立志创业的人，都能一显身手。

（5）物流优势。小件商品不易损坏，目前社会强大的物流配送体系、先进的网络平台，能使经营者坐在家里就能点货，大大降低了进货费用，也免除了旅途劳苦。

做好了开店项目的前景分析，创业者心里就有了底，，就能做出投资还是不投资的正确判断。

开店前要斟酌哪些市场要素

开店前应进行充分的市场调查，没有调查就没有发言权。店铺所在地人口分布情况，附近聚集的单位性质、工作性质，本区域消费能力、习惯，有无同类店铺，若有，要调查其生意好坏。越深入了解目标消费者，在店铺定位时便越能投其需要与喜好，对于转让的店铺切勿轻率接手。有的人一看见某某店铺转让，觉得其门面不错，价格也不贵，便贸然接手，殊不知开店之后才发现目标市场太小，甚至造成“无人上门”的窘境，但为时已晚。若你平时细心观察，便会发现某店铺经常写着“转租”二字，老板换了一个又一个，说明都没赚到钱。相反，有的店铺几年来一直没有改变，这说明该店有生意可做，有钱可赚，其选择是正确的。所以，在开店前进行细致的调查和认真的斟酌是非常必要的。

一、开店之前的市场调查

1. 经营环境调查

（1）政策、法律环境调查。调查你所经营的业务、开展的服务项目有关政策法律信息，了解国家是鼓励还是限制你所开展的业务，有什么管理措施和手段。当地政府怎样执行有关国家法律法规和政策，对你的业务有何有利和不利的影响。

（2）宏观经济状况调查。宏观经济状况是否景气，直接影响老百姓的购买力。如果企业效益普遍不好，经济不景气，你的生意就难做，反之你的生意就好做，这就叫做大气候影响小气候。因此，掌握大气候的信息，是做好小生意的重要参数。经济景气时宜采取积极进取型经营方针，经济不景气时也有挣钱的行业，也孕育着潜在的市场机遇，关键在你如何把握和判断。

（3）行业环境调查。调查你所经营的业务、开展的服务项目所属行业的发展状况、发展趋势、行业规则及行业管理措施。比如，从事美容美发行业，应该了解该行业国内及本地区的发展状况、国际国内流行趋势和先进的美容技术、该行业的行业规范和管理制度有哪些。从事服装行业，应该了解服装行业的发展趋势、流行色和流行款式、服装技术发展潮流等。“家有家法，行有行规”，进入一个新行当，应充分了解和掌握该行业信息，这样才能有助于你尽快实现从外行到内行的转变。

2. 客流状况调查

“客流”就是“钱流”，考察客流状况，不仅能使你对今后的经营状况胸有成竹，而且还能为你决定今后的营销重点提供科学的依据。客流状况主要考察以下内容：

（1）附近的单位和住家情况。包括有多少住宅楼群、机关单位、公司、学校甚至其他店家。

（2）过往人群的结构特性。包括他们的年龄、性别、职业等的结构特性和消费习惯。

（3）客流的淡旺季状况。比如，学校附近的店面要考虑寒暑假，机关和公司集中地段的店面就必须掌握他们的上下班时间，车站附近的店面应摸清旅客淡旺季的规律，这些都是你设定营业时间的重要依据。

3. 市场需求调查

如果你经销某一种或某一系列产品，应对这一产品的市场需求量进行调查。也就是说，通过市场调查，对产品进行市场定位。比如，你经销某种家用电器，就应调查市场对这种家用电器的需求量、有无相同或相类似的产品、市场占有率是多少。比如，你想提供一项专业的家庭服务项目，就应调查居民对这个项目的了解和需求程度、需求量有多大、有无其他人或公司提供相同的服务项目、市场占有率是多少。

市场需求调查的另一个重要内容是市场需求趋势调查。了解市场对某种产品或服务项目的长期需求态势。了解该产品和服务项目是逐渐被人们认同和接受、需求前景广阔，还是逐渐被人们淘汰、需求萎缩。了解该种产品和服务项目技术和经营两方面的发展趋势如何等。

4. 竞争对手调查

在开放的市场经济条件下，做独家买卖太难了，在你开业前，也许已有人做相同或类似的生意，他们就是你现实的竞争对手。也许你经营的生意是全新的，有独到之处，在你刚开始经营的时候，没有现实的对手，而一旦你的生意兴隆起来，马上就会有许多人向你学习，竞相做和你相同的生意，这些人就是你的潜在对手。“知己知彼，百战不殆”，了解竞争对手才能做到心中有数，才能在激烈的市场竞争中占据有利位置，有的放矢地采取一些竞争策略，做到人无我有，人有我优，人优我更优。竞争对手调查主要是调查对方的经营业绩情况、商品价格水平。调查同一地段同类商店的经营业绩，可以初步测算出租此店面可能产生的利润，而考察他们的商品价格水平是为了据此确定自己今后的商品价位。

5. 市场销售策略调查

这是指要重点调查了解目前市场上经营某种产品或开展某种服务项目的促销手段、营销策略和销售方式主要有哪些。如销售环节、销售渠道，最短进货距离和最小批发量，广告宣传方式和重点，价格策略，有哪些促销手段，有奖销售还是折扣销售，销售方式有哪些，批发还是零售、代销，专卖还是特许经营等。调查这些经营策略是否有效，有哪些缺点和不足，从而为你决策采取什么经营策略、经营手段提供依据。

知道了开店前需要调查的市场因素，还要掌握具体的调查方法，这样才能真正付诸实践，获得真实具体的信息。

二、常见的市场调查方法

1. 按调查方式不同，市场调查可分为观察法、访问法和试销法

（1）观察法。即调查人员亲临顾客购物现场，如商店和交易市场，亲临服务项目现场，如饭店内和客车上，直接观察和记录顾客的类别、购买动机和特点、消费方式和习惯、商家的价格与服务水平、经营策略和手段等，这样取得的一手资料更真实可靠。要注意的是你的调查行为不要被经营者发现。

（2）访问法。即事先拟定调查项目，通过面谈、信访、电话等方式向被调查者提出询问，以获取所需要的调查资料。这种调查简单易行，有时也不见得很正规，在与人聊天闲谈时，就可以把你的调查内容穿插进去，在不知不觉中进行市场调查。

（3）试销法。即对拿不准的业务，可以通过营业或产品试销，来了解顾客的反映和市场需求情况。

2. 按调查范围不同，市场调查可分为市场普查、抽样调查和典型调查

（1）市场普查。即对市场进行一次性全面调查，这种调查量大、面广、费用高、周期长、难度大，但调查结果全面、可靠。

（2）抽样调查。据此推断总体市场的状况。例如，你经销小学生食品和用品，完全可以选择一两个学校的一两个班级的小学生进行调查，从而推断小学生群体对该种产品的市场需求情况。

（3）典型调查。即从调查对象的总体中挑选一些典型个体进行调查分析，据此推算出总体的一般情况。如对竞争对手的调查，你可以从众多竞争对手中选出一两个典型代表，深入研究了解，剖析它的内在运行机制和经营管理优缺点，而不必对所有的竞争对手都进行调查，否则难度大，时间长。

总之，通过对这些市场因素的了解来把握自己的投资方向、制订店铺的经营策略。

确定你的客户源

开店和拍电影、办报纸一样，要先想好你的目标受众。所谓目标受众就是你的顾客是谁？你的服务对象是谁？你想把你的商品卖给谁？也就是说，开店前，必须对你选定商圈的顾客的年龄、收入、性别、职业等进行详细的市场调查，然后依据这些调查结果开设店铺和设计经营原则。例如，你想开家女性服装店，目标顾客或许是家庭妇女、或许是职业女性，也可能是前卫女孩，则店铺格调、服装款式等肯定有所不同。要确定客户源，就要对客户进行细分。不同的标准，有不同的分法。按职业特点可分为学生、公司白领、政府公务员、自由职业者；按年龄可分为老、中、青。还可以有组合，如年轻的公司白领等。对顾客进行了细分以后，就要根据自己店铺经营的商品来确定主要的目标顾客。我们以玩具店为例进行说明。

根据玩具店的特性，可以将顾客分为四大类：

第一类是儿童。玩具最初就是为了孩子们而设计的，他们是最传统的顾客。但是这也是最特殊的一类顾客，因为孩子们并不能真正购买，他们的父母才拥有购买的决定权，因此，店主在面对这类顾客的时候，既要投孩子们所好，也要赢得其父母的心。

第二类是家庭群体。这类群体晚饭后或周末空闲散步时，一家大小热热闹闹地来到玩具店，在这里痛痛快快地消磨两三个小时。孩子闹，大人笑，他们在增加你的营业额的同时，还为你的玩具店做了免费的广告。

第三类是白领阶层。这些人在工间或下班以后并不着急往家赶，而是找一个地方喝点东西、聊一聊、玩一玩，如果你的玩具店经营得足够好，并且有专门玩玩具的场地，他们会在这里逗留，甚至还会选择这里作为和恋人见面的约会场所。第一次相见的青年男女往往不知道该干些什么，如果能有玩具打开谈话的缺口，他们会很容易发现彼此的共同点。

第四类是学生。这一类消费人群和白领人群相似，唯一不同的就是他们所能支配的金钱并不多，但是这并不妨碍以这类人群为目标顾客的玩具店的经营。如果你的消费群体是白领，你可以购置一些较为昂贵的大型玩具；而面对学生消费，你可以购置较为小型的玩具。一般玩具的价格比较便宜，无论是白领还是学生都能承受得起。

当然，对于创业开店者来说，不管是选定哪一类人群作为自己的主要顾客，都必须有固定的顾客群。这也是在开店之初遇到的最难而且又要花费大量精力去做的事情。但是，只要能确定自己最主要的顾客群，也就确定了经营的产品及方向。

调查竞争对手的情况

知己知彼是创业开店的前提，所以，调查竞争对手是市场调查的重要内容。开店前要对竞争对手进行全面的摸底调查，以确保自己少犯错误，立于不败之地。对竞争对手的调查具体可以分以下几个步骤。

1. 明确调查问题

在开始调查之前，调查人员必须明确调查的问题是什么、目的要求如何。应根据要调查的对象拟定出需要了解的内容，然后定出调查的目标，以便调查能合理进行。

2. 初步情况分析

确定调查目标后，往往还会有很多繁杂的问题，这时就需要对这些问题进行缩减。通过能马上了解的一些资料进行删减，以缩小调查的范围。

3. 进行正式调查

当有了初步资料后，就要通过不同的方法展开对竞争对手的具体调查。

（1）竞争对手的分布情况。在决定开店且找好了几个符合要求的店铺地点后，要调查竞争对手的店铺位置，从而决定选择哪里的店铺位置较好。

首先应调查的内容为竞争店与本店的距离。如果竞争者的实力雄厚，自己想另立门户，则应选择离竞争店较远的地点；如果认为自己有足够的实力与竞争店竞争，则可把店开在竞争店旁，让顾客能很快通过对比来了解你的产品的优点。有时，竞争店在旁边还可以有效地吸引顾客，让顾客在光顾竞争店的同时也来到你的店。

其次调查竞争店的店铺地点。了解竞争店的地理位置，分析为何他能有较多的顾客光顾。自己的店应开在什么地方，可以通过竞争店的地点调查来决定。有时，通过对其调查可以得知此地区人的一些生活习惯，从而决定自己开店的政策。

（2）竞争对手的经销商品情况。竞争对手的经销商品直接关系到本店的商品。在开店前，一定要了解竞争店的经销商品结构、商品类型、商品价格等情况，从而决定自己店铺应购进的商品类型。对商品的调查要从很多方面入手，如商品类别、主力商品、辅助性商品和关键性商品等。

依据竞争对手和商品类别及市场占有率，可以决定自己的店应卖哪种商品为宜。如果竞争店的市场占有率高，就应避免与竞争店的商品太类似，这样不容易打开销路。你可以选择与其不同档次、不同类型或者与其卖的商品有连带作用的商品。假如你开的是服装店，竞争对手主要卖女装且市场占有率相当高，你可先调查其主要出售的女装类型。如果他主要经营休闲装，你可考虑开一个男装或童装店。特别是在女装店旁开个童装店，定会有好的效果。

（3）大商场的情况调查。大商场集合了非常丰富的商品，创造了一次购足的购物环境，满足了消费者多层次的需要。在平时，大商场会成为人们逛街、约会、办事的集合点。大商场除能满足人们购物需求外，也成为大家公认的地理标志。在开店前，要对附近的大商场进行调查，才能在开店后与大商场竞争，在市场中争取一席之地。

在对大商场进行调查时，最重要的是其地理位置。大商场的地理位置有时能影响开店的位置。是想在大树下好乘凉，还是想避开重要的竞争对手，则要通过对大商场的调查而定。通常而言，大商场所在地就是人流最密集的地方。开店就要在繁华地带，所以最好在大商场附近，或在人流去往大商场的路上。在这种地方，人的流动量很大，容易获得顾客。但有时这样容易被大商场排挤，不易打入市场，这也就决定了开店后的一些经营策略。

4. 调查资料的整理与分析

当竞争对手的资料收集完后，要对其进行编辑整理，检查调查资料是否有误差。误差可能是统计错误、询问冲突、设计不当、访问人员偏见、被询问人回答有问题等。在整理资料时，要把错误的信息剔除掉，然后把剩余的资料分类统计，最后得出结论。通过分析资料，决定是否开店、在哪里开店、什么时候开店等。

Part 4 第四章

“金角银边”——开店选址大有讲究

做好开店选址调查

在初步选定开店的地点后，还应作进一步的全面考察，对相关情况做一定的调查分析后，方能最后决定是否定点于此。

刘先生一直想开一家素菜馆，在朋友的介绍下，相中了一个居民区内的店面。他觉得店面位置很好，而且这个居民区规模也不小，客流没有问题。于是就很快租了下来。但开张两个月来，来他店里的客人寥寥无几。原因很简单，素菜馆是一种时尚餐饮，它的目标顾客是一些追求时尚、关注健康的人。而这个居民区里的人对素食不甚了解，没有这些概念。刘先生在初步选址后，没有再作深入调查就匆忙开店，失败在所难免。

一般而言，开店选址主要考察以下几方面的情况。

1. 目标顾客的相关情况

（1）家庭状况。家庭状况是影响消费需求的基本因素。家庭状况包括人口数量和结构、收入情况、职业状况等。如每户家庭的平均收入和家庭收入的分配，会明显地影响未来商店的销售。而所在地区家庭平均收入的提高，则会增加家庭对选购商品数量、质量和档次的要求。

家庭的人口数量也会对未来的商店销售产生较大的影响。比如，一个年轻的两口之家，购物追求时尚化、个性化、少量化；而一个三口之家（有一个独生子女），其消费需求则几乎是以孩子为核心的。

家庭成员的年龄状况也会对商品有不同需求。比如，有儿童的家庭会重点投资于儿童食品、玩具等商品，而老龄化的家庭则倾向于购买保健品、健身用品、营养食品等。

（2）人口密度。一个地区的人口密度可以用每平方公里的人数或户数来确定。人口密度越高，则选址店铺的规模可相应扩大。

计算人口密度，可通过计算白天人口来实现，即户籍中除去幼儿的人口数加上该地区上班、上学的人口数，减去到外地上班、上学的人口数。部分随机的客流人数不在考察之内。

白天人口密度高的地区多为办公区、学校等地。对白天人口多的地区，应在分析其消费需求特点的基础上进行经营。比如，采取延长下班时间、增加便民项目等以适应需要。

（3）购买力。消费水平的高低是由收入水平决定的，因此，了解附近人口的收入水平对选择店址有决定性的影响。家庭人均收入可通过入户抽样调查获取。如长沙西郊某商厦在选址的时候，就对周围 1 ~ 2 公里的居民按照分群随机抽样的方法，抽取出 3000 个家庭样本。经过汇总分析，这 3000 户居民中，人均收入在每月 2000 元左右的约占 50%，500 ~ 1000 元的占 20%，1000 ~ 1500 元的占 20%，人均月收入 500 元以下的占 10%，人均月收入 2000 元以上的约占 10%。由此说明，该地区居民大都是工薪族家庭，属于中等收入水平。

创业者在选择店址时，应以青年和中年顾客、社会经济地位较高、可支配收入较多者居住的区域作为优选店址。

（4）潜在顾客的数量。所有的人都可以成为消费者，很自然也是店铺的顾客。你在选择店址时必须了解当地的人口总数、人口密度、人口增长情况、人口年龄结构等。

人来人往的地方，当然是开店的有利地方，但并非人多的地方就适合开店，还要分析一下客流规律。首先要了解过往行人的年龄和性别，如有些过路者是儿童，则他们可能是快餐店的顾客，但不会是服装店的顾客，其次要了解行人来往的高峰时间和稀少时间，最后还要了解行人来往的目的及停留的时间。

2. 店面本身的相关情况

（1）店址的选择要搞清楚城市建设的规划，既包括短期规划，还包括长期规划。有的地点从当前分析是最佳位置，但随着市场的改造和发展将会出现新的变化而不适合开店；反之，有些地点从当前来看不理想，但从规划前景看会成为有发展前途的新的商业中心区。因此，经营者必须从长考虑，在了解地区内的交通、街道、市政、绿化、公共设施、住宅及其他建设或改造项目的规划的前提下，做出最佳选择。

小罗不久前从别人手里盘下了一个店面，这个15平方米的店面位于次繁华地段，每天的人流量十分可观，可是租金却非常便宜，每月只要800元，小罗以为捡到了便宜，偷偷直乐。没想到，花了一万多元装修停当，开张还不到一个月，一纸《拆违通知书》把他气得晕头转向。原来，上家通过内部关系得知店面迟早要拆，便来了个金蝉脱壳，捞了一票溜之大吉，剩了个箍儿让小罗来套。所以，在租店面之前，一定要对店面的情况做一番仔细的调查了解。

（2）房东的背景情况。有的人急于寻找店面，就满大街搜寻，有时还真能找到几家正挂着“转让”字样的店面，便迫不及待地与之谈判、交付定金甚至租金。其实这种做法是极其草率的，很容易带来一系列的后遗症。假如你真的看中了店面，最好先从侧面打听到真正的房东（即产权所有者），对其背景情况进行了解，觉得可靠后再进行接触。一般最好直接与真正的房东谈，假如房东表示已将承包权出租，不愿再插手时，你再与现在的店主谈判也不迟。另外，一旦谈成功，也要注意必须正式签协议并要求到房产所有者那里更改租赁人姓名。

（3）店铺的交通地理条件。店面附近的交通状况，会在很大程度上影响生意的好坏，因此一般的开店地点都会考虑上、下班路线，特别是住宅区。上班与下班时间，路两旁的人流、车流明显增加，因此几乎百分之九十的行业都适合开在下班路线上。原因非常简单，上班时间大家都忙于工作，只有在下班的时候才会有空从事采购、饮食等消费行为。

然而，并不是大马路旁边的地点才算是黄金位置，其实由主干道延伸出的小巷内，也有许多适合开店的地点。而一般评估巷道内的黄金店面，多使用漏斗理论，指的就是同一个街口，有数家三角窗商店，消费者通常会在回家的路程中顺道消费。因此，位于干道转进巷道的第一家商店，会像漏斗一样，最先吸引消费者入店。理想的黄金地点，应该是下班路线右边的地点。

3. 同业竞争的相关情况

这一点创业者调查的主要内容是同业者经营业绩的情况、商品的价格水平。考察同一地段同类商店的经营业绩，可以初步测算出租此店面可能产生的利润状况，而考察他们的商品价格水平，是为了据此确定自己今后的商品价位，这些都是十分必要的。如果商店经营的是挑选性不强、购买频率较高的日用商品，在同一地区又有过多的同行业在恶性竞争，那势必会影响商店的经济效益，除非新设的商店有特殊的经营风格、能力或不寻常的商品来源，否则很难成功。

当然，在某些环境中，上述情况也并不完全如此，有些行业因同行都集中在一起，反而会形成一条别具特色的商业街。

所以，创业开店者在选择经营地点时，要详细了解在该地点附近有多少类似的商店，这些商店的规模、装修、商品品种、价格及待客态度如何，自己的加入将是增加竞争还是互相有利等。

开店选址的基本原则

正确选择店址，是开店赚钱的首要条件，一个经营项目很好的店铺，若选错了店址，小则影响生意，大则还可能导致“关门大吉”。所以，开店选址一定要遵循一些基本原则。

1. 方便顾客原则

满足顾客需求是商店经营的宗旨，因此，店铺位置的确定，必须首先考虑方便顾客购物，为此店铺要符合以下条件。

（1）靠近人群聚集的场所，可方便顾客随机购物，如影剧院、商业街、公园名胜、娱乐场所、旅游地区等，这些地方可以使顾客享受到购物、休闲、娱乐、旅游等多种服务的便利。但此种地段属经商的黄金之地，寸土寸金，地价高费用大，竞争性也强，因而虽然商业效益好，但并非适合所有商店经营，一般只适合大型综合商店或有鲜明个性的专业店铺的发展。

（2）人口居住稠密区或机关单位集中的地区。这类地段人口密度大，且与店铺距离较近，顾客购物省时省力。店铺如选在这类地段，会对顾客有较大吸引力，很容易培养忠实的消费群。

（3）交通便利。车站附近是过往乘客的集中地段，人群流动性强、流动量大。如果是几个车站的交汇点，则该地段的商业价值更高。店铺地址如选择在这类地区，就能给顾客提供便利购物的条件。

（4）符合客流规律和流向的人群集散地段。这类地段适应顾客的生活习惯，自然形成市场，所以能够进入商店购物的顾客人数多，客流量大。

2. 有利于经营原则

店铺选址的最终目的是要取得经营的成功，因此，要着重从以下几个方面来考虑怎样便利经营。

（1）有利于提高市场占有率和覆盖率，使店铺长期发展。店铺选址时不仅要分析当前的市场形势，而且还要从长远的角度去考虑是否有利于扩充规模，如有利于提高市场占有率和覆盖率，就可在不断增强自身实力的基础上开拓市场。

（2）有利于形成综合服务功能，发挥特色。不同行业的商业网点设置对地域的要求有所不同。店铺在选址时，必须综合考虑行业特点、消费心理及消费者行为等因素，谨慎地确定网点所在地点。尤其是大型百货类综合商店，更应综合、全面地考虑该区域和各种商业服务的功能，创立本店铺的特色和优势，树立一个良好的形象。

（3）有利于合理组织商品运送。店铺选址不仅要注意规模，而且要追求规模效益。发展现代商业，要求集中进货、集中供货、统一运送，这有利于降低采购成本和运输成本，合理规划运输路线。因此，在店铺位置的选择上应尽可能地靠近运输线，这样既能节约成本，又能及时组织货物的采购与供应，确保经营活动的正常进行。

3. 最大经济效益原则

衡量店铺位置优劣的最重要的标准是经营能否取得好的经济效益。开店就是为了赚钱，经济利益对于创业者无论何时何地都是重要的。开店初期的固定费用、投入营业后的变动费用等大都与选址有关。因此，地理位置的选择一定要有利于经营，才能保证最佳经济效益的取得。

开店选址的技巧

做任何事都有窍门，开店也不例外。一旦决定开店，必须对所选地点做全面考察，了解该区的人口密度、消费方式等。开店选址是很讲究的，掌握了相关的技巧，才能找到理想的店址。

吴女士2003年从北京大学毕业后，去了一家意大利驻深圳分公司当翻译。这是一家专门经营欧洲高档皮具的大公司，员工多是外籍人士。同公司里那些意大利美女一样，在商场“拼杀”之余，吴女士也喜欢用逛街、泡吧等方式放松自己。

“三人行，必有我师。”和时尚的意大利女孩们在一起待久了，通过留心观察学习，吴女士也成了捕捉流行时尚的高手，尤其是对着装颇有研究，熟谙服装与身材、肤色的搭配技巧。凭着对服饰的热爱以及对时尚的把握，吴女士总能用敏锐的眼光从缤纷多彩的商品堆里挑选出独具特色的“宝货”，而这些服饰不久后必定能在深圳流行起来。

一个偶然的机会，吴女士得到朋友的鼓励，再加上自己也有创业开店的想法，就决定开家服装店。吴女士离开那家意大利公司后，开始去做自己喜欢的事。

在深圳，繁华的商业街寸土寸金，吴女士四处奔波，总找不到合适的店面。一天，她在杂志上看到，在欧美和香港，“楼上店”十分流行，不少人还在家里开店做生意呢！她灵机一动，忽然有了一个很“另类”的想法：为什么不把服饰店开进写字楼呢？在那些高档写字楼里，隐藏着大大小小上百家公司，里面清一色的年轻白领，这些新新人类既有品位又有经济实力，我提供的东西一定能够点燃他们的消费激情！

一个朋友告诉吴女士，麦当劳和肯德基在世界各地开分店时，选址都是经过科学调研后才确定的，因为他们对客流量和交通便利情况等都制定有严格的指标。吴女士一看到有幢写字楼的一楼有家麦当劳店，就立刻认定这是个好地方，可是商铺房租高得惊人。她又想：如果租间办公室，或许我能够承受得起。

一番周折以后，吴女士交了1.5万元的房租，并花2万元把那家公司的大办公室隔出一间，改装成了一个小商店。

铺面有了，吴女士将全部精力放在了研究进货上，这是最关键的一环。为了能真正引领服饰潮流，她翻看各种时尚杂志，将相关的信息记下来；在繁华地段看各种服饰流行的款式，尤其是一些个性小店，她还去了香港。经过不懈的努力，吴女士的服装店经营得很好，生意非常红火。

上例中的吴女士就是一个很会选址的创业者，她没有走别人的老路，而是开辟了一条新路，一条成功的新路。从这可以看出她确实很有经商的才华，也具有很好的店铺选址技巧。

那么，对于普通创业者来说，该如何掌握店铺选址的技巧呢？

1. 根据经营内容来选择地址

店铺销售的商品种类不同，其对店址的要求也不同，有的店铺要求开在人流量大的地方，如服装店，小超市，但并不是所有的店铺都适合开在人流量大的地方，如保健用品商店和老人服务中心，就适宜开在住宅小区等一些安静的地方。

2. 选择人口增加较快的地方

企业、居民区和市政的发展，会给店铺带来更多的顾客，并使其在经营上更具发展潜力。

3. 选择较少横街或障碍物的一边

许多时候，行人为了要过马路，因而集中精力去躲避车辆或其他来往行人，而忽略了一旁的店铺。

4. 选取自发形成某专业类市场的地段

在长期的经营中，某街某市场会自发形成为销售某类商品的“集中市场”，有时又叫“××一条街”，人们一想到购买某商品，就会自然而然地想起这条街。

5. 要有"傍大款"意识

即把店铺开在著名连锁店或品牌店附近，与超市、商厦、饭店、24小时药店、咖啡店、茶艺馆、酒吧、学校、银行、邮局、洗衣店、冲印店、社区服务中心、社区文化体育活动中心等集客力较强的品牌门店和公共场所相邻。例如，你想经营餐饮店，那你就将店铺开在"麦当劳"、"肯德基"的周围。因为，这些著名的洋快餐在选择店址前已做过大量细致的市场调查，挨着它们开店，不仅可省去考察场地的时间和精力，还可以借助它们的品牌效应"捡"些顾客。

6. 选择有广告空间的店面

有的店面没有独立门面，店门前自然就失去了独立的广告空间，也就使你失去了在店前"发挥"营销智慧的空间。

7. 选择位于商业中心的街道

东西走向的街道，店面最好坐北朝南；南北走向的街道，店面最好坐西朝东，尽可能位于十字路口的西北拐角。另外，三岔路口是好地方；在坡路上开店不可取，路面与店铺地面高低相差不能太悬殊。

8. 选择由冷变热的区位

与其选择现在被商家看好的店铺经营位置，不如选择不远的将来会由冷变热但目前未被看好的街道或市区。

"金角银边草肚皮"选址法

"金角银边草肚皮"是围棋中的术语，它指的是围棋棋子在棋盘上放置的位置不同，其效果也不尽相同，围棋以围住对方棋子多少决出胜负，围相同的地盘，边角部位需要的棋子最少，中部次之，中间位置则最多，因此有"金角银边草肚皮"之说。

推而广之，在商铺的选址中，"金角、银边、草肚皮"同样具有参考价值。一般来说，楼层主通道横向和纵向交会的角落就是所谓的“金角”，位于主通道边上的高墙柜台则是“银边”，而那些中厅位置则是“草肚皮”。

当我们逛商场时，对比一下品牌知名度就可看出端倪，一般“金角”位置都会被大品牌占据。

其实正对电梯的位置也应该算“金角”，因为电梯位置虽然不是一条主通道，但比任何一条主通道的人流量都大得多。再加上这个位置旁边的主通道，当然算“金角”了，而且是一个“凸”的“金角”，选铺不可错过这个绝佳位置。

三角形店址选择法

现如今越来越多加盟连锁企业开设分店的人，都习惯采用三角形店址选择法。

我们所说的三角形店址选择法，是指在一个地区开设三家分店并按三角形结构进行布局。此种开设方法首先要测量该地区商圈的范围，然后确定店址。

商圈可以是孤零零的一个，也可以是多个同时存在，如果只有一个商圈，那么它的范围就必须足够大，消费潜力及顾客的购买能力也应该足够强大，保证的确有开三家连锁店的潜在价值。如果是多个小商圈并存，各个商圈之间的距离就不能相隔太远，因为这样才可以彼此互相接应。否则势必形单影只，起不到很好的连锁反应。

我们举个例子，日本有一家名叫药黑衣库金的连锁药店，1981 年，其经营的门店数为 512 家，1987 年营业额占到全日本零售药店营业额的 11%，如今已是一家拥有 1327 家分店的知名医药连锁企业。然而该药店在创业初期也曾一度陷入困境，几家门店经营萧条，濒临破产的边缘，公司眼看就要支撑不下去了。为此，其创始人通口俊夫绞尽脑汁，苦思冥想突破之道。

一天，像往常一样，通口俊夫沿京坂线坐火车去仅有的3个分店做工作巡查。他坐在车厢内思考着企业经营所面临的困境，心里很不是滋味。那时，这3家分店几乎呈“一”字形排列设置在京坂铁路沿线的京桥、干林、梅云3个车站周边。忽然，车厢内一名小孩在用手指旋弄一个三角板的情形吸引了他的视线，只见这个小女孩将一只手指伸进三角板中心的圆孔中，而用另一只手去拨弄、旋转三角板。他看着看着，灵感顿从心生，想起了曾看过的一部讲述苏联红军和德军作战的书籍，书中有一句名言是：“为了能密切配合友军作战，宜采取三足鼎立的布兵模式，这样，将此三点连接起来，就能有效呼应，保卫好中间的区域。”想到此，通口俊夫兴奋得叫了出来：是啊，企业经营布点配置，不也类同此理吗？

于是，通口俊夫果断地做出决策，彻底抛弃公司过去主要沿铁路干线呈“一”字形设点的布局，全部改为像三角板那样分3个顶点重设门店点位。一经实验，经营业绩明显好转。经过分析，其原因正是这种呈三角状配置的分店格局，使得所围起来的中间区域的消费者不论去哪家分店，最后都能成为公司的顾客。此后，他新开门店时都是先开一家店为据点，然后就在附近可以相互照应的商圈距离内再开两家分店，从而形成了三角形格局，这也就达到了最大限度地覆盖商圈且能相互支持的目的；或者以任何两个老店为三角形的两个固定点，再开一个新店，和两个老店构成一个新的三角形。后来，他又发现，这种布点法在门店的服务、配送、促销宣传、广告、药品调剂、人员调配等方面都具有明显的低成本优势，为通口俊夫的连锁药店经营突破瓶颈、迈向成功奠定了非常坚实有力的基础。

在此后的经营中，药店的营业额节节攀升，业务不断扩大，已经累计发展到拥有一千三百多家分店的集团公司，而通口俊夫的“三角经营法”也成了被世人瞩目的经营之道，后人纷纷效仿。

面对当前市场竞争日益激烈的状况，零售连锁门店的选址将是一个永恒的难题。但“三角布点法”对于正处于扩张阶段的连锁企业具有很强的指引性和可借鉴性，值得业界关注。

哪些地方是开店的最佳区域

有人说："选好店址就是创业成功的一半"，这话一点也不假。一般来说，如果商店的地理位置具有以下全部条件的是第一流的店址，一般都要具备其中的两条以上。

1. 商业活动频度高的地区

在闹市区，商业活动极为频繁，把商店设在这样的地区，商店营业额必然高。这样的店址就是所谓"寸金之地"。相反，如果在非闹市区，在一些冷僻的街道开店，人迹罕至，营业额就很难提高。

2. 面向客流量最多的街道

因为商店处在客流量最多的街道上，受客流量和通行速度影响最大，可使多数人就近买到所需的商品。

3. 人口密度高的地区

居民聚居、人口集中的地方是适宜设置商店的地方。在人口集中地方，人们有着各种各样的对于商品的大量需要。如果商店能设在这样的地方，致力于满足人们的需要，那就会有做不完的生意。而且，由于在这样的地方，顾客的需求比较稳定，销售额不会骤起骤落，可以保证商店的稳定收入。

4. 接近人们聚集的场所

如剧院、电影院、公园等娱乐场所附近或者大工厂、机关附近。

5. 交通便利的地区

旅客上下车最多的车站，或者在几个主要车站的附近。可以在顾客步行不超过 20 分钟的路程内的街道设店。

6. 同类商店聚集的街区

大量事实证明，对于那些经营耐用品的商店来说，若能集中在某一个地段或街区，则更能招揽顾客。因为经营的种类繁多，顾客在这里可以有更多的机会进行比较和选择。

黄金地段并不是唯一的选择，因为营业地点的选择与营业内容及潜在客户群息息相关，各行各业均有不同的特性和消费对象，所以一定要根据不同的经营行业和项目来确定最佳的开店地点。

避免不宜开店的地段

有的地方非常适合开店，但有的地方则是不适合开店。如果把店开在不适合开店的地段，则很难赚钱，甚至会给创业者带来很大的损失。一般来说，不宜开店的地段有以下几种：

1. 商圈内人口极少的地方

店铺不适宜开在商圈内人口不足的地方，如果商圈内人口在1500人以下，此店铺应摒弃（这意味着商店的固定顾客过少，从而会影响到销售额）。以便利店为例，一般来说，商圈半径为500米，在方圆500米的范围内至少有3000人口。而这3000人口应该由四部分人组成：一是家庭主妇，她们在便利店购买在别处忘买的商品；二是三口之家，年轻夫妇会为家庭进行便利性购买；三是独身的青年人，他们是便利商店的主力顾客；四是中小学生，他们是便利商店零食的最大购买者。

2. 无法停车的道路旁边

这种无法停车的地方一是快车道旁边。随着城市建设的发展，高速公路越来越多。由于快速通车的要求，高速公路一般有隔离设施，两边无法穿越，公路旁也较少有停车设施。因此，尽管公路旁有单边固定与流动的顾客群，也不宜作为新开店选址的区域。二是由于太繁华、停车困难的地方。繁华的大街上虽路人如织，但如果不能停车，你将失去很多过路客。

3. 居民不增长而商业网点已基本配齐的区域

这种地区不宜作为开店地址，这是因为在缺少流动人口的情况下，有限的固定消费总量不会因新开商店而增加。

4. 走下爬上的店面

设在地下室的店铺由于不能充分发挥便利顾客的功能，因此，客流会受到影响。主要缺点是顾客进出不方便，店铺位置不醒目而难以招徕流动顾客。上下楼梯进入商店会给顾客带来不方便，从而违背了开店的方便性原则，而且商品补给与提货都多有不便。

5. 形状不规则的店面

长方形或是正方形的场地比较适合店铺的经营，如果店铺的形状不规则，那么在一个本来营业面积就很小的空间内很难合理地去安排商品的陈列，这就会增加顾客选购商品的时间。

6. 加盟店太集中的地方

加盟店太集中的地方租金较贵，即使现在业主不提价，租约到期后也一定会大幅度提高。业主不会在意你做什么生意，而是在意谁能为他们交更多的租金，而且加盟店集中也会加剧竞争。

对于创业开店者来说，一定要多注意，不能头脑发热，草率行事，选择不当的开店地址，从而导致开店失败。

相中的店面要及时拿下

对于创业开店者来说，一旦找到理想的店面，就要当机立断，出手迅捷，尽快拿下，否则很有可能会因你的片刻迟疑而被别人捷足先登，导致错失良机。怎样尽快拿下店面？谈判自然是至关重要的。

1. 谈好房租价格

在开店的过程中，房租往往是最大的一块固定成本，在与房东谈房租之前，先自定一个能够接受的最高价，这个价位必须是：

（1）你觉得自己负担得起的。尤其是在必须一笔付清数年租金的情况下，看看自己有没有给付的能力。

（2）预算一下是否有钱可赚。

（3）向附近类似的门面打探一下，如果价位基本一致，说明是比较合理的。然后再依据自己设定的最高房租价格比较房东给出的房租价格，权衡后进行谈判，就比较容易成功。

2. 谈好缴付方式

缴付房租的方式有多种，最常见的有按月结算、定期缴付和一次性付清三种。假如房东除了固定的月租金外，还要根据你的经营状况分享一定比率的利润，可以采用按月结算的方法，这样能及时结算，以免拖久了增加计算难度；有的门面房定下一年或两年的租金后，其后再要续租的话，常常要按一定的比率逐年递增，这种情况下最理想的租金缴付方式是每半年或一年集中缴付一次，这样一旦你有了新的店面或有转业的意向，就不会损失保证金了；还有的店面是长期定租的，一租就是5年或10年，如果你有足够的资金，而且看好你选定的店面，也可以一次性将5年或10年的房租全部付清，这样既可免除门面半途被别人高价挖走的风险，也不受涨租的影响，能节约不少租金，因为从长远看，门面的房租总体是呈上升趋势的。

3. 谈好附加条件

与房东进行谈判，除了租金外，还要注意谈妥有关的附加条件，这样可以使你节省不少开支。首先，在租房前应对店面内现有的情况，包括装修状况、设备状况等都要了解清楚，然后通过协商，要求房东在出租前对门面房进行基本的整修，如拆除原有已报废无法再利用的设备和装修，对房顶、地板、墙壁做基本的修缮，添置或维修水电设施等，或者要求房东承担相应的费用，在租金中予以抵扣。总之，要尽量争取节省开销。其次，你可以通过协商要求免付押金。一些黄金地段的门面房押金也往往是比较高的，虽然这钱最终是要还给你的，但如果你租的时间比较长，这笔钱也就等于搁死在了那儿，对于资金紧张的创业者来说，这也是一个不小的“包袱”，如果谈得好，完全是有可能卸掉的。最后，还可以通过协商要求延期缴付房租。尽量压低初期的租金，待一段时间生意走上正轨后再按标准支付，并补足前期的差款。只要你言辞恳切地分析给房东听，并能主动限定延期期限，有些通情达理的房东是会答应的，这也可以为创业初期减轻不少经济负担。

总之，只要看中所选的店面，而且也没有什么其他问题，谈妥后就要快速和房东签合同，不能拖泥带水，让自己错过机会。

Part 5 第五章

装点店面——旺铺靓店是包装出来的

店面设计的5个原则

科学合理地设计店铺内部环境，对顾客、对店面自身都是非常重要的。它不仅有利于提高店铺的营业效率和营业设施的使用率，还为顾客提供了舒适的购物环境，满足顾客精神上的需求，使顾客乐于光顾本店购物消遣，从而达到提高店铺经济与社会效益的目的。

店铺的布局设置是为店铺的日常经营服务的，其规划和设计必须遵循结合实际的原则来进行安排。在设计店铺卖场环境时，应遵循以下原则：

1. 店面设计要便利顾客，让顾客停留更久

店铺设计必须坚持以顾客为中心，满足顾客的多方面要求。今天的顾客已不再把“逛商场”看做是纯粹的购买活动，而是把它作为一种集购物、休闲、娱乐及社交为一体的综合性活动，因此，店铺不仅要拥有充足的商品，还要创造出一种适宜的购物环境，使顾客享受到最完美的服务。

在购买商品的顾客中，有70%是属于冲动型的购买，也就是说顾客本不想购买这种商品，但因停留的时间比较长，而且受良好的购物环境和服务的影响，也就产生了临时性购买。

2. 店面设计要突出特色，吸引顾客

店铺的设计应依照经营商品的范围和类别以及目标顾客的习惯和特点来确定。以别具一格的经营特色将牢牢地吸引目标顾客，使顾客驻足观望，并产生进店购物的愿望。

3. 店面设计要充分利用空间

购物环境设计在满足顾客需要、让顾客享受购物乐趣的同时，还应尽可能降低单位面积投资，保持合理的投资比例，在进行可行性研究时，认真测算，既要符合现在经营的需要，又必须留有发展余地。

因此，以最佳陈列位置、最大陈列空间、最高清洁度、最优化管理和终端促销布置来展示良好的品牌形象，营造出消费者强烈的感官刺激和销售环境，促进顾客消费。

4. 店面设计要能提高效率，增加效益

科学的店面设计，能够合理地组织商品的经营管理工作，使进、存、运、销各个环节紧密配合，使每位工作人员能够充分发挥自己的潜能，节约劳动时间，降低劳动成本，提高工作效率，从而增加店铺的经济效益和社会效益。

5. 店面设计要具有艺术性

美并不等于豪华。美首先应是一种和谐。购物环境在布置上应有创意性，具有独特的面貌和出奇制胜的效果，从而引起顾客注意、产生强烈的感染力。

设计具有“视觉冲击力”的门面

门面就相当于店铺的脸面。如果门面装饰不力，即使店内商品品质再好、种类再多，也有可能门可罗雀，无人问津。

下面给大家举一个事例。

天御鲜火锅店坐落在某购物中心的二层，由于用料讲究、食材新鲜、汤汁味美，生意很是火爆。为此店主想顺势扩大店面。经过一番整修后，店铺不仅没有因为装修时间长而失去一批老顾客，反而招徕了更多的新顾客。原来，经过装修，店面焕然一新，店铺的门面较之以前有所加宽，这样就改变了原先客流量高峰时，顾客都拥挤在店门外的状况，那样不仅嘈杂，也给旁边店铺的营业造成了不良影响。还值得一提的是，装修之前的门面采用的是一般的铝合金玻璃门，到了冬天店内外温差大，若遇上顾客多的时段，火锅的热气熏得门面全是水蒸气。现在改用木质的店门，不仅实用，更具有一股古色古香的韵味，而且与周边的店铺形成了鲜明的对比，显示出特有的品位，顾客对此次的店面装修很是满意，来店里请客吃饭也觉得有面子多了。

上例中，整修门面并不是由于经营业绩不佳，而是想提升整体形象，结果选择对了门面类型，从而给店铺带来了意想不到的好效果。首先，例中的店铺名字——天御鲜火锅店，让人感觉很有气魄，有一种尊贵的感觉，配以木质的门面则更能彰显出这种华贵气质，如果选用铝合金之类的材质，那就起不到烘托的作用了。而且火锅是中国自古以来传统的美食，用木质门面更能符合店铺在顾客心中的定位。再者，店主在增加店铺面积的同时，也考虑到了随着客流量的增加，店门宽度也应该有所加大，这样才不会在顾客用餐时段造成拥挤。顾客本身对这家火锅店的印象就很好，加之现在店面装修改进后，更加迎合了顾客追求味觉、视觉享受的理念，因而更进一步提升了这家店在同行业中的竞争力。

门面是顾客了解店铺的前哨站，也是顾客与商品出入流通的通道，由此可以说，门面每日迎送顾客的多少，直接决定着店铺的生意是否红火。店铺除了招牌和橱窗能吸引人外，一个独特而新颖的店门也能为店主招徕顾客。店门要做到设置合理美观，需考虑多方面因素。

1. 门面种类

以材料区分，大致可分为不锈钢门面、石材门面、木质门面、铝扣板和塑板门面。门面大多数情况下是在室外，所以应考虑到用防晒、防雨、防腐蚀的材料。

2. 店铺的经营特色

经营特色指的是店铺是以什么样的商品为主要经营项目，也应该在设计门面时考虑全面，如果整个店铺的装修堪称富丽堂皇，唯独门面是草草了事，而且与整个店铺风格完全不相融，那之前的装修工作也就宣告失败。只有根据店铺的主营业务，有目的性地选择店门，才能以此衬托出商品特性。例如，对于经营珠宝、金银首饰、高级仪器、电器、影像设备等高档店铺，一般宜采用豪华式封闭型店面，以给顾客创造一个安静、愉快的购物环境；对于出售食品、水果、蔬菜、鲜鱼、糖、烟、酒等日用品的店铺或经营其他大众消费品的店铺，则宜采用全开放型的店面，方便顾客选购；对于一般的百货商店及服装店，宜采用半开放式的设计等。

3. 店门风格应与周边环境相协调

你的店铺在哪类地方开设也是一个重要的问题。如果是在高档商务区，那你的店门就不能用卷帘式，这不仅有损自己店铺的形象，更破坏了周边整体的购物氛围。如例子中的火锅店是开在购物中心，一般而言，购物中心的门面都比较高档，所以采用木质门面显得更有格调，也更能和周围的环境相融合。

4. 店门的位置设置

一般店门的设置位置有三种：居中、靠左或靠右。这完全取决于店铺客流量的多少和店内光线明亮程度、阳光照射角度等问题。当然也有完全开放式的店门，这种设计是为了扩大顾客在街上看店铺的视野，能很好地把店铺内的实景呈现给顾客。店门的位置设置不可小视，应慎重对待。

5. 店门不宜太小

店门过小，影响店内空气的流通，气流的循环速度会减慢，从而使店内显得毫无生气。特别是当客流量大的时候，作为出入通道的门过小，会给顾客出入店铺带来不便，顾客手上提着商品出入也难免出现磕磕碰碰的现象。狭小的店门，还会造成客流的拥挤，会让一些原本想进店的顾客望而却步，影响店铺的正常营业秩序。

6. 店门的设计风格

店铺的门面应有独特的风格，与相邻的店铺形成显著差异，这能够给人以深刻的印象，并起到识别店铺位置、树立店铺形象的重要作用。门面风格设计是大胆创新与丰富想象力的产物，运用夸张、象征、形象化等手法，设计出各具特色的造型、图案、文字与景致，使人一见到门面就能产生心灵的共鸣和震撼。例如，英国一家店铺把门面设计成一个大玻璃球形，一年四季透射出四周的景物，犹如一幅巨型风景画，吸引了无数顾客；日本一家海鲜店以虾、蟹、鱼为店面的主体设计；美国一个牛奶场的零售店设计成高 30 英尺的巨大牛奶瓶状，其经营特色在来往行人面前表现得淋漓尽致。

门面的设计对于任何一家店铺来说都是至关重要的，如果设计得好，就能够吸引顾客的视线，激发顾客产生来店关顾的兴趣。所以说，店门要独特，顾客才会自动上门。

起一个好的店名

名字就是金钱，名字就是财富，名字就是利润。在现实生活中，具有高度概括力与强烈吸引力的商店名，对消费者的视觉刺激和心理影响是很重要的。名字取得好坏、是否能引起消费者的关注，是关系创业成功与否一个不可忽视的因素。

好的店铺名称因其易记忆、易读、易上口、易写等特点，能给人留下深刻的记忆和美好的印象。如果名字的识别有难度，过长、有难认的字不利于书写、不利于记忆，往往使人产生原始性的抵抗心理。还有一些开店者在取店名时为达到出奇制胜的效果，往往只追求功利性，不顾公序良俗，最终引起不良后果。

2008年6月1日，重庆市万州区工商分局接到群众举报，称在万州北山桥头街边的一个门面，有人借地震的名义进行商业炒作，打出了“512震宗锅”的店堂招牌。

该局执法人员立刻赶到现场，他们发现该门面正上方是“512震宗锅”店招，在店招下面三个门柱上有圆形灯箱，各有“512震宗锅”字样。为及时消除影响，工商执法人员当即对店主进行了严厉的批评教育，责令其立即拆除“512震宗锅”字样的招牌，并对该店涉嫌违法广告的行为进行了立案调查。

5·12汶川特大地震一直牵动着国人的心，可以说，它是国家之痛、历史之痛，也是全人类之痛。但这家火锅店竟取名为“512震宗锅”，将汶川大地震这样伤痛的事件作为自家火锅店的招牌名称，实在令人愤怒。

火锅店开张想赚钱，取个响亮的名字以招徕顾客，这无可厚非。但商家取店名挂招牌，要讲民族气节，讲社会公德，讲文化品位，不能不讲国格、人格、道德和文明地乱取名字。

可见，店名的启用要非常谨慎，既要出彩，给消费者以良好的印象，又要有所顾忌，不能随心所欲。

1. 取店名的四个要素

若想求得一个让人拍案叫绝的好名字，必须掌握以下四个要素：

（1）形象。配合营业内容，塑造店面形象。若卖的是地方小吃，店名不妨乡土气息浓一些，如天津的“狗不理”包子、广州的“新荔枝湾”酒家；西餐厅命名讲求的是浪漫优雅，如“绿岛”“蒙地卡罗”；精品店就要强调精致时髦，甚至可加入英文字样等。

（2）利益。价值点、利益点附加越多，越能刺激商品销路。例如，米饼取名“旺旺”、果冻取名“喜之郎”。许多饭店、酒楼抓准了“喜事、幸福”这一点，取个好名字讨个吉利和喜庆，如“幸运楼”“喜运来”“鸿福”“大宏图”等，就连卡拉 OK 夜总会也起名叫“钱柜”。

（3）易记。一些口语化的谐音不妨多加利用，如榭榭——谢谢、巴黎站前——包你赚钱，或者易生联想的店名，如川菜馆最爱用峨眉、重庆为名。再有如“JJ 的士高”“D&D 夜总会”等。

（4）节奏。念起来顺口好听，富有节奏感，也是令人印象深刻的必备条件，这样的名字非常有亲和力。如“新大新百货公司”“白天鹅宾馆”等。

2. 取店名的技巧

取一个与所经营商品有密切联系的、响当当又有诱惑力的好店名，会给你带来意想不到的效益。

（1）利用流行元素给店铺取名，往往能取得事半功倍的效果。张曼玉主演的电影《花样年华》走红以后，一家餐厅马上改名为“花样年华”，而与之异曲同工的是，另一家餐厅取名“不见不散”，还有一家酒吧干脆叫“壹玫酒吧”。年轻人约会，有了更加暧昧的约会语，如“去哪儿玩啊，是花样年华呢，还是不见不散呢，或是壹玫酒吧？”这些显然能够给年轻人带来约会话题的娱乐场所，很容易在短时间内被年轻人接受。

（2）利用谐音来取名，是一些店家的惯用手法。例如，湘菜大举入侵各个城市，于是，便有了“老湘楼”“湘亲楼”“湘乡人”“同湘会”“又一湘”……这些店名最大的功能是将其酒楼的定位说得明明白白，而且利用谐音，很容易被食客记住或认可。

3. 取店名的类型

（1）综合型。把企业业务和吉利用语结合加以表现。如“顺风车行”。

（2）暗示型。不直接表述，用间接语暗示，如“爽快”快餐店。

（3）双关型。一语双关，别有深意，如“一表人才”钟表店。

（4）警告型。此办法可产生意想不到的效果，如“20岁以后”美容店。

（5）反语型。利用反语，巧妙地道出产品特色，如“不打不相识”打字店。

（6）感情型。例如，一家咖啡厅以“情有独钟”作为店名。

（7）幽默型。用诙谐、幽默但很健康的词语作店名，可加深客户印象。

好的命名可以刺激消费者的听觉器官从而留下深刻印象，产生联想和感触。开店者一定要为自己的店铺取个好名字，以此来吸引消费者前来购买商品。

出入口设计的要点

在店铺的顾客通道中，出入口非常重要，它是驱动消费者流的动力泵。出入口设计的合理与否直接影响店面商品的销售。如果设计得不合理，就会造成人流拥挤，或是顾客还没看完商品就到了店铺出口的情况。因此，在设计零售店的店铺出入口时，必须全面考虑店铺的营业面积、客流量、地理位置、商品特点及安全管理等因素，合理布局。

好的出入口设计要能使消费者从入口到出口有序、完整地浏览全场。如果是规则的店面，出入口一般设在同侧为好。这样的设计可以使顾客很容易在店里转一圈再离开，从而避免留下死角。不规则的店面则要考虑到店铺内部各方面的条件，设计难度相对大一些。

店门的设计应当是开放性的、透明的，并尽可能宽大。设计时不要让顾客产生幽闭、阴暗的不佳心理感受，进而无意进店。以花店为例，店内的商品多是五颜六色、十分漂亮的，所以，尽量大、可视性好的出入口可以辅助橱窗，收到良好的广告效果。如果受建筑结构的局限，出入口不便加大，也可以考虑将出入口两侧改造成透明的玻璃结构，从视觉上进行扩展，这样做的同时还可增加店内的采光度。

总之，可以把握住以下几个要点来进行出入口的设计：

（1）门面要尽量保持清洁。门面不清洁会影响顾客的光顾。

（2）门的材料不能太重，以免小孩、老人等顾客开启不便，最常用的是轻型玻璃门式自动门，顾客携带商品可以自由出入。

（3）门窗尽量透明。让顾客在外面就能看见部分商品。

（4）入口处一般要高于街道，否则不易排水。但是其落差要用缓慢的斜坡来弥补。据有关调查表明，顾客不愿光顾那些高于或低于街面的商店。

（5）入口处一定要通畅，不要堆放货物。

（6）道路和店堂之间最好没有阶梯和坡度，由店门进入店内的通道要保持适当的宽度。

（7）出入口的设计不要太庄重，也不要追求豪华，否则将会把顾客拒之门外，同时也会增加建筑成本。

卖场通道设置要符合顾客消费心理

卖场通道是指顾客在卖场内购物行走的路线。通道设计得好坏直接关系到顾客能否顺利地进行购物，也直接影响到零售店铺的销售业绩。

通道设计是室内设计中不可忽略的一个环节，良好的通道设计可以引导顾客在店内顺畅地挑选商品，避免产生卖场死角。因此，经营者在进行通道设计时应特别注意以下几点：

（1）店铺深度。一般而言，太深的店铺会造成顾客的不安全感，影响顾客的进店率，因此当店铺纵向太深时，需加强店内亮度；反之如果太浅，则给顾客一种压抑的感觉，不利于商品销售。

（2）过道宽度。以东方人身宽 60 厘米为主要参考指标，顾客停留在货架前选购商品的距离约 45 厘米，因此，店内主通道宽度应在 120 厘米以上，最窄的顾客通道宽度不能小于 90 厘米。而收银台前则应保持至少 180 厘米的宽度为宜。

（3）店铺死角。所谓死角，就是顾客不易到达或者顾客必须折回才能到达的地方。很显然，顾客光顾死角货位的次数远远少于其他地方，这样会降低商品的销售量。设计通道的目的是为了让顾客在店内的购物更加通畅，所以在设计通道时要注意避免让卖场留下死角。

利用良好的卖场气氛把顾客吸引进来，接下来便是如何利用卖场的布置来促使顾客浏览及选购商品。

1. 主通道设置

顾客进入店铺后会怎样逛？顾客是否会走到卖场的最深处？这是由你的通道设置决定的。为了让顾客把店内全部商品都浏览一遍，通道的路线必须能够让顾客将店内的每一个角落都转到，并且具有循环性。因为只有让顾客转遍全部卖场，商品陈列所表现出的吸引力对顾客才具有意义。主通道的设置原则是：

（1）进入店内的顾客有 80% 都会走这条路。

（2）必须延伸到卖场最深处，以便让顾客看到处于卖场边角的商品。

（3）通道必须笔直平坦，地面不要出现任何凹凸和障碍物。

（4）主通道必须是店内最宽敞明亮的通道。

如果卖场有很多层，扶梯的设计也是至关重要的，一般不要把上下扶梯设置在一起，以免上楼的顾客看到楼上的陈列感觉不好会选择立即下楼。

2. 次、辅通道设置

除主通道之外，次、辅通道的设置也极其关键。在卖场次、铺通道设计过程中，要尽可能延长客流线，增加顾客在卖场停留的时间，确保顾客能够顺利走到店内的最深处，保证顾客能够清晰地看到每一件商品。一定不要设置不规则的岔路，以免使顾客增加思维成本。通道的宽度必须适合顾客选购商品或多人通过时人与人之间的安全距离；一般主通道宽度设置在 1.5 ~ 2 米，次通道在 1 ~ 1.5 米，辅助通道在 0.9 米以上。小于这个距离会让人产生压抑感，顾客购物时不但显得很不方便，还会影响到顾客选购商品的耐心。

3. 通道与收银台的设置

这看似仅仅是为顾客结账而设置的收银台，其实设置是大有学问的。要根据卖场通道的设置方法、客流量、单个顾客购买额以及销售方法等因素确定收银台的位置和数量。通常来说，顾客从大门进入卖场后，通道的设置要“迫使”其转遍整个卖场，通道的设计使卖场的“目的”达到了，也同样使顾客尽兴购物了，把收银台设置在这个“志得意满”的位置，就是最佳的位置。换句话说，根据主通道的设置、商品的陈列，将收银台设置在客流的延长线上，是比较合理的选择。当然，这仅仅是收银台位置设置的原则，其具体实施还要根据各家店铺的具体环境而定。

总而言之，无论是主通道还是次、辅通道，其设置必须简单明快、易找易记、宽敞方便。卖场通道设置符合顾客消费心理，才能有效地提高店铺的销售额。

保持店面外观清新整洁

店铺外观环境如同人的脸面，试问谁一早起床不清洁一下自己的脸而去见人？店铺也一样，在还没装扮整洁时，不能让它随随便便地去迎接顾客。

“发丝天地”理发店在某小区已经开了好几年了，新潮时尚的新理发店一家接着一家地开，可是没过多久都一家接一家地迁走了，唯独发丝天地一直傲立群雄。很多同行很纳闷店主生意不败的诀窍究竟是什么，但怎么看也看不出所以然。其实，店主的秘诀说出来真的很简单，就是时刻保持店内的卫生。

正如店主所说，走进发丝天地，完全不会有一般理发店那种脏乱的感觉，地上很少有剪发后的碎发，每次为顾客理完发后店员们都会及时打扫，就连椅子底下、门后的角落等一些死角也会打扫干净。再看该店里的毛巾，不管用过的还是没用的，都整整齐齐叠放在指定的地方，毛巾上也丝毫看不到污渍。店内的镜子锃亮，妆台上的理发用具摆放整齐有序。总之，这里的员工工作效率非常高，给人以干练有素的印象。另外，店内的墙角处摆放了一些绿色植株，一来可以美化环境，二来可以净化空气。这样的店不受欢迎，那么什么样的店铺才受欢迎呢？

上文中的理发店为什么能在竞争如此激烈的市场中长盛不衰？其原因就是店主摸准了顾客的心理。一般来说，跟人有密切关系的服务行业应该更注重卫生。例子中的店铺无论是硬件还是软件设施都跟其他的店铺水平相差无几，但唯独在店铺环境卫生方面体现了自身优势，因而为自己争取了更多的机会。店铺人员在生意繁忙时段，很容易忽视卫生这一环节，很多理发店都是在经过了一上午的工作后才匆匆打扫一下，而且如果地上只是铺了一层薄薄的碎发，店员也会视而不见，但例中的店铺却没有出现这个问题，顾客任何时间进门都会看见地面是整洁干净的。试想，如果该店也是疏于整理店内工作用具，或对碎发“看之任之”，那这家店铺还能屹立多年而不倒吗？

从店铺外观看，一个清洁干净同时又充满现代感的店铺自然会受到顾客的喜欢，因此，店家有必要把干净的店铺展示给顾客。那么，在对店面环境的维护上，具体该做些什么呢？

1. 时刻保持店铺环境卫生

随时随地关注店铺的卫生情况，地面以及一些死角的卫生更要注意，不能存有侥幸心理，以为顾客不会看见就不去理会。此外，不能只着眼于店铺内的环境卫生，店铺门外的空地也应经常打扫。

下面这些地方的卫生是我们必须时刻加以注意的。

（1）入口处的夹道。这是顾客一眼就能看到的场所，从这里到店内的地面之间灰尘比较多，所以每天都要彻底清扫。

（2）收银台处。收银台是顾客经常会接触到的区域，因此，一定要保持卫生。

（3）店内卫生间。对于店内设有卫生间的店铺来说，要特别注意对这里的清洁和整理。对于卫生间的地面、墙壁、便器、盥洗池和镜子等应及时进行擦洗；手纸、香皂等用完时应及时补充，否则店铺给顾客的印象会大打折扣。

（4）注意店内的气味。有的顾客对气味非常敏感，所以店内要经常换气或者使用空气清新剂。

2. 店铺门面和家具卫生不能忽视

这是针对一些采用玻璃门的店铺而言的，门的清洁万不可忽视。虽然只是一扇门，但它是你的店铺和顾客之间传递信息的第一媒介，所以每天的卫生工作一定要落实。店内的家具，如展示台、店内桌子的边缘和桌子脚、陈列架的边缘和柜橱以及自动门导轨槽等，这些都是顾客一眼就能看到的地方，应每天有人定时清扫，最好时刻让家具看上去崭新亮丽，顾客进门一摸家具一手灰的情况绝不能出现。特别是食品店铺的展示柜台，一定要每时每刻保持干净，不能油腻。

3. 店铺美化很重要

不要以为店铺环境卫生搞好后，就万事大吉了。其实还没有做到位，我们还需要费点心思将店铺装扮一下。可以适当摆放一些能调动店铺气氛、调节顾客心情的装饰品，可以多放一些淡雅且有益于清新空气的绿植，效果会立竿见影。

4. 店铺用具应摆放规整

一般店铺内除了常用的货柜外，还有一些工作上会用到的小用具，这些也应该分门别类地收纳好，使店铺看上去整洁有序，空间感也会随之增大。切忌将这些物品随意乱扔，否则会让顾客感觉你对他们不尊重。

保持店铺清洁的关键是平时要养成干净、整洁的习惯。一个清新整洁的店铺环境，既让自己看着舒心，也让顾客消费得高兴，于人于己都有益。

美观舒适的店面内部布局

店面内部布局对进店购物的顾客和店面管理人员、销售人员的现场操作都有十分重要的意义。合理的布局可以提高店铺面积的有效使用和营业设施的利用率，能为顾客提供舒适的购物环境，使顾客获得购物之外的精神上的某种满足，产生今后再次光顾的心理向往。因此，店面应充分利用有限的空间资源，合理规划卖场的总体布局，最大限度地吸引和便利顾客购买。

店面内部布局一般包括下面几个部分。

1. 空间布局

每个店铺的空间构成各不相同，面积的大小、形体的状态千差万别，但无论具有多么复杂的结构，一般说来都由三个基本空间构成：商品空间、店员空间、顾客空间。

（1）商品空间。指店铺中陈列展售商品的场地。商品空间有多种形态，如柜台、橱窗、货架、收银台等。设置商品空间的目的在于使顾客方便挑选和购买自己需要的商品，同时也利于商品的销售。

（2）店员空间。指店员接待顾客的活动场所。这一空间要有利于店员介绍商品，引导顾客进行购买。因为店铺的经营方针和销售形式不同，对店员的要求也就不同。有的店铺把店员空间和顾客空间划分得很清楚，而有的店铺则把二者重叠在一起。

（3）顾客空间。指顾客参观商品、挑选商品的场所。这一空间主要是为顾客提供便利舒适的购物环境，使顾客产生愉悦的购物体验。由于不同的店铺有不同的卖场布局，有些店铺将顾客空间设在店内，有些店铺则设在店外，有些则店内店外都设有顾客空间。

2. 通道布局

对于小规模的店铺而言，店面里就只有两条通道。但是对于大型的店面，通道有主通道和副通道之分，至于大型超市和购物中心，还有人流通道、物流通道和车流通道之分。

店面内的通道是根据商品的配置位置与陈列的整体布局是否达到了最佳效果来设计的，良好的通道布局，能便利而通畅地引导顾客到达卖场的每个角落，接触所有的商品，使卖场空间得到最有效的利用，同时还能保障顾客的疏通和安全。

通道布局通常有以下几种形式：直线式，又称格子式，是指所有的柜台设备在摆放时互成直角，构成曲径通道；斜线式，这种通道的优点在于它能使顾客随意浏览，使气氛活跃，易使顾客看到更多商品，增加更多购买机会；自由滚动式，这种布局是根据商品和设备特点而形成的各种不同组合，或独立，或聚合，没有固定或专设的布局形式，销售形式也不固定。

一般来说，通道布局要遵循以下原则：

（1）足够宽。保证顾客推着购物车能顺利地擦肩而过。

（2）没有障碍物。在通道内不能摆设与陈列商品无关的器具或设备，以免阻断通道。

（3）尽量减少拐角。通道途中拐弯的方向要少，有时需要借助连续展开不间断的商品陈列来调节。

（4）通道的照明要比卖场明亮。一般通道上的照明要达到 1000 勒克斯，尤其是主通道，相对空间比较大，是客流量最大、利用率最高的地方，要充分考虑到顾客走动的舒适性和通畅性。

（5）平坦。地面应保持平坦，避免出现“层中层”“加层”，令顾客眼花缭乱，不知何去何从。

（6）笔直。避免迷宫式通道，尽可能进行笔直的单向式设计。

3. 货架布局

货架的布局主要依据商品的特点、店内的面积和结构以及货架的材料和形状。一般的货柜货架为方形，便于商品陈列，但异形的货柜货架会改变其呆板、单调的形象，增添活泼的线条变化，使店铺表现出曲线的意味。异形柜架有三角形、梯形、半圆形以及多边形等。

货架布局的原则有“三二原则”，三组双面货架相连，侧面两组端架，此布局有利于展示效果使整个通道一目了然。“垂直原则”，周边为单面背架，中间摆放双面货架，有利于空间充分利用及方便顾客快捷选货。

4. 收银台布局

一般说来，收银台应设在卖场显眼的位置，也就是顾客最能够注意到的地方，如卖场的出入口处，或两层上下电梯间附近。收银台设在出入口处时，一般是由收银台在出入口处分隔成出入口通道，呈“一”字形布置。结账通道即出口通道数量可根据卖场规模的大小设置，然后根据营业规模的大小预测分别配置适量的收银机，但收银机的网络线应成倍预留。在条件许可的情况下，还应设置一条“无购物通道”，以免造成出入口处拥挤，同时对商品流出卖场也可以起到有效地控制作用。

如果收银台设在上下电梯间附近，收银员背对区域一般应设置背景板或形象板，或是陈列摆放少量重点商品、新商品和促销品的货架，也可以展示顾客文明公约，各楼层经营项目背板或畅销商品排行榜等。这就要求该区域的灯光要比卖场的整体照明度高，以形成明暗对比，突出卖场的招牌形象以便于顾客记忆，或突出重点商品以促进销售。

无论收银台设置在哪里，其高度应该不超过 0.7 米，且收款过程必须是透明的，能让顾客看得清清楚楚。至于宽度，则必须有足够的地方来放顾客随手拿的其他东西。结账通道的宽度一般为 1 ~ 2 米，这是可供两位顾客同时正常通过的最佳尺寸。

各类店铺内部布局的一般技巧。

1. 便利店或个体商店

便利店或个体商店由于面积小，其布局的特点是进口处和收银处设在一起，货架采取由低到高地层次性展开，使顾客对商品一览无余。

2. 一般超市

一般超市的主力商品是生鲜食品，所以把水果蔬菜、冷冻品和冷藏品布局在进口处，并把生鲜品集中放置在一起，以吸引顾客并方便其一次性购买。

3. 卖单一商品的小店面

卖单一商品的小店面，如服装店、药店等，规模小，店面的布局与大型的商场和超市相比自然要简单得多，可以视具体情况而定。

7-11 便利店是世界著名的连锁店。在很多地方，7-11 几乎已经成为人们生活中不可或缺的一部分。7-11 便利店的内部布局很有特点，非常吸引消费者。

店面布局是最直观、最能展现 7-11 便利店形象的一面。到过 7-11 便利店的人都有这样一种体会：店内地方虽小，却不显拥挤、杂乱，在里面购物感觉非常轻松和舒适。这一切，归功于 7-11 便利店对有限空间的精雕细琢。7-11 便利店出入口一般在店铺门面的左侧，宽度为 3 ~ 6 米，根据行人一般靠右走的习惯，入店和出店的人不会在出入口处产生堵塞；7-11 便利店的装潢效果最有效地突出了商品的特色，使用最多的是反光性、衬托性强的纯白色，给人感觉整洁、干净；7-11 便利店店内通道直而长，并利用商品的陈列，使顾客不易产生疲劳厌烦感，不知不觉地延长在店内的逗留时间；7-11 便利店在商品的陈列上下了很多工夫，使消费者马上就能看清楚商品的外貌；若卖场一成不变，顾客根本没有新鲜感，如果不能吸引顾客，顾客就不会一再地光临，因此 7-11 便利店经常变换店内布置，以给顾客不断制造视觉上的刺激。

7-11 便利店直观、整洁、宽松、新鲜的店内环境，在不断冲击消费者

眼球的同时，也在日积月累中潜入人们的大脑，形成了一种美好的品牌感受。

完美陈列的15项原则

店铺管理的任何一项工作的终极目的都是提升营业额，商品陈列也不例外。所谓商品陈列，是指通过一定的技术和方法把商品展现出来，从而达到吸引顾客进店和激发顾客购买欲望的一项工作。但是商品陈列并不是直接就能提升营业额的，而是通过陈列提升顾客进店率、提升顾客在店铺的停留时间、提升品牌和店铺在顾客心目中的印象，从而最终提升营业额。不同的陈列手法、不同的陈列侧重点，对商品的整体销售以及不同产品销售的主次等都会有着较大的影响。要想使陈列发挥出巨大的效用，就必须遵循一定的陈列原则。

1. 显而易见原则

在当代，谁的商品能够抓住消费者的注意力，谁就是赢家。商品陈列要让消费者显而易见，这是达成销售的首要条件，让消费者看清楚商品并引起注意，才能激起其冲动性的购买心理。所以要求商品陈列要醒目，展示面要大、力求生动美观。

2. 伸手可取原则

要将产品放在让消费者最方便、最容易拿取的地方，根据消费者年龄、身高的特点进行有效地陈列，如儿童产品应放在1米以下。

3. 最大化陈列原则

商品陈列的目标是占据较多的陈列空间，尽可能增加货架上的陈列数量。只有比竞争品牌占据更多的陈列空间，顾客才会购买你的商品。

4. 全品项原则

尽可能多地把一系列的商品全品项分类陈列在一个货架上，这样可以满足不同消费者的需求，增加销量。

5. 重点突出原则

在陈列架上陈列一系列产品时，除了全品项和最大化之外，一定要突出主打产品的位置，这样才能主次分明，让顾客一目了然。

6. 垂直集中陈列原则

垂直集中陈列不仅可以抢夺消费者的视线，而且容易做出生动有效的陈列面，因为人们视觉的习惯是先上下，后左右。垂直集中陈列，符合人们的习惯视线，使商品陈列更有层次、更有气势。

7. 下重上轻原则

将重的、大的商品摆在下面，小的、轻的商品摆在上面，便于消费者拿取，也符合人们的审美习惯。

8. 价格醒目原则

标示清楚、醒目的价格牌是增加购买的动力之一，既可增加产品陈列的宣传效果，又让消费者买得明白。可对同类产品进行价格比较，还可以写出特价和折扣数字以吸引消费者。如果消费者不了解价格，即使很想购买产品也会犹豫，从而丧失销售机会。

9. 满陈列原则

要让商品摆满陈列架，做到满陈列。这样可以增加商品展示的饱满度和可见度，促进商品销售。据统计，这种做法约可增加25%以上的营业额。而且陈列架空空，除了是对空间的浪费，也等于直接向顾客显示自己的商品力很弱。

10. 陈列动感原则

在满陈列的基础上要有意拿掉货架最外层陈列的几个产品，这样既有利于消费者拿取，又可显示产品良好的销售状况。

11. 整洁性原则

保证所有陈列的商品整齐、清洁，给消费者以愉悦的心理感受。

12. 统一性原则

所有陈列在货架上的产品，标签必须统一将中文商标正面朝向消费者，可达到整齐划一、美观醒目的展示效果，商品整体陈列的风格和基调要统一。

13. **相关性原则**

把相关商品陈列在一起，既能方便顾客购买，又能刺激顾客的购买欲望。要注意相关性商品应陈列在同一通道、同一方向、同一侧的不同货架上，而不应陈列在同一组双面货架的两侧。

14. **堆头规范原则**

堆头陈列与货架陈列不同的是，其更集中、突出地展示某种商品。不管是批发市场的堆箱陈列还是超市的堆头陈列，都应该遵循整体、协调、规范的原则。

15. **先进先出原则**

按出厂日期将先出厂的产品摆放在最外一层，最近出厂的产品放在里面，避免产品滞留过期。专架、堆头的货物至少每两个星期翻动一次，把先出厂的产品放在外面。

陈列出彩的 8 大方法

店铺商品陈列是营造良好销售环境的重要方法之一。良好的卖场陈列不仅可以方便、刺激顾客购买，而且还可以借此提高店铺的形象。一项调查显示，有 70% 的顾客表示，卖场的商品陈列是吸引他们进店的因素；有 22% 的顾客表示商品陈列重要而不是绝对在乎；只有 8% 的顾客表示商品陈列无关紧要。由此可见，店铺的商品陈列一定要做好。具体而言，商品陈列出彩的方法有以下 8 种：

1. **醒目陈列法**

醒目，就是要便于顾客看到商品。因此，它是商品陈列的第一要求，在商品陈列中要注意。

（1）位置。人的视线的最佳醒目位置是与眼睛成直角的地方，顾客的眼睛以下到胸部是最有效的高度，对这一黄金面积必须充分利用，防止空置浪费。另外在橱窗摆设中还要注意合理布局，尽量减少边角、死角，增加商品陈列的有效面积。

（2）色彩和照明。很多商品及其包装都具有丰富的色彩，这对于吸引顾客注意力是个有利条件。要研究色彩的配合，使商品陈列给顾客留下赏心悦目的印象。按舞台灯光设计的方法，为橱窗配置适当的顶灯和脚灯，不但能起到一定的照明作用，而且还能使橱窗原有的色彩产生戏剧性的变化，给人一种新鲜感。对灯光的一般要求是光源隐蔽，色彩柔和，避免用过于鲜艳、复杂的色光反映商品的本来面貌，给人以良好的心理印象。如食品橱窗广告，用橙黄色的暖色光，更能增强人们的食欲，而家用电器橱窗广告，则用蓝、白等冷色光，能给人一种科学和贵重的心理感觉。

（3）量感。数量少而小的东西不引人注目，必须使小商品和形状固定的商品成群陈列，集小为大以造成“声势”。有时可以利用视觉误差，造成产品丰盛的感觉，如水果店，在斜着置放的水果柜后面，放一面大镜子，商品看起来就琳琅满目了。

（4）节奏。把经营的商品不分轻重缓急、主次强弱，全部平排出来，总体既不突出，也不可能醒目。因此，橱窗陈列要注意节奏，做到有强有弱、有主有副、有密有疏。要挑选那些受顾客欢迎、市场热销、包装或造型优美的商品作为陈列重点，以吸引顾客，再在周围附带陈列有联系性的商品，以扩大顾客的视线范围。

2. 特价台陈列法

特价台陈列是目前各类卖场在举办短期性促销活动、季节性削价、处理积压商品时最常用的陈列方式。此种陈列方式的优点有很多，如店铺可以随时更换商品、顾客可以自由选择商品等。要注意的是虽然特价台是临时性的陈列，但这种陈列方式难免会被人误认为是垃圾商品，品位较高或追求面子的顾客是不会来选购的。所以在陈列商品之前，应在特价台的周边适当添加醒目的POP，以不超过10～15个字的内容，明确、直白地告知顾客“此商品是×××品牌，原价××元，现价××元，为期××天”，以激起顾客的好奇心和购买欲望。

展示台由人为设置的空间结构组成，起着“画龙点睛”的作用。

3. 接触陈列法

为了激发顾客的购买欲望，有时候在一定的距离外观看是不够的，通过实际接触商品，直接刺激顾客的感觉器官，满足其心理需要，这样常常能取得更好的效果。例如，出售服装鞋帽的商店，如果不让顾客接触商品，不让试穿、试戴，光凭视觉，顾客是无论如何也不会放心购买的。

接触陈列法就是商品的陈列要有助于顾客的接触，让顾客在购买商品前先摸摸、试试，比较一番，其促销作用是可想而知的。

4. 店头 POP 陈列法

店头 POP 具有推动销售、建立品牌知名度、增加利润、使消费者认识或喜欢商品、刺激或助长消费者的购买欲望等特点，因此，在商店和超市内常可见到这种陈列方式。

POP 分两类：专门印制的 POP 和人工绘制的 POP。

（1）专门印制的 POP。

海报。要放置(贴)在消费者最常走动的路线上(入口处的玻璃、商品陈列处、店外)，同时要注意保持整洁、定期更换。

货架标签(标志)。用在货架或堆箱上，使顾客对此处出售的商品大类一目了然。在陈列的同时要注意保持整齐、清洁，不要挡住商品。

柜台展示卡。用于柜台销售，可放置在商品上或商品前方。如果柜台所占的面积较小，则要避免展示卡影响顾客拿取商(样)品。

挂旗和挂幅。悬挂在店内的走道上方、卖场出口及商品上方。此类 POP 要注意定期更换，内容要与卖场的活动相符。店中店则要取得卖场同意方可悬挂。

窗贴。贴在卖场入口处的门窗或临街的窗户上。在陈列时要注意保持窗贴整洁、不变形，最好能配合其他 POP 一起使用。

柜台陈列盒。用于卖场柜台和收银台。要注意平时有足够的数量供顾客随意拿取，最好能配合商品的介绍手册或宣传单共同使用。

（2）人工绘制的 POP。在店铺举行临时性的促销活动而现场又没有印制的 POP 时，经常会使用人工绘制的 POP。举办临时性的促销活动时，应立即人工制作POP，以制造店内的气氛，引起顾客的注意。在手工绘制时，要注意POP的整齐和清洁，不可出现乱涂一气、主题不清的现象。绘制POP前应随时准备好制作工具，如纸、彩笔、胶条等。同时使用POP的注意事项有：应固定放置(贴)在显眼处，不可被其他物品遮挡；海报与贴纸应与顾客的视线接近平行，不可过高或过低，张贴要稳固；产品宣传页等用于散发的宣传品要放置在顾客方便看到和拿取的地方；要及时检查、更换受损或过时的POP。

5. 季节陈列法

季节陈列法强调围绕季节商品来摆布橱窗陈列，这种陈列法常常把突出的季节商品陈列在橱窗的中心、商品的前列等引人注目的位置。如果是在盛夏，橱窗陈列的是大棉袍、羊毛毯、大皮袄、取暖器，那就会使顾客感到烦躁不安而避之不及，不仅这些过时货无法推销，而且会使时令货失去销售机会。节日橱窗陈列也要根据节日性质选择与节日有关的商品。

6. 连带陈列法

即把那些在使用上有连带性的商品放在一起陈列，既便于顾客购买，又便于销售和商品保管。

7. 墙面陈列法

墙面陈列或墙壁上的陈列架可根据商品的特点加以变化，进行立体陈列。从卖场的地板到天花板之间的这段距离，可将商品以多种方式进行自由的陈列和装饰。墙面陈列最容易诱导顾客进入店内，如将服装、乐器、小饰品、帽子、皮带、皮包等商品组合在一起，固定陈列在墙壁上，不仅可强调商品的立体感、丰富感，还可使本来很一般的墙壁散发出具有个性的魅力。

8. 图案陈列法

图案陈列方法是充分利用商品的形状、特征、色彩进行摆布，注意适当的夸张和想象，形成一定的消费者最喜爱的图案，使顾客既看到有关商品的全貌，又受到艺术的感染，产生美好的印象，常用的图案有直线陈列、曲线陈列、塔形陈列、梯形陈列、构图陈列、悬挂陈列。

花点心思，设计引人入胜的陈列主题

橱窗里展示的商品必须能引起顾客的注意，否则就失去了它存在的价值。如果陈列的商品是已经过，或者品质并非上乘，那么陈列也是毫无意义的。因此，必须决定陈列的主题，配合主题来衬托商品，做集中性装饰，同时必须去除多余的商品，设定商品的焦点。

日本日伊高级百货店老板木木良雄经过仔细观察，发现每天光顾百货公司的顾客大部分都是家庭主妇，而下午5点半以后光顾的多是下班的年轻女职员。于是白天他就摆上妇女用的衣料、内衣、厨房用品、手工艺品、袜子等实用类商品。5点半之后，他就将年轻人喜爱的、具有青春气息的商品摆放出来，使店内的气氛摇身一变活跃了许多。光是袜子就有数十种色彩。内衣、迷你裙、迷你用品等，都显示出年轻人喜欢的大胆款式和花样，凡是年轻女性需要的可以说应有尽有。这种轮换的陈列，使其百货公司大获其利。

陈列主题的选择，要根据店铺经营的商品而定。例如，服装店陈列的主题应该是流行服装；餐饮店的陈列主题应该是该店的特色菜等。以下商品都可以作为陈列主题。

（1）流行性的商品。

（2）新上市的商品。

（3）反映商店经营特色的商品。

（4）适时应节的商品。

（5）新颖美观和构造独特的商品。

（6）连带性的商品和试销商品。

小李新开了一个书店，他按图书的种类将图书摆放得规规矩矩，可销售额却总是上不去。后来小李通过考察其他书店后得知，把畅销书摆在醒目处，才能更好地引起顾客的兴趣。书柜前才能有人驻足阅读。回店后，他也变换了陈列位置，把畅销书作为主题摆在显眼的地方，销量直线上升。由此可见，一个好的陈列主题对于商品的销售是非常重要的。

如果将所有的商品都拿出来陈列，会给人一种杂乱无章的感觉，整理时必须花费很多时间，而且陈列一次就无法经常变更。而相同的陈列方式至少要放置一个月至两个月的时间。

有主题的陈列方式，不但陈列的商品较少，主题突出，而且陈列方式易于变更，可依照主题加上自己的灵感产生艺术效果，这种陈列往往令人产生心动的感觉。

激发顾客的购买热情，就是陈列的原始动机，看到陈列之后令人立刻想买下来，就表示这一主题已产生效果。

所以说，店主需要多花点心思，设计引人入胜的陈列主题。而且必须先决定陈列的主题，然后配合主题来衬托商品，做集中性装饰；同时必须去除多余的商品，固定商品的焦点。这样才能达到吸引顾客、增加营业额的目的。

善于利用陈列细节打动顾客的心

在做好店铺商品陈列的过程中，有一些细节的地方，如果能注意到，将会吸引顾客，促进商品的销售。所以，对于创业开店者来说，要掌握好这些细节，善于利用这些小技巧。

1. 左右结合，吸引顾客

这是一种商品陈列的技巧。通常而言，顾客进入店铺后，眼睛会不由自主地首先投向左侧，然后转向右侧。这是因为人们看东西是从左侧向右侧的，即印象性地看左边的东西，安定性地看右边的东西。在国外已有许多店铺注意到人类工程学的这个特点，利用这种购物习惯，将引人注目的物品陈列在店铺左侧，迫使顾客停留，以此吸引顾客的目光，充分发挥店铺左侧方位的作用，变不利因素为有利因素，促使商品销售成功。

这个方法在国外应用得比较普遍，然而在国内的一些店铺，陈列商品大多是无意识的，缺少科学根据，不考虑顾客的购物特点。其实，中国人的这个特点在其他方面表现得也比较突出，如走路朝右边走，会有一种安全感；吃饭用右手，形成固定姿势……在人们的心目中，右方是安全的、稳定的。所以，店铺的经营者可充分利用这一特征，借商品陈列的不同位置，给顾客以不同的效应，最大限度地吸引顾客的注意力。

2. 系列产品应该呈纵向陈列

如果商品横向陈列，顾客在挑选某个商品时，就会感到非常不便。因为人的视觉规律是上下垂直移动的，其视线是上下夹角 25 度。顾客在离货架 30 ~ 50 厘米距离间挑选商品，就能清楚地看到 1 ~ 5 层货架上陈列的商品。而人的视觉横向移动时，就要比前者差得多，人的视线左右夹角是 50 度，当顾客距货架 30 ~ 50 厘米距离挑选商品时，只能看到横向 1 米左右距离内陈列的商品，这样就会非常不便。实践证明，两种陈列所带来的效果确实是不一样的。纵向陈列能使系列商品体现出直线式的系列化，使顾客一目了然。系列商品纵向陈列会使 20% ~ 80%的商品销售量提高。另外纵向陈列还有助于给每一个品牌的商品一个公平合理的竞争机会。

3. 相对固定，定期变动

从顾客的角度讲，大多喜欢商品摆放的位置相对固定。这样，当其再次光顾店铺时，可减少寻找商品的时间，提高顾客购物效率。店铺的经营者应该注意到这一点，特别是一些超市，一定要针对顾客的这个心理特点，将物品放在固定的地方，方便顾客选购。但这样一来，时间一长又易于失去顾客对其他物品的注意，且产生一种陈旧呆板的感觉。因而也可在商品摆放一段时间后，调整货架上的货物，使顾客在重新寻找所需物品时，受到其他物品的吸引，同时对商场的变化产生耳目一新的感觉。不过这种变化如果过于频繁，会导致顾客的反感，认为店铺缺乏科学化的安排，继而产生烦躁不安的心理。所以，商品的固定与变动应是相对的，一般一年变动一次为宜。

4. 黄金段位，充分利用

提高店铺日常销售最关键的是货架上黄金段位的销售能力。根据一项调查显示，商品在陈列中的位置进行上、中、下3个位置的调换，商品的销售额会发生如下变化：从下往上挪的商品销量一律上涨，从上往下挪的一律下跌。这份调查不是以同一种商品来进行试验的，所以不能将该结论作为普遍真理来运用，但“上段”陈列位置的优越性显而易见。

实际上目前普遍使用的陈列货架一般高165～180厘米，长90～120厘米，在这种货架上最佳的陈列段位不是上段，而是处于上段和中段之间的段位，这种段位称为陈列的黄金线。以高度为165厘米的货架为例，将商品的陈列段位进行划分：黄金陈列线的高度一般在85～120厘米之间，它是货架的第二、三层，是眼睛最容易看到、手最容易拿到商品的陈列位置，所以是最佳陈列位置。此位置一般用来陈列高利润商品、自有品牌商品、独家代理或经销的商品。该位置最忌讳陈列无毛利或低毛利的商品，那样对零售店来讲是利润上一个巨大的损失。

其他两个段位的陈列中，最上层通常陈列需要推荐的商品，下层通常是销售周期进入衰退期的商品。

5. 售货区和交款处之间拉开距离

对店铺经营者来讲，这同样不失为一种商品陈列的艺术。现在，许多店铺，特别是规模大一点的店铺，采取在收款台统一交款的方法。这是便于财务管理的一个措施，同时含有更重要的意义。有时人们进入店铺总比原来预计要买的物品多，这就是由于商品刻意摆放对顾客心理影响的缘故。店铺可设计多种长长的购物通道，避免从捷径通往收款处和出口。当顾客走走看看或寻找收款处时，便可能看到其他一些引起购买欲的物品，所以店铺的各收款台位置可有意识地设在离商品稍远的地方，促使顾客交款的同时，再被其他商品吸引，产生购买的欲望。

营造卖场氛围的4个要素

顾客走进店铺时，一般不会有立即购买的冲动，但是热卖的氛围能促使顾客产生购买的冲动。特别是在销售高档商品或服饰、休闲等用品的店铺中，由于顾客一般在店中停留的时间较长，因此，店铺可通过视觉、听觉、嗅觉等方面塑造出卖场的氛围，使那些只想看看的顾客产生购买的冲动。

通常来说，营造良好的卖场氛围有四个要素。

1. 视觉

通过消费者视觉来营造气氛，主要包括色彩、灯光和内部装饰三方面。在色彩的布置上，店铺应以让顾客感到舒适、轻松为前提，不同的商品可以用不同的颜色做背景。不过店铺的整体色彩应以淡色调为主，若店铺的面积不大，就不应用太多的色彩。相反，若面积较大甚至有多层，则可视商品的不同、楼层的不同而采用不同的色彩。色彩的载体可以是货架、墙壁、地面，也可以是天花板。

店铺的设计特别强调灯光，以加强产品的颜色和质地，就像在剧场里一样。商品就像演员，期待“观众”的青睐。在运用灯光时，既要考虑自然光线，还要考虑人工采光。自然光线有助于赋予商品自然色彩，但比较难控制。而人工采光除了可以用来补充自然光线不足外，还可用来突出商品，形成视觉中心。比如，可以用强烈的射灯照射促销商品，用柔和的灯光照射婴儿用品等。不同店铺照明的配置模型能达到不同的心理效果，如照明配置如果与店宽方向平行，能使店面显得广阔，如果点状灯光随机配置，能使销售空间富于变化，气氛生动。

在内部装饰上，店铺主要应考虑天花板、地面、墙壁、实物等的布置。例如，不妨用一些大块的浅色调的布做天花板来加以装饰，不仅可以减轻店铺经营财务上的负担，还可以利用布匹的可垂性和折皱来营造一种温馨的效果。在地面和墙壁的装饰上一般也要综合考虑顾客的视觉效果。

2. 听觉

听觉是人最为敏感的感觉系统之一，容易受店铺所放音乐的感染和刺激。国外的一项试验表明，音乐可以控制客流的节奏，当背景音乐舒缓时，顾客的脚步就会放慢，浏览商品的时间也会更长。因此，舒缓的音乐适合客流量小时播放。而在购物高峰时段或晚上关门前，店铺就应该放一些节奏明快的音乐来催促顾客加快步伐。音乐还可以使顾客与卖场气氛达到和协统一，促进顾客与卖场的融合。还可运用广播来做直接宣传，包括一些活动安排、促销商品介绍等，以便让顾客及时了解店铺的动态。音乐甚至影响到消费者对于商品的选择，国外的一项研究表明，播放法国音乐会使法国酒的销售比德国酒好，播放德国音乐又会使德国酒卖得比法国酒好。

3. 嗅觉

气味对促进人们心情愉快很有帮助，嗅觉效果利用得好可以起到事半功倍的效用。例如，有些食品店就把面包、蛋糕等食品柜设在通道末端，并将面包的香味通过排气管排放在卖场内，加上低价的诱惑引得顾客纷至沓来。此外，还可在化妆品、洗涤用品的货架周围有意喷洒一些相关气味来吸引顾客。国外有些店铺还尝试在货架上张贴散发香味的标签以刺激消费者饥饿和渴感。例如，有人说星巴克咖啡店吸引人们的主要原因不是咖啡，而是现场煮咖啡的香味。

4. POP 广告

店铺内可以张贴许多海报式广告、气球式广告等，它们会在很大程度上刺激消费者的感观。加之一些现场促销活动，会让顾客更多地感受到购物气氛，不知不觉地就会增加消费。

此外，店铺的卖场设计还可以从橱窗布置、节日装饰等方面翻出新的花样，做到布局合理，感染力强，这样将会吸引更多的顾客。

营造店铺卖场气氛的技巧

制造良好的气氛是影响顾客购买商品的一个很重要的因素。一般情况下，当有顾客上门的时候，如果没有一些方法来调节气氛，店铺会是一种怎样的情况。这时，店员或是呆呆地站在柜台旁，或是躲在旁边聊天，甚至有些人会打起哈欠来，整个店内呈现出死气沉沉的气氛，这时顾客上门，其情形也就不言而喻了。因此，对于店铺来说，必须要营造出良好的卖场氛围，以促进商品的销售。

一位商店老板来到一个小镇，看到一家商场内的店员忙忙碌碌，仔细一看才知道他们是在摆设商品，不过他们是将左边的商品搬到右边，然后又将右边的商品移到左边，看上去是一些毫无意义的忙碌，但是却令人感到生机勃勃，后来他在自己的一家五金店试用了这一方法，发现情况确实大不一样，第一个月的利润比以往任何一个月都高。因此，制造一种良好的气氛、打破店内死气沉沉的局面是很重要的。

一般来说，营造卖场氛围要达到如下目的。

（1）刺激消费者，让其产生“冲动性购买”的欲望。

（2）让消费者容易发现商品并方便购买。

（3）让消费者有种赏心悦目的感觉，加深对产品的印象。

（4）提高消费者满意度，提升产品销量。

（5）影响员工的潜意识，树立销售的方向，达成销售目的。

要营造卖场的氛围，就要掌握一定的技巧。这样才能抓住消费者的心理，达到促进商品销售的目的。

（1）大量堆陈。大量的堆陈有量的感觉，会吸引顾客注意，顾客可联想到“便宜”。

（2）明显的价格牌。越大越清楚的价格牌，越会让人觉得商品便宜。

（3）吸引人的价格。吸引人的价格并非牺牲很多毛利，而是让顾客第一眼看到商品的价格，觉得“物超所值”，其中可能牺牲毛利，也有可能有很多毛利，完全看哪一个价格点最适合。

（4）专人促销。有专人的促销会比没专人的促销更好，专人可以说明商品及商品功能，减少顾客疑虑，增加顾客购买力。

（5）热烈的叫卖声。一般用在销售生鲜、水果上。可吸引顾客注意进来看看，只要人一多就会有购买冲动，达到销售目的。

（6）热烈的选购人潮。顾客是好奇的，只要有人围一堆，就会有人想要进来看，店家可以巧妙地利用这一现象。

（7）店内广播造势。可以在店内反复播放广播，内容一般都是店内商品的卖点、特色，以达到吸引顾客的目的。

（8）利用一些细小但容易被忽视的小制作。如搞春节促销抽奖活动，将奖品都集中陈列在抽奖地点，在奖品上放几个写有“奖”“礼”的红色立牌，既营造了春节的喜庆气氛，同时也给顾客强烈的视觉冲击。这些小心思都能带来意想不到的收获。

巧用灯光营造环境

店面的灯光设计可以提升卖场的审美价值，并能起到改变空间感、赋予空间个性的作用。所以，灯光是卖场氛围设计的重要工具之一。只考虑色彩的调配来设计店铺，而没有很好的照明设计，不能算成功的店铺。在店铺中，照明有增加商品的魅力、增强店铺的气氛、提高诉求力等效果。照明设置得好，可以发挥良好的照明效果，吸引顾客进入商店，使商店形成柔和而愉快的气氛，使商品光彩夺目，引起顾客的购买欲望。

在家庭生活中，仅数分钟的停电即会感到不便。同样，黑洞洞的店铺，顾客也不可能上门。对繁华街道上灯光灿烂的地方，则人人都会很感兴趣。

不同店铺有不同的明亮度要求，必须按照需要和商品特质来考虑设计。到过球场的人都会对那里的明亮度有深刻印象。如果球场明亮度不够，球员是不能打球的。

细心的人还会观察到，超级市场中整个店面的照明都采用均一的亮度，而专卖店的摊位却采用极富变化的照明，这就是根据卖场的不同采光要求而安排的。

就新开张的店铺来说，面积通常不是很大，如果模仿超级市场的照明，就会显得太亮而失去稳定性，甚至成为顾客不敢靠近的原因。不管怎样，为了使店铺的气氛显得生机勃勃、商品看起来丰富多彩，就必须研究照明的作用。

开店时了解几种照明的作用，才能有效地设置好店内的照明，吸引顾客，提高营业额。具体来说，照明分为如下三类：

1. 普通照明

普通照明指的是一种基本照明。普通照明主要用来提高明亮度，以在天花板上装荧光灯为主。照明光度的强弱，一般要根据商店的经营范围和主要商品目标顾客的年龄、爱好而定。如目标顾客是老年人，光度就要强些。基本照明度的强弱要根据店铺的位置及局部位置的功能巧妙地进行设置。一般在营业厅最里面光度配置最大，营业厅前面和侧面光度次之，营业厅中部光度最小。基本照明度的这种比例配置，可以增加店铺空间的有效利用，使店铺富有朝气，还可以使消费者的视线本能地朝向明亮的里面，吸引他们从外到内把整间商店走遍，并始终保持较大的选购兴趣。

2. 装饰照明

装饰照明大多采用彩灯、壁灯、吊灯、落地灯和霓虹灯等照明设备。装饰性的照明虽与店铺的总照明关系不大，但对店铺的美化、商品的宣传、购买气氛的渲染等方面都起到一定的心理效果。例如，有选择地在柜台上方设置霓虹灯广告牌，就能以其鲜明的色彩、强烈的光亮，把店铺营业气氛渲染得活泼兴旺，使人情绪高涨、印象深刻。营业厅配置的各种彩灯、壁灯、吊灯、落地灯的柔和美丽的光线，往往也会给消费者以舒适、宁静和愉快的心理感受。

3. 特殊照明

特殊照明一般是为增加柜台的亮度而设置的，大多采用聚光灯等照明设备定向照射，也有为了提高照明度而采用荧光灯的。对于特殊照明的配置，一般要以主营商品的特点而定。例如，金银首饰等贵重物品通常用定向光束直接照射商品，这样有助于观看欣赏、选择比较，还可以突显出商品的珠光宝气，给消费者以高贵稀有的心理感觉。

由此可见，设计适当的照明，对店铺而言是展示店容、宣传商品、招徕顾客、便利选购的不可或缺的方法。当然，照明的装置必须与商店的建筑结构相协调，强弱对比不宜过大，彩色灯具和闪烁灯具不宜滥用，光线变化不宜剧烈。在实际运用中，要避免使用刺激消费者和营业员的眼睛，以及引起商品变色的光线、亮度和灯色，以免使顾客产生紧张、厌恶、顾虑等心理感觉。具体来说，照明设计作为店铺环境的重要组成部分，要注意下面的要点：

（1）店铺的入口部分光照要明亮，以突出店铺形象，给人留下良好的第一印象。在运用时，应注意与周围其他店铺的区别。

（2）注意店铺入口与店内的照明关系，应给人以易进的感觉。从入口看进去，应营造出店内深处正面明亮的气氛。

（3）光源的显色性必须良好。要充分利用彩色灯光，并注意光色与店铺内部装饰装潢材料的色彩、质感和反光的配合。

（4）要掌握显色性和照明环境的关系。对自然光源下的商品，应选用显色指数高的光源；对室内照明环境下使用的商品，应用白炽灯、荧光灯或二者的混合光作光源。

（5）注意店铺环境照明与商品的局部照明、重点照明的关系，达到既有环境气氛又能强调商品的目的。

（6）应选用显色性高、光束温度低、寿命长的光源，如荧光灯、高显色钠灯、金属卤化物灯、低压卤钨灯等。

（7）营业厅的功能性照明设计宜采用非对称配光灯具，并应适应陈列柜台布局的变化。可选用光槽与照明灯具组合，并配以导轨灯或小功率聚光灯的设计方案。

（8）在营业厅照明设计中，一般照明可按水平照度设计。对于布匹和货架上的商品则应考虑垂直面上的照明度。

（9）营业厅照明装置的位置和方向宜考虑变化的可能性，以适应不同商品的变化。

（10）对于玻璃器皿、宝石、贵金属等类物品的陈列柜台，应采用高亮度光源；对于肉类、海鲜、水果等柜台，则宜采用红色光谱较多的白炽灯。

（11）对于立体商品（如服装模特），灯具的位置应使光线方向和照度分布有利于展现商品的立体感。

（12）显示在自然光下使用的商品，以采用高显色性光源、高照度水平为宜；而显示在室内照明下使用的商品，则可采用荧光灯、白炽灯或混合光照明。

（13）应防止货架、柜台和橱窗的直接眩光和反射眩光。

（14）在自选店铺中，可采用固定安装的一般照明。其光源应以荧光灯为主。

当然，除了人造光源外，随时间改变而流转的自然光、映射在商品表面的光的质量、从物体表面上发射的质量、光线本身的明显色调与彩色再现率也非常重要。所以，只有在系统考虑到光所产生的各种效果后，对各种光源进行调节与应用，才能保证光线始终渲染店铺氛围，突出展示商品、增强陈列的效果。

用音乐营造轻松的购物氛围

任何一家购物商场，店堂的背景音乐都是影响消费者购物情绪的一个重要因素。每家店铺背景音乐的编排与设计，都将随着声波的传递，直接体现着品牌文化与品牌定位，从而对品牌销售起着推动或阻碍作用。简而言之，音符虽小，但作用很大，不可小觑。

音乐同色彩和灯光一样，是卖场内部环境的重要构成部分，音乐可以充分调动卖场的整体气氛。卖场的音乐主要包括两个方面：一是背景音乐，目的是调节卖场气氛，调动顾客的购物兴趣；二是经营单位播放的广告信息。

相比而言，音乐与其他渲染气氛的要素有所不同，商家可以通过音乐的变化影响顾客的行为。音乐可以影响顾客的步调和情绪，使顾客产生不同的感受。比如，慢节奏的音乐可以延长顾客的驻足时间，从而给卖场创造更多商机。

需要特别提醒的是，并不是所有音乐都能唤起顾客的购买欲望。音乐的效果因人而异，随着时间和地点的改变，同样的音乐也会带来不同的心理感受。

例如，在北京人气颇旺的西单购物街，在步行不到十分钟的路程中，不下十余家专卖店比肩而临。由于这些店铺多以运动休闲专卖为主，所以各家专卖店不遗余力地播放着各种流行音乐，以尽可能地吸引过往路人的注意。需要指出的是，如果消费者在专卖店中不是关注店内的服装，而只是对正在播放的某歌星的专辑大加谈论，那么这应当算是背景音乐作为服装专卖店促销手段的一种悲哀了。

据统计，近60%的消费者对专卖店的背景音乐编排表示不满。尤其是30岁以上的消费者，不满率占所访总数的85%以上。许多消费者认为：专卖店背景音乐播放音量过大，导致人与人之间交流时不得不提高声贝。使人产生一种急躁感、不安感，从而导致无心购物。有消费者认为：与专卖店相比，大型购物中心的背景音乐要更为柔和得体，能够为顾客营造出温馨舒适的购物环境，使顾客得以安心选购。同时，有些专卖店背景音乐的选择完全取决于店内工作人员的个人喜好，如在一家著名运动品牌专卖店中播放着柔柔的女声情歌，使人听来有些不伦不类。

由此可见，适度的音乐会体现出一个品牌的形象、公司的整体管理水平和企业文化理念。因此，背景音乐的选择一定要结合卖场的特点和顾客的消费习惯。同时要注意音量的控制，既不能影响顾客的正常交谈，又不

能被店外的噪声淹没。

如果一家商店在入口处经常播放欢快悦耳的音乐，将会吸引更多的顾客走进店内。用音乐营造轻松的购物环境，不仅能够提高顾客的购买热情，同时还能提升店铺自身的价值和形象，从而可以吸引来更多的消费人群。

Part 6 第六章

精确盘点——掌握高效的商品管理技能

店铺必须要有主力商品

主力商品也称拳头商品，是指那些周转率高、销售量大，在零售经营中，无论是数量还是销售额均占主要部分的商品。店铺经营要确定某一种商品为主打，结合相关商品，形成自己独特的风格。由于有销售主打，很容易突显其特点和竞争力，使消费者有强烈的记忆点。以饭店为例，比如“一碗小羊肉”“姐妹豆花”等，都是以主力商品成名。甚至有些成功的大餐厅，以前也都是以某主力商品闻名之后渐渐发展成功的，如北京的全聚德就是以烤鸭而闻名，而全聚德店内不仅仅是卖烤鸭。

1. 商品的分类

店铺中的商品按其在卖场中不同的销售业绩可分为以下四类：

（1）主力商品。即创造超市营业额的主力军，顾客购买频率高。

（2）辅助性商品。是主力商品的补充，与主力商品有较多的关联性，可以衬托主力商品的销售，同时使卖场商品显得丰富。

（3）附属性商品。购买频率和销售比重都较低，但却是某类顾客特别喜好的商品，对满足顾客多样化的需求起到稳定的作用。

（4）刺激性商品。种类不多，但对推动卖场整体销售有重要意义，有潜力，很可能成为主力商品。店铺用于短期促销、容易引起顾客冲动型消费的商品也属此类。

2. 强化主力商品管理的意义

（1）减少同类商品品种，降低商品组合深度，使主力商品突出。

（2）满足顾客一次性购物的需要，并非需要大而全。

（3）如果相同用途不同品牌、不同规格的商品太多，顾客往往难以选择。

（4）通过加强主力商品的管理，可减少供应商和商品品种的数量，提高采购的工作效率，节省费用。

3. 主力商品的选择方法

（1）排名法。根据电脑系统显示的数据分析，列出主力商品。

①同一商品部门销售排行榜。

②同一商品部门商品销售占比。

③同一商品部门周转率排行榜。

（2）竞争店调查法。店铺刚开张时，由于缺乏相应的销售历史数据，可运用竞争店调查法来确立主力商品。

①对同一业态、同一商圈、同一面积的竞争对手进行调查。

②在 12:00 ~ 13:00 及晚上 20:00 后，观察竞争店铺内货架（端架、堆头、主通道两侧货架等）的商品空缺率。

③空缺率高的商品可定为主力商品。

4. 主力商品的优先管理

（1）订单优先。保证主力商品的采购和足够的订单数量。

（2）资金优先。为保证主力商品的按时、按量到货，在供应商货款的按时结付、结款方式上应优先考虑。

（3）仓储优先。在仓库存放面积上应予优先考虑。

（4）配送优先。在供应商送货手续、配送中心配送商品时应优先考虑。

（5）陈列优先。在卖场的货架安排、陈列布置上应优先考虑。

（6）促销优先。在指定促销计划、安排促销商品位置时，应优先考虑。

店铺主力商品的增加或减少，经营业绩的好坏直接影响商店经济效益的高低，决定着商店的命运。它的选择体现了店铺在市场中的定位以及整个店铺在人们心目中的定位。因此，经营店铺时必须确定并加强主力商品的管理，以提高经营业绩。

进货应遵循的 6 个原则

商品好，才能销得快，销得快才能利润高，生意成败进货是关键。如果没有合理、适时、适量的进货商品，店铺就会出现断货，而断货就无异于自掘坟墓，顾客会马上离开你的店，去别的店铺购买。因此，创业开店者一定要把握好商品进货的环节。要进好货就要遵循进货的原则，一般来说，进货的原则有以下几条：

1. 确保质量

质量是货物能否销出去的保证。所以，进货首先要把好质量关。我们不一定是要进特别高档的产品，但一定是要进质量有保证的商品。正规供应商的价格是相差不大的，假如出现价格特别低的商品，我们就要小心了，小心假冒产品，旧款产品，有瑕疵的产品或保质期将到的产品。假如产品也是好的，但有些价格就是特别低，那只不过是供应商在用知名产品引诱客户合作，您就要小心谨慎了，对方有可能就要开始玩价格游戏了，供应商也要赚钱，没有人会去做慈善机构。对于我们来说，产品质量是关键，价格只要不会比别的供应商高就行。

2. 以需进货

店铺的商品需要多少就进多少，不能盲目进货。这就要求店主对销量进行预测，以确定进货数量。预测市场需求是开店的最基础要求，店主学会根据以往的销售情况做出下个阶段的销售进货，然后让进来的货在预算时间内销售完毕，从而最大限度地让资金快速周转。如果店主进货都是靠感觉进货，一是做不大，二是很容易压货，从而给店铺经营带来风险。

3. 勤进快销

对于新开的店，或者是店主对市场预测不擅长的店铺、资金情况紧张的店铺，要尽可能地采取勤进快销的原则，这种方式的好处是没有什么库存风险，减少了资金压力，不好的地方是增加了进货成本费用。

4. 就近采购

对于一些比较大、比较重的商品，跨省采购不见得有优势，一是运费高；二是出现质量问题返回去不方便。还有，特别知名的品牌全国各地的批发价格都是差不多的，就近采购一是费用省，二是补货快，三是可以随时调换。

5. 集中采购

集中采购，一方面是指一次采购中，要采购尽可能多的商品，避免无谓增加采购频率；另一方面是指尽可能从一个供货商那里采购多个品牌和品种的商品，减少供货商的数量。集中采购可以获得较低的价格，另外也可以减少出差方面的支出，创业开店者在保持固定进货渠道的同时，还要注意开辟新的进货点，以确保进货渠道多样化，从而防止渠道风险带来的损害。

6. 减少中间环节

两点之间直线最短。创业开店不可能所有产品都去厂家进货，但可以尽可能地避开中间环节，降低成本，增加利润。

如何确定进货的数量

在店铺的商品管理中，进货数量的确定是一个很重要的问题。如果进货数量确定得比较合理，就会减少存货的积压和资金的浪费，从而提高资金的周转率，增加盈利。进货数量包括多个方面，如进货金额，进货商品种类，单个商品种类及数量等。确定进货金额有个比较简单的方法，即把整个店铺的单月经营成本加起来（包括店租、人工、水电、税、管理费用等），然后除以利润率，得出的数据就是你每月要进货的金额。比如，你的全部经营成本为5000元，产品卖出的平均利润在200%，那你最起码需要进2500元的货，因为5000元除以200%等于2500元，这样的话你刚好能够平衡收支。如果你只是进了2000元的货，那即使把这些货在一个月内卖完，你的利润也只有4000，是不够支出的。

第一次进货的时候，商品种类要尽可能地多，因为你需要给顾客各种类别产品的选择。当对顾客有了一定了解的时候，你就可以锁定一定种类的产品了，因为资金总是有限的，只有把资金集中投入到有限的商品种类中，你才可能单个产品进货量大，要求批发商给予更低的批发价格。

当你锁定某些种类的商品时，单个商品种类的数量可以细分为陈列数量、库存数量和周转数量。陈列数量就是你放在货架上的数量，库存数量就是你仓库里面备货的数量，周转数量就是你在两次进货期间实际的出货数量。从有多年经营经验的经营者得出的结论看，起码每个单品要有3个才能够维持一个比较良性的商品周转。当你进了一件商品又出现了热销，你很快就需要为这个商品单独补货，这时无论从所花费的时间和资金上看，都是得不偿失的。而你不补货，又只好眼睁睁地看着顾客失望地离开。但如果你进了3件同样商品的话，在销售完这3个产品的期间其他产品也很可能需要补货，这样你就可以一次性去补货来提高补货的效率，从而节约补货开支。

店铺经营者在进货的时候，还要注意进货次数、批量和费用之间的平衡，从而找到最经济的平衡点，这一般可以采用经济订货批量策略。

店铺在组织商品进货时，在进货次数、进货批量与进货费用之间存在着一定的数量关系。

由于采购一次商品就要花费一次采购费用，包括采购差旅费、手续费等。当一定时间内的采购基本固定时，每次采购的批量大，采购的次数越少，采购费用越少；反之，采购小，采购的次数越多，采购费用越多。所以，采购批量与采购费用成反比例关系。

由于每次的采购批量大，平均库存量也大，因而付出的费用就多，如保管费、存货占用资金的利息、商品损耗等费用；反之，采购批量小，平均库存量小，保管费用就少，所以采购批量与保管费用呈正比例关系。

经济订货批量策略就是要采用经济计量方法，在分析进货批量、进货费用、储存费用三者之间的内存联系中，找出最合理、最节约费用的进货批量和进货次数。

店铺成功进货的 5 个绝招

进货是至关重要的一关，如果你的进货价是别人的出售价，那还和别人谈什么价格竞争？所以，进货前最好多去市场考察一下，比较价格后再比较质量，然后才可以进货。在进货的过程中，要掌握一定的技巧，这样才会成功进货。

1. 货比多家，谨防炒货

由于批发市场一般比较大，街铺林立交错，让人眼花缭乱、目不暇接，所以鱼目混珠假扮厂家而投机取巧的人大量存在，行话就叫“炒货”。他们自己无工厂无生产能力，靠在不同生产厂家那里把货挑选打包购进自己店里，然后以打包来的价再批发给零售进货的人，但价格却比厂家批发价贵不少。这样的店通常有个特点，就是货品没有一个统一的风格，五花八门的什么都有，而且通过他们的精心搭配和店铺风格的装饰，你会错以为是比较有档次的品牌经营，你会觉得好像比那种简陋的批发市场显得高档，而实际上常常会使进货者上当，进到高价货。所以，初次进货的新手要注意，先不急于拿货，而是多问多看多转，把市场行情摸清，做到心中有数才能游刃有余。

2. 当面清点，避免不必要的损失

这里所说的清点有两层含义，一个是当面清点好钱款，一个是当面清点好货品。钱款好说，只要注意别收到假币或不被多收钱就行，而货品则要尽可能检查清楚，在人头攒动的批发市场，特别是紧俏新品被人疯抢时，发错货的事经常发生，而我们是小本经营，对于回来才发现的货品问题不可能做到隔日去换，这样只有自己承担有瑕疵的货品造成的损失，所以与其被动，不如当面就消除这样的隐患。

3. 机动灵活，获得批发商支持

能影响到批发商对你的支持有两个因素：第一个是你的首次进货金额，如果你首次进货金额太少，批发商就会认为你没有实力，或者认为你对他的产品信心不足；第二是补货的频率，如果你经常到批发商那里去补货，即使数量不多，批发商还是认为你的货物周转快，能够为他带来长期的效益。批发商对你的支持表现在一旦有新货会尽快通知你，而且可能下次进货的时候他会自动把价格调整下来。批发商如果认为你是重要客户，一般都会向你透露近期哪类商品热销，了解这些行情会让你对市场和客户的判断更准确。

4. 优质店铺，记下联络方式

在初次进货的过程中，要尽量多记录几家批发商的联络方式，以备后来急需。例如，在服装进货的时候，遇到比较满意的批发商就收下对方的名片，作为今后长期的合作考虑对象，收下名片是因为批发市场太大，下次你不一定找得到，这样一来随时联系比较方便。如果你紧急缺货，就可和批发商联系，亲自去拿或对方寄来都很方便。在生意场上就是这样，尽管很多是无定数的假设，但多留些机会和方便给自己，有益而无害。

5. 了解行情，遵守批发市场的规则

（1）不要指望通过批发商换货来降低风险。进货时，千万不要对批发商提出如果产品不好卖能不能换成好卖的商品这类问题，如果你这样问，会被批发商认定你以前没有做过生意，是生意场上的新手（如果做生意的风险可以控制到这种地步，可能谁都发财了），接下来不用说你都猜到批发商会给你什么样的报价了。批发商没有义务为你承担进货的风险，他能够为你更换残次品已经是很好的支持了。

（2）批发市场里价格的调整很小。批发商单件商品的利润很低，商品价格的下调不可能像零售商一样，一般调整都在2% ~ 3%，能够降5%就已经很厉害了。如果你死缠着批发商要求在批发价上再打个8折，又会让批发商知道你很少到批发市场混了。另一方面，在批发市场里，一般货物的运输都是通过汽车或者铁路（因为运输成本比快递低得多），而且都是买家自己负责，碰上个好的批发商的话，他最多愿意帮你去托运，但是搬运到货场的费用和运费肯定都是买家自己付的。

把握进货的最佳时机

商品是店铺的根本，商品太少或者不符合消费者的需要，那就成了无本之木了。如果能掌握商品的进货时机，那店铺就具备了吸引消费者的根本条件。店铺的经营者在选择进货时机时既要深谋远虑、精打细算，又要当机立断、抓住机会。如果犹豫不决，患得患失，则有可能错过最佳进货机会，造成损失。

一个服装店到了转季进新货的时候了，老板却犹豫不决，拿不定主意。因为原来积压了不少的库存，如果再进货的话，既害怕前面的吃不了，后面进的还得兜着走，又害怕加大库存风险，形成恶性循环。

他考虑了很久，最后决定只进少量的新货，让旧货跟着新货一起卖。结果可想而知，新货少，顾客购买时挑选的余地不大，不是号码不全就是颜色不全，到最后新货旧货一起成了库存。

商场如战场，一旦时机错过，必将吃败仗。因为，你不可能随时进货随时到货，从进货到入库、上架总需要一定的时间。一旦商品无法按时到达，就会造成缺货，从而影响销售，甚至会影响店铺形象。所以，店铺经营者一定要掌握进货的最佳时机。

通常而言，进货时机包括这样几种情况。

1. 开店或装修后进货

新开店进货是必然的，店面重新装修后，为了让新装修的店铺更有新鲜感，吸引更多顾客的光临，进货也是其中非常重要的一项，新进的货品能为新的店铺带来更多商机。

2. 换季、节日与促销进货

季节变化，每年固定的节日、纪念日，地区特有的各种活动，都会影响某些种类商品的销售动态。根据类似活动期间商品销售的实际情况，在换季之前，节日、纪念日之前适当增加某些种类商品的订货量，可以更好地适应销售需要。

3. 跟潮进货

时尚、流行的变化也会在相当程度上对商品销售产生影响，需要相应的订货对策与之对应，此时也是很好的进货时机。

4. 补货

因顾客购买造成缺货或因新款商品推出以及促销活动计划安排而补货。

对于店铺经营者来说，抓住了最佳的进货时机，就等于商品销出了一半，那赚钱也就不在话下了。

存货控制的策略与方法

一般店铺会采用“宁缺毋滥”的进货原则。这些店铺在经营了多年后还是不知道有效控制存货的奥妙，通常都会因为担心库存和积压，而采取少数多次的进货原则，宁可因库存不足减少一点销量也不愿意多进货而积压库存。这里就产生了一个有效控制存货的问题。存货控制本身不能创造利润，但用减少管理费用和劳务费用的方法，可达到开源节流的目的，仍然可以产生效益。只有存货得到了有效控制，店铺才能够卖出更多的货，又没有库存积压的风险。

1. 存货控制的目的

（1）达到最经济的订购量。

（2）在最适当的时间订购物料。

（3）把存货量控制在适当的范围。

简言之，存货的目的是配合生产，以最少的费用维持对生产或客户的服务。

2. 存货控制的策略

（1）确定存货处理政策。当存货产生的时候，应有明确的存货处理政策，确定多久之内、要用什么方法、通过什么渠道把存货处理完。

（2）找出造成存货增加的原因。寻找存货增加的原因可采用鱼骨图法进行分析，它能帮助我们像抽丝剥茧一样把造成存货增加的原因找出来。

（3）加强商品的规划能力。明确商品在市场上的定位，只有对目标市场的需要有充分的认知及数据支持，才能规划出满足市场需要的商品。

（4）提升销售能力。在竞争激烈的市场中，销售能力强的人，往往能创造出令人振奋的业绩。销售能力的提升有赖于不断地学习与训练。

（5）存货分类管理。存货分类管理做得越好，对存货的出清消化越有帮助。依据商品的品质可分为可售品、瑕疵品、报废品；按商品的销售记录可分为畅销品、滞销品、一般商品等。

3. 有效控制存货的方法

（1）合理的正常库存控制。合理的正常库存控制，一般可采用如下公式确定：日销量平均数 ×（订单间隔天数 + 运输途中天数）+ 日最低安全库存量 = 合理的正常库存控制数。假定店铺每日正常出库量为 30 件，即日最低安全库存量为 40 件，如果店铺的经验是每 5 天向供货商订一次货，而路途运输时间是 2 天，那么合理的正常库存控制数应该是 250 件，即 30 ×（5+2）+40=250（件）。

根据这个合理的正常库存控制数，双方就能做到心中有底，但是这仅仅是一个标准的参考数，具体还应考虑以下几个变数。

例如，遇到五一节、中秋节、国庆节等假期，必须考虑节假日促销情况，情况好的话可能是正常日销量的 2 ～ 3 倍。所以节前要做好充分的库存准备。

而若在某一时间段供货商有订货优惠政策时，一般可考虑多订一点货，虽然超了正常的库存数，但属于力所能及的范围可以多订，同时要留有余地，不能贪多，万一政策或市场有变动以免造成积压。

（2）ABC 分类库存管理法。将商品分为了几大类，依类设定控制原则，在数量上实施各类货品的控制。常用的分类是将商品分为 A、B、C 三大类，也称 ABC 存货控制。

在具体的分类中，可根据 2∶8 管理法则来确定类别。一般规律是：

①仅占销量的 20% 的商品，却占销售利润的 80%，我们把这类商品分类命名为 A 类商品。

②占销量的 40% ~ 60% 的商品，销售利润占 15%，我们把这类商品命名为 B 类商品。

③占销量的 30% ~ 40% 的商品，销售利润却只占 5%，我们把这类商品命名为 C 类商品。

虽然不同的店铺具体情况不同，而且不同的行业、不同的市场情况并不一定像上述的比例，但是我们依然可以参考这种方法将商品进行 ABC 分类库存管理，在进货资金的倾斜上、在库存商品的数量上、在库存商品的摆放上，A 类商品应得到最高的重视。

商品定价应考虑哪些要素

商品的价格是其价值的货币表现。从理论上来讲，影响商品定价的因素主要有三个：一是商品价值。在其他条件不变的情况下，单位商品价值量增加，以货币表现的商品价格将随之上升，反之，价格下跌；二是货币价值与货币量，在其他条件不变的情况下，货币价值下降，商品价格就上涨，反之，价格下跌；三是供求关系，商品供不应求，商品价格上升，反之，价格下降。在短期内，我们可以将商品价值与货币价值视为不变，这时，影响商品实际定价的因素有：

1. 商品成本

这是商品定价的主要因素之一。商品价格大于商品成本价格就会盈利，商品价格小于商品成本价格就会亏损，商品成本价格是商品盈亏的分界点。所以，在正常情况下商品价格必须大于商品成本价格，这样经营者才能有利润。

2. 需求程度

购买者对商品的需求程度是影响商品定价的因素之一。例如，在商品拍卖过程中的竞买机制使拍卖品价格不断升高，其中的主要因素就是购买者对商品的需要程度不同，需要程度高者就会出较高价格竞购商品。在平常供求关系中的竞买情况也是一样，需求程度高的购买者就会以较高的价格购买商品，需求程度低的购买者就会以较低的价格购买商品。

3. 购买能力

这也是决定商品定价的重要因素之一。不管是产品、物品还是服务，要想获得利润就必须成为商品出卖，要想成为商品出卖就必须有人购买，要想购买商品就必须有购买能力。如果消费者手中没有钱，再好的商品和再需要的商品都不可能去买。可见购买力是决定是否购买商品的决定性因素。同时，购买力大小又是决定购买什么样的商品和购买多少商品。消费水平高的地方一般商品定价就高，反之，商品定价就低。手中钱多就有可能不在乎价格高低，购买欲望相对要高，只要需要和喜欢某种商品就可能购买。如果手中钱少，购买欲望就不高，花钱也非常谨慎，讨价还价也非常认真。所以，购买力也是决定商品定价的重要因素之一。

4. 比价效应

在市场上，一般都有同类商品价格的存在，这就决定了卖出同类商品的价格不可能远离已经存在的商品价格，存在着比价效应。即便是通过技术创新的新产品也必须考虑是否有替代商品的存在，也存在比价效应。只有创新产品刚刚上市并且没有其他替代商品的情况下，才能不考虑比价问题。

5. 利润原则

获得利润是商品出卖的原则，如果店铺经营者在商品买卖过程中都不获得利润，那么就没有人去卖出商品，商品买卖就不可能进行。只有获得利润并且是尽量获得最大利润才是店铺经营者的目的。这就决定了商品价格必须大于商品成本价格。尽量低价是商品购买的原则，省下的钱就可以购买更多的商品。这就决定了商品定价不可能是卖家一方说了算，从而商品的零售价格也不可能离商品成本价格太远。

6. 供求关系

当同类商品供大于求时说明最后会有商品卖不出去，商品定价高了就不好卖。当商品供不应求时说明最后会有人买不到商品，即使商品定价比较高也会有人购买。所以，供求关系会影响商品的定价。

7. 品牌效应

同类商品很多，由不同的厂家生产或由不同的经营者出卖，这就出现了同类商品有不同的质量、做工、品种、花色、款式，不同的销售服务和售后服务等。质量和做工好的商品就好用、耐用、不易损坏，反之，质量和做工不好的商品就不好用、不耐用、容易损坏。通过长时间的检验，好商品、好品牌、好销售服务和售后服务就受消费者欢迎和信赖，在购买商品时消费者就放心，这样的商品，定价高一点也会卖得很好。

8. 讨价还价

讨价还价也会对商品的价格形成影响。商品交易是买卖双方以自主自愿、平等参与为原则的活动，为了维护各自的利益，买卖双方对商品价格要进行协商，以便对自己有利。在日常的商品交易活动中一般买卖双方都会进行讨价还价，这样就会对商品的最终定价产生影响。

对于店铺的经营者来说，了解了上面八个影响商品定价的因素，就要在零售商品定价时充分考虑这些因素，以制订出合理的商品价格，从而促进销售量的提高。

如何确定合理的商品卖价

开店做买卖，合理的商品价位是吸引顾客极重要的因素。商品的定价既要让顾客易接受，又要让自己赚到钱，而且还要符合市场行情，这就需要店铺经营者灵活处理。

一个美国商人从外国购买了一批高品质的礼帽，为了有个好的销路，商人把价格定在和其他礼帽一样的水准，可销路并不是很好，这让他很奇怪，因为这批礼帽真的是非常精致、漂亮。一天，这个商人生病了，他委托做生意的邻居帮他代卖这些礼帽，这个邻居把标价 12 美元错看成了 120 美元，结果礼帽被一抢而空。

从这个故事可以看出，一个商品的定价不是越便宜越好，那样不但赚不到应得的利润，还可能费力不讨好。商品定价是很有学问的，合理的定价可以让你获得更高的利润与市场认同。

1. 以不变应万变

价值和质量是产品定价最重要的因素。产品的价值和质量是顾客最为关心、最为敏感、影响最广、最为实质性的两个方面。所谓“物有所值”，就是说好货可以卖出好价钱。即使在买方市场的条件下，好货也应处于一个合理的价格范围内。要知道，确有这么一个顾客群，他们坚信“人不识货，钱识货”。如果急于提高销售量，对好产品大幅降价让利，则会起到相反的作用，一些消费者会投以怀疑的目光，不愿购买廉价货，而情愿购买“物有所值”的好产品。

2. 根据需要，实施差别定价

为了不流失顾客，可以采用差别化定价策略，如以高价著称的星巴克咖啡店，也推出了低价和特价的咖啡。家电行业多数厂家都是高、中、低端产品俱全。手机行业也是如此，如三星手机，高端产品价格为 7000 元左右，而低端产品价格仅 200 多元，这样就可以最大限度地满足各层级顾客的需求，降低顾客流失比率，但前提是不可对品牌产生负面影响。

3. 需者不贵，可根据情况采用高价策略

对于某些稀缺类产品，其实成本并不太高，价值和质量也属于一般，但由于市场难觅此品，你就可以顺水推舟，将其价位抬高，等候需要者购买。有些顾客愿意出高价购买这类产品，所谓“需者不贵”。经营者从中可以获取高额利润。

4. **灵活变通，模糊定价**

把一些畅销产品与滞销商品或两种滞销商品进行组合定价销售，这样可以把高利润或附加利润隐藏在低价产品背后。变换产品包装也可以模糊定价，如推出小包装产品，价格较低，让顾客产生产品很便宜的错觉，其实这样的产品利润更高，而降低了购买的门槛，很容易使顾客产生购买的欲望。还可以把产品与服务等增值品组合后定价，如电器类商品推出的加一点钱可提高保修期或附赠其他商品等服务。

总之，产品定价是一个动态的过程，应根据不同的情况采取不同的定价策略。

随需应变，调整价格

店铺里商品的价格并非是一成不变的。随着市场环境的变化，如竞争的加剧、季节的变化、商品库存过多、供货商提价、商品短缺等原因，店铺的经营者就要相应地对现行价格做出调整。在实际的价格调整中，店铺经营者可以根据具体情况灵活处理。

价格调整的形式一般有两种，提价或降价。提价就是指在原先的价格上再追加零售价，是在需大于供或成本上升的情况下运用的。在如今这种竞争日趋激烈的市场情况下，提价策略的使用不是很多，一般都使用降价策略。

1. **商品提价的策略**

提价确实能够增加店铺的利润率，但却会引起竞争力下降、消费者不满，甚至还会受到政府的干预和同行的指责，从而对店铺产生不利影响。因此，店铺经营者在进行商品提价时要慎之又慎。

（1）掌握时机，适时提价。

（2）提价幅度不宜太大，速度不宜太快。

（3）宜被动提价，不宜主动提价。

（4）宜间接提价，不宜直接提价。

2. 商品降价的策略

通常而言，消费者对商品的降价一般会产生两种截然不同的反应：一是感到商品价廉，经不住价廉优惠的诱惑而产生强烈的购买动机；二是因价格下降而产生对商品质量的怀疑，从而抵制其购买欲望。为此，商品降价应着重考虑消费者的购买心理。

店铺在确定商品的降价幅度时应以商品的需求弹性为依据。需求弹性大的商品，只需较小的降价幅度就可以使商品销量大增；反之，需求弹性小的商品，则需要较大幅度的降价才能扩大其销售量。但由于商品降价会引起销售利润的减少，同时还会引来消费者的猜测，因此，必须实施有效的降价控制。商品降价的次数要尽量少，最好能争取一步到位，降价幅度要能引起顾客的注意。通常，商品降价幅度以 10% ~ 30% 为宜。

（1）商品降价方式的选择。

①直接降价和间接降价。直接降价与间接降价策略应灵活运用。直接降价顾客容易察觉，但也容易刺激竞争对手相继降价竞销。间接降价指维持原价格不动，只是采取增加折扣率或佣金等办法来销售商品的方法。间接降价有一定的隐蔽性，可以暂时避免因刺激竞争对手而导致的全方位的降价竞销，但由于没有给直接用户带来直接的好处，可能难以达到应有的促销目的。

②全店出清销售。“全店出清销售”是店铺定期降价的一种方式，可以有效避免频繁的降价对正常商品销售的干扰，通常一年有两三次。在全店出清销售时，所有的或绝大多数存货都会降价销售，这样可以吸引很多爱买便宜商品的顾客前来消费。

全店出清销售为商品按原价出售提供了较长的时间，减少了频繁降价对店铺正常销售的影响；提升了顾客对店铺正常定价策略的信任。对有些店铺而言，全店出清销售不失为一种减少库存、加快资金周转的好办法。

（2）商品降价的时机选择。降价时机的选择非常重要，在很多情况下，商家会发现某种商品必须降价，但需考虑时机的选择及如何迅速地贯

彻执行。一般而言，需在保本期内把商品卖掉，可选择的降价方式有早降价、迟降价、交错降价等。

①早降价。存货周转率高的店铺多采用早降价的策略。早降价的好处有：当需求还相当活跃时，降价可促进商品的销售；同旺季过后相比，实行早降价策略降价幅度会小；早降价可以为新商品腾出销售空间，并改善店铺的现金流动状况。

②迟降价。迟降价可以使商品有充足的机会按原价出售，但以上列出的早降价的好处恰是迟降价策略的不利之处。

③交错降价。交错降价就是在旺销季期间逐次降价，这种降价策略多和“自动降价计划”结合运用。在自动降价计划中，降价的金额和时机选择是由商品库存时间的长短决定的，这样可以有效保证库存的更新和早降价。

3. 各档商品的变价策略

（1）高档商品变价策略。经营高档商品的店铺，其目标顾客群多是高收入阶层。他们的消费心理一般是把价格作为自身社会地位或经济地位的象征。因此，对于高档商品的价格调整，尤其对于降价，要慎之又慎。

（2）中档商品变价策略。中档商品在多数店铺的经营中都是主角，其销量的比重占得都比较大，因此，店铺经营者应花大力气对其价格体系进行调整，以获得最大的整体利润。中档商品的消费者在购买之前会有一个比较过程，购买之后还会有一个使用和评价阶段，因此，只要对中档商品的服务质量和自身产品质量过关，一定会取得很好的变价效果。

（3）低档商品变价策略。低档商品的消费者对价格十分敏感，即使微小的价格下调也会刺激他们的购买欲望。同时，他们很容易受群体的暗示而购买一些自认为实惠的商品。因此，店铺经营者对于其经营的低档商品要经常有适当的打折销售，刺激顾客的购买欲望。

以与众不同的定价法吸引顾客

要想让顾客感受到你只从他兜里掏了很少一部分钱，就要掌握一些定价的小技巧，不然只能眼睁睁看着别的商家旺销，自家却门前冷落。具体来说，有以下几种常用的定价方法。

1. 分割定价法

价格分割是一种心理策略。卖方定价时采用这种技巧，能使买方心理上认为价格很低。

价格分割包括下面两种形式：

（1）用较小的单位报价。例如，把茶叶每公斤 100 元定成 5 元每两，70 元一袋 10 公斤的优质大米定成 3.5 元每斤等。

（2）用较小单位商品的价格进行比较。例如，“每天少抽一支烟，每日就可订一份报纸。”“使用这种电冰箱平均每天 0.2 元电费，还不够吃一根冰棍！”

2. 同价销售法

有这样一家小店，起初生意萧条，很不景气。一天，店主灵机一动，想出一招：只要顾客出 5 元钱，便可在店内任选一件商品（店内商品都是同一价格的）。这可抓住了人们的好奇心，尽管一些商品的价格略高于市价，但仍招徕了大批顾客，销售额比附近几家百货公司都高。

3. 特高定价法

特高定价法即在新商品开始投放市场时，把价格定得大大高于成本，使企业在短期内能获得大量盈利，以后再根据市场形势的变化来调整价格。

某地有一服装专卖店进了少量中高档女外套，进价 490 元一件。该专卖店的经营者见这种外套用料、做工都很好，色彩、款式也非常新颖，在本地市场上还没有出现过，于是定出 1180 元一件的高价，居然很快就销售一空。

如果你推出的产品很受欢迎，而市场上只你一家，就可卖出高价。不过这种形势一般不会持续太久，畅销的东西别人会群起而仿之，因此，要保持较高售价，就必须不断推出独特的产品，只有独一无二的产品才能卖出独一无二的价格。

4. 低价策略法

这种策略则是先将产品的价格定得尽可能低一些，使新产品迅速被消费者所接受，优先在市场取得领先地位。对于店铺来说，尽可能压低商品的销售价格，虽然单个商品的销售利润比较少，但销售额增大了，总的商业利润会更多。

这种定价法由于利润过低，能有效地排斥竞争对手，使自己长期占领市场。比较适合一些资金雄厚的大店铺。

在应用低价格方法时应注意：高档商品慎用；对追求高消费的消费者慎用。

5. 安全定价法

对于一般商品来说，价格定得过高，不利于打开市场，定得太低，又可能出现亏损。因此，最稳妥可靠的方法是将商品的价格定得比较适中。通常售价是由成本加正常利润构成。这样消费者有能力购买，推销商也便于推销。

例如，一条牛仔裤的成本是60元，根据服装行业的一般利润水平，期待每条牛仔裤能获得30元的利润，那么，这条牛仔裤的安全价格为90元。

在实际操作中，如果所销售的商品名气不大，即使安全定价也不安全。追求名牌、高消费的消费者觉得你的产品档次太低，讲究实惠价廉的消费者又嫌你的价格偏高，两头不讨好。

6. 非整数定价法

这种把商品零售价格定成带有零头结尾的非整数的做法，销售专家们称为“非整数价格”。很多实践证明，“非整数价格法”确实能够激发出消费者良好的心理呼应，获得明显的经营效果。

例如，有一年夏天，一家日用杂品店进了一批货，以每件1元的价格销售，可购买者并不踊跃。无奈商店只好决定降价，但考虑到进货成本，只降了2分钱，价格变成9角8分。想不到就是这2分钱之差，竟使局面陡变，买者络绎不绝，货物很快销售一空。

7. 整数定价法

对于高档商品、耐用商品等宜采用整数定价策略，给顾客一种“一分钱一分货”的感觉，借以树立商品的形象。例如，美国的一位汽车制造商曾公开宣称，要为世界上最富有的人制造一种大型高级豪华轿车。这种车有6个轮子，长度相当于两辆卡迪拉克高级轿车，车内有酒吧间和洗澡间，价格定为100万美元。为什么一定要定100万美元的整数价呢？这是因为，高档豪华的超级商品的购买者，一般都有显示其身份、地位的心理需求，100万美元的豪华轿车，正迎合了购买者的这种心理。

8. 分级定价法

根据消费者不同的购买能力，设计不同的销售价格，往往会取得理想的销售结果。看顾客的钱袋定价，常常会被顾客接受。

法籍华裔企业家林昌横生财有道，在制订产品销售价格时，总是考虑顾客的购买能力。例如，他经销的皮带，就是根据法国人的高、中、低收入来定价的。低档货适合低收入者的需要，定在50法郎左右，用料是普通的牛羊皮，这部分消费者较多，就多生产些。高档货适合高收入者的需要，定在500～800法郎范围内，用料贵重，有蟒皮、鳄鱼皮，但是这部分消费者较少，就少生产些。有些独家经营的贵重商品，定价不封顶，因为对有些人来说，只要是他喜欢的，价格再高他也会购买的。中档货就定在200～300法郎。

商品价格是否合理，关键要看顾客能否接受。只要顾客能接受，价格再高也可以。

9. 调整定价法

价格调整做得好，会犹如润滑油，能使畅销、平销、滞销的商品销售无阻。在市场竞争中，商家应时时预测供求的变化，以便及时对价格做出调整。

德国韦德蒙德城的奥斯登零售公司，经销任何商品都很成功。例如，奥斯登刚推出1万套内衣外穿的时装时，定价超过普通内衣价格的4.5～6.2倍，但照样销售很旺。这是因为这种时装一反过去内外有别的穿着特色，顾客感到新鲜，有极强的吸引力。可是到1988年5月，当德国各大城市相继大批推出这种内衣外穿时装时，奥斯登却将价格一下骤降到只略高于普通内衣的价格，同样一销而光。这样，又过了8个月，当内衣外穿时装已经不那么吸引人时，奥斯登又以"成本价"出售，每套时装的价格还不到普通内衣的60%，这种过时衣服在奥斯登还是十分畅销。

10. 弧形数字定价法

"8"与"发"虽毫不相干，但宁可信其有，不可信其无。满足消费者的心理需求总是对的。

据国外市场调查发现，在生意兴隆的商场、超级市场中，商品定价时所用的数字，按其使用的频率排序，先后依次是5、8、0、3、6、9、2、4、7、1。这种现象不是偶然出现的，究其根源是顾客消费心理的作用。带有弧形线条的数字，如5、8、0、3、6等似乎不带有刺激感，易为顾客接受；而不带有弧形线条的数字，如1、7、4等比较而言就不大受欢迎。所以，在商场、超级市场商品销售价格中，8、5等数字最常出现，而1、4、7则出现次数少得多。

在价格的数字应用上，应结合我国国情。很多人喜欢8这个数字，并认为它会给自己带来发财的好运；数字4因为与"死"同音，被人忌讳；数字7，人们通常感觉不舒心；数字6，因中国老百姓有"六六大顺"的说法，所以比较受欢迎。

11. "不二价"定价法

讨价还价是一件挺烦人的事，而一口价干脆简单，往往也能获得消费者认可。

某一天，地处繁华地段的步韵皮鞋专卖店挂出了"不二价"的特大招牌。这种定价法可谓风险冒得太大。因为，当时人们到这里买东西时，商家都把售价提高两倍左右，以便还价时给折扣。步韵皮鞋专卖店实施"不二价"不多时，很多顾客非常中意它的皮鞋，可总觉得照价付钱亏了，使许多眼见成交的生意吹了。该店铺老板认为，顾客会货比数家，再来"步韵”的。果然不出所料，时隔不久，步韵皮鞋专卖店门庭若市。许多顾客到可以还价、打折的商店购买皮鞋，价格往往仍比步韵皮鞋专卖店的要高，因此，顾客纷纷回头光顾步韵鞋店。

“不二价”的缺点是缺乏灵活性，其优点是交易简单并容易使人产生信誉高的心理。

12. 顾客定价法

自古以来，总是卖主开价，买主还价，能不能倒过来，先由买主开价呢？例如，餐馆的饭菜价格，从来都是由店主决定的，顾客只能按菜谱点菜，按价计款。但在美国的匹兹堡市却有一家“米利奥家庭餐馆”，在餐馆的菜单上，只有菜名，没有菜价。顾客根据自己对饭菜的满足程度付款，无论多少，餐馆都无异议，如顾客不满意，可以分文不付。但事实上，绝大多数顾客都能合理付款，甚至多付款。当然，也有付款少的，甚至有在狼吞虎咽一顿之后分文不给扬长而去的，但那毕竟只是极少数。这种新鲜的定价法充分尊重了消费者的意愿，在一些人们素质比较高的大城市有良好的效果。

掌握不同的定价方法，对店铺经营者非常重要。这是一种技巧，对提高店铺销售、增加盈利会很有帮助。

Part 7 第七章

“体贴”赚钱——从细节处抓营销服务

卖顾客需要的，而不是你想卖的

很多店铺经营者常常会自以为是地认为已经了解透了顾客心里在想什么，顾客需要什么。顾客想要热情友善的服务态度，于是提高服务人员素质；顾客想要商品的价格更低廉，所以常常促销降价……店铺经营者努力实现“顾客的想法”，可结果往往得不到合理的回应。

这种不合理的现象，是店家不了解顾客消费心理造成的。很多店铺经营者会从自己的内心感受出发，认为某些商品会销得很好，但大多数消费者并不这样认为。因此，店铺的经营者一定要记住一点：卖顾客需要的商品，而不是你想卖的商品。

很多商家喊着“顾客是上帝”“一切以顾客为中心”的口号，可真正把服务做成功、获得顾客肯定的没有多少。这并不是说口号错误，而是商家理解有误。口里说的是顾客，其实一切都只从自身出发，按自己的设想来设计服务。

“服务员对着我微笑，好像我不买东西很对不起她们似的，可买的东西又不是我喜欢的，下次不去了。”

“真不想走进那家店，服务员笑起来好假。”

“那些服务员总是问我需要什么帮忙，让我很不自在，她们不要这么热情就是最大的帮忙了。”

由此可见，有时商家所掌握的“顾客的需求”并不是真正的需求，所以服务不能触动顾客的心，不能得到良好的回应。

其实，所谓的“顾客是上帝”“一切以顾客为中心”，指的是商家要以顾客作为基点，探求顾客的需求，摸透其消费心理，再设计相应的服务或推销相应的商品。

我们可以通过下面几种方法真正了解顾客的需求。

1. 观察法

通过仔细观察顾客的表情和动作来洞察他们的需求，找到顾客购买意愿产生的线索。

（1）观察表情。当顾客接过店员递过来的商品时，是否显示出兴趣，面带微笑，还是表现出失望和沮丧；当店员向其介绍商品时，他是认真倾听，还是心不在焉。如果两种情形下都是前者的话，说明顾客对商品基本满意，如都是后者的话，说明商品根本不对顾客的胃口。

（2）观察动作。顾客是匆匆忙忙，快步走进药店寻找一件药品，还是漫不经心地闲逛，是三番五次拿起一件商品打量，还是多次折回观看。我们注意观察顾客的这些举动，就可以从中透视出他们的心理了。

采用观察法，切忌以貌取人。衣着简朴的人可能会花大价钱购买高档商品，衣着考究的人可能去买最便宜的商品。因此，我们不能凭主观感觉去对待顾客，要尊重顾客的愿望。

2. 询问法

"询问"在了解顾客需求的过程中是非常重要的，但是作为一名顾客又非常讨厌被别人探察，他们不愿意被审问，有时候当药店店长想通过直接性提问去发现顾客的需求与要求时，往往发现顾客会产生抗拒而不是坦诚相告。所以，提问一定要以有技巧、巧妙、不伤害顾客感情为原则。

具体来说，在询问顾客时要遵循两个原则。

（1）询问要循序渐进。我们可以从比较简单的问题着手，如"请问，您买这种商品是给谁用的？"或"您想买瓶装的还是盒装的？"然后，通过顾客的表情和回答来观察判断是否需要再有选择地提一些深入的问题。

（2）不要单方面的一味询问。缺乏经验的店面销售员常常犯一个错误，就是过多地询问顾客一些不太重要的问题或是接连不断地提问题，使顾客有种"被调查"的不良感觉，从而对店员产生反感而不肯说实话，甚至找几句推托的话很快走掉。

3. 倾听法

"喜欢说，不喜欢听"乃人性的弱点之一，如果店员一味地去表述自己的观点，可能会引起争论或者马上使顾客忘掉你所说的话。优秀的店员

善于掌握人性的特点，让顾客畅所欲言，不论顾客的称赞、说明、抱怨、驳斥，还是警告、责难、辱骂，他都会仔细倾听，并适当有所反应，以表示关心和重视。因为顾客所言是“难以磨灭的”，店员可以从倾听中了解到顾客的购买需求，又因为顾客尊重对那些能认真听自己讲话的人，愿意去回报。因此，倾听——用心听顾客的话，不论对销售新手还是老手，都是一句终身受用的忠告。对于店面销售人员来说，千万不要自以为知道顾客想要什么，必须仔细倾听他们所讲的每一句话，而且通过顾客的谈话来鉴定他最关心的问题，而后根据他们的需要提出合理化建议，只有这样，才能收到事半功倍的效果。

那么，店员要如何洗耳恭听呢？

（1）要做好“听”的各种准备。首先要做好心理准备，要有耐心倾听顾客的讲话；其次要做好业务上的准备，对自己销售的商品要了如指掌，要预先考虑到顾客可能会提出什么问题，自己应如何回答，以免到时无所适从。

（2）要适当发问，帮顾客理出头绪。顾客在说话时，原则上店员要有耐心，不管爱听不爱听都不要打断对方，可是适时地发问，比一味地点头称是、或面无表情地站在一旁更为有效。

一个好的听者既不怕承认自己的无知，也不怕向顾客发问，因为他知道这样做不但会帮助顾客理出头绪，而且会使谈话更具体生动。为了鼓励顾客讲话，店员不仅要用目光去鼓励顾客，还应恰当地点一下头，以示听懂或赞同。例如，“我明白您的意思”“您是说……”“这种商品很不错”，或者简单地说一声：“是的”“不错”等。

（3）不可分神，要集中注意力。听人说话也是一门学问，当顾客说话速度太快或与事实不符时，店员绝不能心不在焉，更不能流露出不耐烦的表情。一旦让顾客发觉你并未专心在听自己讲话，那你也将失去顾客的信任，从而导致销售失败。

（4）从倾听中分析挖掘顾客的意见与需求。顾客的内心常有意见、需要、问题、疑难等，店员就必须要让顾客把意见发表出来，从而了解需要、解决问题、清除疑难。在店员了解到顾客的真正需求之前，就要找出话题，让顾客不停地说下去，这样不但可避免听片面语言而产生误解，而且也可以从顾客的谈话内容、声调、表情、身体的动作中观察、揣摩其真正的需求。

（5）注意平时的锻炼。听别人讲话也是一门艺术。店员在平时同朋友、家人、服务对象交谈时，随时都可以锻炼听力，掌握倾听技巧，慢慢地从倾听中学到许多有用的知识。

4. 推荐法

在了解顾客需求的时候，店员还可以采用推荐法。通过向顾客推荐一两种商品，通过观看顾客的反应了解顾客的愿望。

总之，进行商品销售时，一定不能想当然，而要深刻了解顾客的真正需求，把握顾客的心理特点，做到有的放矢。

接近顾客的技巧——见什么人说什么话

任何一家店铺里的营业员都要面对形形色色的顾客，每位顾客的性格和喜好都是不尽相同的。这就要求导购员要具备察言观色的能力，针对不同的顾客采取不同的推销手段，正所谓，见什么人说什么话。

下面我们列举出几种主要的顾客类型。

1. 唯唯诺诺的顾客

这种类型的顾客特点是对于任何说法都表示赞同。不论店员说什么他都会点头说是，即使店员做了与事实不符的商品介绍，此类顾客仍然会同意，但是在他的内心已经决定不买，也就是说，他只是为了使店员提早结束商品的介绍才表示同意。他认为，如果随便点头，或有时随声附和，则店员会死心而不再推销，但他们内心却害怕如果自己松懈防御则店员可能乘机推销。

此类顾客很容易被说服。若不想让此类顾客说"是"，即应该干脆问：

"为什么今天不买？"利用这种提问来出击，顾客会因你的突然质问而惊异，失去辩解的余地，大多会说出真心话。接下来就要展开最后的攻势了。

2. 硬装内行的顾客

此类顾客认为，他对商品的认知比店员精通许多。他会说："我很了解这种商品"之类的话。也可能会做一些令店员着慌或不愉快的事。此类顾客会继续硬装内行，有意操纵商品的介绍。他们常说："我知道""我了解"之类的话。此类顾客不希望店员占优势或强制他购买，也不希望显出自己比别人逊色。面对这类顾客我们可以让他说明商品，不必进行阻拦。当然，不能只这样。店员应该表现出有意从他的话中学些什么，或点头表示同意，奉承一下顾客。此时，你可以说："不错。你对于这个商品的优点都清楚了。那么，打算买多少？"顾客既然为了向周围的人展示自己的知识，故会因不知如何回答店员的问题而慌张。最后，他可能会开始否认自己刚才说明的事。这时候，正是店员开始推销的最好时机。

3. "金牛型"的顾客

此类顾客渴望说自己很有钱，且过去也取得过很多成就。他会说自己与哪些名人相识，还会夸口说："只要我喜欢，买多少都没有问题。"他会若隐若现地给他人展示钻石戒指或金表，有意让对方相信自己很有钱。

此种"金牛型"顾客，可能满身债务，表面上看起来过着豪华生活，事实上每天都为了被索债而睡不着。

这种类型的顾客想让店员看到自己的优点，店员应该附和他，表示关心他或他的资产。不妨对他极力称赞，打听其成功的秘诀，或者表示尊敬他，有意和他成为朋友。等到签约时问他，需要多少天能调拨采购商品用的资金。这样做，既可使他有筹措资金的时间，也顾全了他的面子。

4. 思索型的顾客

此类顾客常常稳坐在椅子上思索，完全不开口，可能只是不停地抽烟或观望窗外，一句话也不说，表现出不耐烦的情绪。这种类型的顾客把店员当做舞台上的演员，自己则像等开始演戏等得不耐烦的观众，此类顾客会使店员有压迫感。

对此类顾客推销商品时，应该很有礼貌，甚至是消极的态度。换言之，就是采用温和而保守的推销方式。但是关于商品，应该热诚地给予介绍。同时不妨轻松地谈谈自己生活或工作中的问题，使他松懈提防的心理，渐渐地把自己的事告诉店员，从而使店员获得更多的推销话题。

5. 胆怯型的顾客

此类顾客非常胆小，经常瞪着眼睛慌张巡视着什么，无法安静地停在一个地方，如果店员在场他们就会非常紧张。

对于此类顾客，必须亲切、慎重地对待。然后，细心观察，称赞其优点。店员只能稍微提到与这类顾客工作有关的事，不要深入探听。店员应该只谈自己的事，尽量使他们放松。同时，寻找自己与他们在生活上的共同之处，引出共同关注的话题，消除他们的紧张感，让他们觉得你是真心实意地关心他们。

6. 冷淡型的顾客

此类顾客对买不买商品都采取无所谓的态度，看起来完全不介意商品的优异或自己是否喜欢它。其表情很不耐烦、很不容易亲近。

此类顾客不喜欢店员对他施加压力或进行推销。喜欢自己实际调查商品，讨厌听店员介绍商品。这种类型的顾客还可分成两种，一种喜欢安静，另一种偏爱热闹。他们喜欢在有利于自己的时候，以自己的想法做事。

面对此类顾客，普通的商品介绍法不能奏效，必须设法使他情不自禁地想买商品才能攻下。

因此，店员必须激起顾客的好奇心，使他对商品发生兴趣。这样，顾客就会乐意倾听关于商品的介绍，店员也就可以展开最后的攻势。

总而言之，无论面对何种顾客，我们都要摸清对方的心理，抓住对方的性格弱点，有的放矢地投其所好，见什么顾客说什么话。这样你的推销才能真正获得成功。

为顾客着想，让顾客“恋”上你

当你本着为顾客着想的原则去行动时，可能会牺牲自己眼前的利益。这时你该怎么办呢？最明智的办法就是放弃眼前小利，追求长远利益。销售高手的共同秘诀就是：真心地站在顾客的立场，把顾客的事当作自己的事，“为客”之前先“忘我”，最终使自己成为最大的赢家，而平庸的营销者则恰恰相反。

一家美容美发连锁店的年终晚会上，大家都急切地想要知道谁是过去一年里业绩最好的发型设计师。设计师的业绩主要来自于头发的洗、剪、烫、染、护，另外就是洗发液、润发精、护发素、精油等周边产品的销售。所以大家认为，这位业绩最好的发型设计师应该是位外形亮眼、善于察言观色、很会和顾客聊天、熟悉销售心理的人。随着晚会的气氛越来越热烈，名次也渐渐揭晓，当第一名的名字念出来时，连当事人都觉得不可置信，在众多诧异惊奇的目光中，这位冠军羞怯地走上了领奖台。

她并非绝色美女，应该说有些朴实；她不像是个善于搞销售的人，真的再普通不过了，你甚至很容易忘记她的长相。人们好奇地问到她拿到冠军的秘诀时，她只是淡淡地说：“我也不知道我为什么会拿第一名，只是我发现我的客人几乎都是上班族，她们都是利用中午休息的时间匆匆忙忙地来，又匆匆忙忙地回去上班，我看她们都没时间吃饭，这样对身体不好，所以我都会先帮她们买好便当，这样客人就可以省很多时间。”

然而，并不是所有的销售员都是这样做的，他们首先想到的是自己的产品和利益。

王琳是某保健品的代理商。不久前，她的店里来了一位当医生的老客户。这次，王琳不停地向客户介绍产品，质量如何如何好，对什么疾病的治疗和康复有一定的辅助营养效果。不想，客户毫不客气地打断了她的介绍：“这些我都知道了，要不我也不会一直买你的产品。而且我是一名医生，营养和疗效方面的知识要比你懂得多！”紧接着客户叹了口气，继续说：“这些产品其实是买给我父亲的，他现在得了癌症，住在医院，我现在买这么多，还不知道他老人家能不能享用完……”这个时候，王琳满脑子想的是如何更多地销售产品，根本没有留意客户的话。她仍颇有兴致地介绍自己的产品与医院的药品之间的区别，以及自己所属公司的科研实力有多么雄厚等，同时又继续推荐其他一些小产品。结果可想而知，客户很不愉快地随便拿了一点东西就告辞了。

作为一位顾客，家中有病人，本想买些没有太大直接用途的保健品尽一下孝心，却不能得到任何的理解、赞许与同情，反而是听些喋喋不休、无关痛痒的话，也确令人寒心。这样的情景，无论放到谁身上也不会容忍和接受。假如王琳站在顾客的立场上，以一颗同情心倾听顾客的心声，想顾客之所想，急顾客之所急，那么哪怕只需一句“父亲得了癌症还买这么多保健品给他，你真孝顺啊！”的话，便能迅速地拉近两人的距离，使其购买更多更贵的产品，并能赢得顾客的“忠诚”。

如今的市场已进入由顾客主导一切的时代。然而在实际的销售过程中，还有不少的店铺销售员容易犯下类似王琳的错误，一方面“以我为本”拼命地推销，另一方面却感叹市场难做、顾客难伺候。这是因为他们缺乏对顾客起码的关心和尊重。

根据美国纽约销售联谊会的统计，71% 的人之所以从你那里购买，是因为他们喜欢你、信任你、尊重你。向顾客推销产品前先要推销自己，就是让顾客喜欢你、信任你、接受你。

谁不想同自己喜欢和信任的人做生意？所以，建立良好的信誉非常重要，因为坑蒙拐骗的市场越来越小。

因此，在与顾客打交道时，尽量替顾客着想，从实际角度为顾客服务。必须坚持让对方感觉所谈论的事情是对双方都有利的，你的个人行为让对方觉得放心（有诚信），你能站在别人的立场上考虑问题，甚至可以为对方解决一些难以解决的问题，同时，给对方一定的时间自由考虑并决定，这样，你才会成功。

成功学大师陈安之曾问意大利著名企业家：“你是如何成为世界第一名的？你为什么能赚这么多钱？”他得到的回答是：“你的头脑千万不要想赚钱，你如果一心只想赚钱，你肯定赚不到钱。”一位业绩多年第一的营销人员深有感触地说：“有没有诚意，其实客户都能体察得到。如果我为了成交而欺瞒客户，那么客户的下一笔生意永远都做不到。”若将顾客的心比作一把锁的话，你假使用铁锤费再大的劲也难以打开，若找到钥匙的话，就可以轻而易举地开启它。这把钥匙就是从骨子里关怀顾客、设身处地地为顾客着想。当然，所有的付出都会有回报的，你成就了顾客，顾客也会成就你。

主动热情，感染顾客

主动热情是店铺成功销售的一个良好开端，是体现店面水准的重要环节。没有哪个顾客愿意面对冷冰冰的销售员。只有那些态度主动热情，服务细致周到的店面销售员才能获得顾客的青睐。关于这一点，也许王女士的说法很能说明问题。

王女士想寒假期间给儿子买一台电脑，她说：“过年前这电脑是肯定要买的，可是牌子太多，配置都差不多，价格也不相上下，真的很难选。对我来说，最后决定买什么品牌可能主要还是看销售员的态度，要是热情点儿就停下来看看，要是不冷不热的我就没什么心情了……这么多品牌的电脑，我买谁的不行？至少拜个年、说句吉祥话什么的，我们听着也舒心。”

如今，顾客的消费心理已经非常成熟，他们的钱是不会盲目地往外掏的。在产品价位相似、品质大体相同的前提下，销售人员的态度成为一个主导因素。顾客非常喜欢和那些热情主动的销售员打交道，也乐意购买他们的商品。在实际销售中，绝大多数顾客都认为前期与销售人员的接触对他们的购买倾向有很大程度的影响。

1. 为什么要热情主动

（1）冷淡会使70%的顾客对你敬而远之。通过调查发现，约70%的顾客会因为感到服务人员对其态度冷淡而离店而去，即冷淡会使商家失去70%的顾客。而每一位进到店铺的顾客，都是对某产品感兴趣的，是店铺重要的潜在客户，失去他们，就是失去店铺的销量与利润。

（2）顾客期待销售人员主动相迎。顾客希望得到尊重和重视，因此，他们期待店员主动提供服务。

（3）主动热情可以向顾客明确表达销售人员随时提供优质服务的意愿，给顾客留下专业的印象，从而为之后的销售过程奠定良好的基础。

2. 怎样做到主动热情

（1）口头语言。要做到语调亲切，发自内心地欢迎顾客的光临，因为他就是店铺商品的下一个买主。用词得当、专业，如“您好，欢迎光临！”等，语速适中，声音洪亮、清晰。

（2）形体语言。要做到面带微笑，微笑要自然、亲切，姿势得当，以手势示意顾客入店参观，问好的时候目光应该追随顾客。

在这里，要重点强调微笑。如果说眼睛是心灵的窗户，那么微笑就是心灵的发言人。一个微笑所负载和传导的真情，胜过了千言万语，对顾客的感染是非常强烈的。

微笑的唯一前提是真诚。没有真诚，微笑就不能是微笑。而只能是冷笑、媚笑、奸笑之类了。微笑不是有意堆积在脸上的，而是肺腑之情的自然流露。真正微笑的人是感觉不到自己在微笑的，当店面销售人员由衷地向顾客表达谢意和真诚时，那销售员的微笑就自然而然、不知不觉地浮现出来。这个时候，不微笑心理会很不舒服。如果是为了讨好或欺骗顾客而强颜欢笑，那么笑的表演者要有很高的“微笑技巧”，无论唇线怎样弯，眼角怎样斜，眉梢怎样摇，都只不过是一个虚伪的人，根本打动不了顾客的心。所以，店面销售员在做到主动热情时，一定要充分展示自己的微笑。

3. 主动热情服务时应注意的事项

（1）亲此疏彼，对认为“有可能”购买商品的热情问候，对其他人冷淡相待。

（2）精力分散，问好的同时注意力却不在顾客身上。

（3）距离不当，过于接近或者过远的问候都应该避免。

（4）顾客进店后，店员表现出诧异的表情。

（5）过分热情，让顾客感到不自在或不舒服。

新品到货，引导顾客尝试消费

不是每个顾客进店都有明显的消费欲望，直接奔商品而去。有些顾客甚至对自己要消费些什么都搞不清楚。特别是对于新上市的产品，有些人想尝试，但又常常处于观望状态。此时，店员就要引导顾客，通过询问得到他们的需求或者引导他们关注自己感兴趣的商品。一般而言，人们都是乐于回答问题而不善于提出问题。此时，店员就要做一个善于提问的人，通过巧妙的设置问题，从而发现阻碍顾客购买的真正原因，才能很好地引导顾客尝试着消费一把。

1. 状况询问

对于商家来说，向顾客提出询问是为了推销商品或者服务，因此，询问的主题要和所推销的内容息息相关。

例如，一位美容美发店的老板这样询问顾客："今年流行某某发型，您之前在其他店做过这种发型吗？"

如果顾客回答"没有"，老板则可以向其推荐；若顾客回答"做过，但效果不理想"，老板也可以继续这个话题。通过状况询问，明白顾客对新产品的认识程度。

2. 问题询问

紧接上面的话题，当顾客回答"做过，但效果不理想"时，你可以开展下一步的询问："有哪些不满意的地方呢？"通过询问原因，引导顾客产生对新产品了解或体验的需求。

如果顾客回答：“嗯……根本没有宣传的那么好。”你就弄清楚了顾客不满意的地方，可以继续问下去：

“他们是怎么宣传的呢？”

“他们告诉我说做了这种发型以后，头发会显得蓬松柔滑而有层次，如同广告中明星的发型一样看起来富有魅力。”顾客回答。

但是，接下来，你不能直接向顾客介绍自己的技术如何好，那样顾客会感觉到原来你绕半天弯就是为了宣扬自己，他们没有充足的心理准备，所以并不好接受，因此，你可以装作若无其事地问一句：“那家美容美发店的规模如何？”如果得到的是顾客的抱怨，你可以顺便插一句：“噢，原来如此。确实，在那种简陋又不专业的情况下，对发型的打理很难有专业水准。”这样的结论不是盖棺论定、没有下文，而是为下面的推销埋下伏笔。

3. 暗示询问

通过以上询问，你了解了顾客之所以不做这种发型的原因，接下来，你可以用暗示的询问方式，提出帮助顾客解决不满的方案。但是，这种方法不是直接宣传自己的产品，而是通过委婉含蓄的语言来暗示顾客，因此，称为“暗示询问法”。

比如，“您看，我的头发油亮柔顺吧？”

当顾客回答“嗯，挺不错”时，你可以进一步介绍说：“我们店拥有一流的美容美发师，我的发型就是本店的美发师给做的。许多名人也经常慕名而来呢。如果您做的话，我可以叫他过来。”

相信，说到这里，顾客都会不由自主地动一下心，一般都会这样回答“这个……好吧。”至此，一笔生意就成交了。

由此可见，即使是提问，也要问出水平来。

因为顾客总是对推销有一种防范心理，因此，在询问顾客时要显得漫不经心，可以兜个圈子说一些无关紧要的话，之后，在对方没有什么防备时出其不意地抛出自己的问题。

例如，美国某图书公司的一位女推销员在拜访客户时总是用看似漫不

经心的提问题的方式来接近他们。通常，她简单介绍自己后，会出其不意地插话说："如果我送给您一套有关个人效率方面的书籍，您打开书发现内容有趣，您会读一读吗？"

通常在这种情况下，很少有人会做出否定的回答。当客户表达出肯定的态度之后，她接着问："如果您读了之后非常喜欢这套书，您会买下吗？"

对这个问题，一般客户都要认真思忖一下，不会马上做出回答。可是，紧接着，她又说道："如果您没有发现其中的乐趣，您把书重新塞进这个包里给我寄回行吗？"

既然书都看完了，即便不如意，也不会有谁会特意抽出时间或者好意思再寄回去一本旧书。在这种情况下，无论是否对书感兴趣，许多人都会答应买她的书看看，也许真的会对自己有所帮助呢。

这位女推销员的问题都是她事先精心策划好的两难选择，使客户几乎找不到说"不"的理由。

因此，向客户发问也需要进行巧妙的安排和策划。如果你能够懂得发问的艺术，就能把顾客的需求挖掘出来，并且引导他们与你达成交易。

抓住卖点，把商品介绍得人见人爱

商品按照购买方式的不同，可分为日用商品、选购商品和特殊商品。惯常来讲，顾客对日用品都比较熟知，因为价格相对来讲很便宜，不用挑来捡去动脑筋。特殊商品是一些为了满足消费者的某些特殊偏爱或专用的商品。顾客对商品的使用性能有较多的认识，在购买前一般都有预期的计划。这时只要对顾客不了解的部分介绍细致、服务周到即可。

常常，对于那些选购商品，介绍是最需要艺术性的。因为此类商品品种丰富、价位又有明显悬殊，品牌不单一。因此，不论有明显购买欲望的顾客还是目的并不明确的顾客，都容易眼花缭乱、举棋不定。此时就需要店员在售货过程中详加介绍。再者，商品不会说话，即便是令人满意的商品顾客也不会毫不犹豫地花钱，也要进行一番讨价还价。因此，真正有技巧的店员，会把商品介绍得使顾客垂涎三尺，从而增加成交的概率。

那么，怎样才能把商品介绍得人见人爱呢？这就需要了解人们的购物心理，抓住人们不同的心理需求。

一般来说，顾客购买商品最直接关注的就是产品的基本功能和使用价值。可是，对于那些形象类的商品，如服装、化妆品、装饰品、珠宝玉器类等，人们关注的就不仅只是产品的基本功能和表面上的使用价值，而是为了满足工作需求、心理需求、生活需求以及社交需求等。因此，对于商品的介绍就要因商品的性能而异、因人们的心理爱好而异、因人们的经济实力而异。

1. 针对顾客的固有心理来介绍

固有心理是由人们的年龄、性别、职业、阶层、民族等诸多要素的影响所形成的较为稳定的心理特征。如年轻人好奇爱美，老年人怀旧，女同志重价钱图实用，男同志重质量等，这些心理都可以影响顾客决定买与不买。因此，针对这些心理特点就可以有的放矢。

（1）青年重个性时尚。青年人最看中产品的款式是否是最新、最流行的，因此，要着重宣传其新时尚的特点。比如，你可以这样说：“小姐，您好，这是我们店最近刚刚上架的最新款式，清新时尚、与众不同，要不要试一下，穿上它肯定有回头率！”这种介绍就能满足他们追求时尚、彰显个性的购物心理。

（2）中年人重视品牌和实用。对于高薪阶层的中年顾客，要强调商品的品牌档次；对于一般收入的，要对其强调商品的安全、健康、品质、价格等。另外，对于经验丰富的中年人，为他们介绍商品要实事求是，不要夸夸其谈，说些虚无缥缈的话，也不能千篇一律总是说“这种品牌好”、“这种商品质量有保证”等，要把产品的特点、性能详细地告诉他们。如果是名牌，要介绍名牌的知名度等，他们心中有数后就会下决心购买。

（3）老年人喜爱老字号。至于老年人，常常喜欢自己穿惯了或者用惯了的老字号产品，因此，为他们介绍商品时一定要懂得迎合他们的生活习惯，要强调商品质地坚固、做工精细等优点。比如，“这是老字号，做工精良。十多年来一直非常畅销，请您放心。”另外，一般老年顾客思想意识跟不上，对时尚类商品也不太关注，这时，性格再急躁的店员也要有耐心，要简单明了地给予回答，自始至终使用敬语，以赢得老年顾客的信赖。

（4）女性爱美喜欢炫耀。爱美是人的一种本能和普遍要求，因此，为这些人介绍商品时要特别注重商品本身的造型美和色彩美。另外，这些人，特别是青年女性都有不同程度的炫耀心理，因此，向这些人介绍商品时可以着重介绍款式、品牌等，这样的商品也会受到她们的欢迎。

（5）名人图品位。如今很多功成名就、收入丰厚的名人，消费就不再是图实用，而是要体现出自身特有的品位。因此，要牢牢抓住他们的这种心理去巧妙说服。

（6）富人图占有。我们不得不承认，人类都有一种占有欲，都想把喜欢的东西占为己有，对一些人来说，占有就是实力的象征。这类顾客对于价钱不怎么关心，有时尽管商品价格高一点，或者质量有不尽如人意之处，他们也愿意购买。此类心理在富人身上表现得尤为突出。因此，抓住他们这种心理，可以专门向他们介绍品质高、价位也比较高的商品。

2. 抓住顾客的瞬间心理

人们不但有固定的心理品性，而且会因具体的时、空、人、事等因素产生瞬间的心理微妙变化。例如，听到别人的某句评价，或者是看到大家买，也就跟着买，这就是瞬间心理导致的冲动性购买。这种心理，不论是性格外向豪爽的还是内向的都可能存在。因此，店员介绍商品时要抓住顾客的瞬间心理，促使成交。

在一家品牌服装店中，一位中年女士看中了当季最新的一款女式大衣，她看到很多女青年都来买，自己也情不自禁地将大衣拿下来穿在身上，对着镜子照来照去，并翻看价钱。可是，当她准备付款时，突然又犹豫了：“我是不是太冲动了？”

如果单纯承认顾客冲动，很明显会打消顾客的购买欲望。此时，导购员机智地回答：“为什么不可以冲动呢？冲动又不是年轻人的专利。一件服装就能让你年轻几岁，冲动难道不可以吗？”结果，顾客在导购员的一番话中频频点头，毫不犹豫地付了款。

这位导购员就是抓住顾客瞬间的冲动心理成交了。

总之，只有认清了顾客的购买心理，才能针对他们的特点说服他们成交。

做好参谋，帮助顾客比较商品

在介绍商品时要分清轻重缓急，要有侧重的方向。店员要成为顾客的参谋。因为只有针对顾客最想知道的部分讲下去，顾客才有兴趣听店员在说什么。

例如，对身材稍胖的顾客可以介绍说：“这件衣服款式的设计效果非常好，穿起来你的腰身衬托得那么苗条。”

这样一来，就会使这位顾客产生“正和我意”之感。同样，对注重商品外观的顾客，店员应以商品漂亮的造型和款式来加以说明；对注重商品品质的顾客，店员应以质地优良为介绍重点；对嫌商品太贵的顾客，则可以向他强调此价格的合理性。总之，店员应在把握顾客需求的前提下，有针对性、有重点地给予说明。

许多顾客都有从众心理，三五个人认为是好的商品，那么大部分顾客自然就会认为是值得购买的商品。店员可以帮助顾客简单地了解商品的行情，向顾客介绍商品为什么打折（是畅销品、滞销品、处理品、新产品试销还是过季产品打折）。例如，“这种商品的质量很好，只是过了销售季节，所以才折价促销，其实它的使用效果和售后服务的保障措施跟原来完全一样，现在买是非常超值的。”

店员还可以向顾客提供同类商品在市场上还有哪些商家在销售，他们的销售情况如何，有哪些活动，相比之下自己的商店有什么优势。及时准

确地提供事实情况，可以帮助顾客做出购买的决定，让顾客意识到在此商店购买最合适。

另外，价格行情是最有力的说服证据。店员多了解同类商品不同商家的价格情况，可有助于提高商品展示的效果。如顾客到店里买手表，正当顾客因价格太高犹豫不决时，店员看出了他的心思，非常自信地说道：“在这条街上你找不到第二家更便宜的价格，因为我们是从厂家直接进货的。”顾客在有依有据的情况下，很有可能会购买这件商品。

经过店员的介绍，顾客对商品已经有了全面的了解。但是，大多数的顾客不会轻易地掏出钱包，他们还会将同类商品做个比较。有的顾客也可能只是有些犹豫，不知道这个商品买的值不值，比较之后，也许有些顾客就不喜欢这个商品了；也许有些顾客会立即做出购买决定；还有些顾客在这个阶段还是会犹豫不决，拿不定主意。因为顾客的比较权衡是购买过程中买卖双方的博弈将要达到顶点的过程，所以此刻店员应把握机会，提供一些有价值的建议给顾客供其做参考，帮助顾客下定购买决心。

顾问式服务是店员常用的推销技巧。所谓顾问式服务，就是店员要真诚地帮助顾客，不论顾客在商品知识和自身决策方面做何种程度的选择，都要针对顾客的需求，给予他们最多的商品咨询和建议上的帮助，使他们能放心愉悦地购物。

店员做好顾客的参谋，要遵循以下原则。

（1）帮助顾客比较商品。店员要帮助顾客做商品比较，利用各种例证充分说明所推荐的商品与其他商品的相异之处，并向顾客特别强调此商品的优点在哪里。

（2）要实事求是。店员介绍商品时，千万不要信口开河，把不好的说成好的，没有的说成有的，一旦顾客发觉后，便会忿然离开，甚至永不光顾。

有位先生要买条裤子，见货架上挂着一件价格仅128元的裤子，他上前摸了摸，这时导购走过来说：“这是韩国进口的麻纱面料，今年流行款。”这位先生虽不常买衣服，但对面料比较在行。本来他对128元的裤子并不抱太高的希望，只要颜色好、穿着合适，一般的面料也就可以了。

但明明是涤纶的面料店员却一口咬定是“麻纱”，他便全然失去了购买的兴趣。

所以，对待顾客一定要本着诚实的原则，因为店员是在为顾客服务，而不是在向顾客强行推销。

（3）设身处地地为顾客着想。店员必须处处站在顾客的角度思考问题，为其利益着想，只有这样才能比较容易地说服顾客购买商品。

（4）让商品自我推荐。例如，介绍商品服装面料时，店员可以用手使劲搓揉衣服，然后松开手让顾客看面料毫无褶皱，像刚熨过的一样。

总之，为得到顾客的信赖，店员不仅要对自己销售的商品了如指掌，还要对其他竞争对手的产品加以研究，搜集在比较权衡时需要用的资料，以便在接待顾客时加以灵活运用，这样，推荐工作才能有说服力，才能有效提高店铺的营业额。

建立档案，把顾客记在心中

客户档案，顾名思义就是有关客户情况的档案资料，是反映客户本身及与客户关系有关的商业流程的所有信息的总和。包括客户的基本情况、购买能力、家庭消费能力、商业信誉等有关客户的方方面面。

建立客户档案是把店铺做大的一种手段，而不是目的，更不是一种形式。作为店铺销售人员，思维的方式不同，建立的顾客档案也不尽相同；文化水平不同，建立的顾客档案更不可能相同。顾客档案应该怎么建立，这原本就没有固定的模式，但不管怎么建立，唯一需要永远记住的是，顾客档案一定要建立在销售员的心中。这样，销售员就可以随时看一看哪些顾客需要哪些服务，只有这样，销售员才能够真正把顾客当作“上帝”，当作自己的“衣食父母”，像崇拜“上帝”那样去崇拜顾客，像关心父母那样去关心顾客。

客户档案是销售员通往成功营销宝殿的“绿色通道”。哪个销售员率先步入这个“绿色通道”，哪个销售员就会看到成功的希望。

著名营销专家乔·吉拉德中肯地指出：“如果你想要把东西卖给某人，你就应该尽自己的力量去收集他与你生意有关的情报……不论你推销的是什么东西。如果你每天肯花一点时间来了解自己的顾客，做好准备，铺平道路，那么，你就不愁没有自己的顾客。”

刚开始工作时，乔·吉拉德把搜集到的顾客资料写在纸上，塞进抽屉里。后来，有几次因为缺乏整理而忘记追踪某一位准顾客，他开始意识到自己动手建立顾客档案的重要性。他去文具店买了日记本和一个小小的卡片档案夹，把原来写在纸片上的资料全部做成记录，建立起了他的顾客档案。

乔·吉拉德认为，销售员应该像一台机器，具有录音机和电脑的功能，在和顾客交往过程中，将顾客所说的有用情况都记录下来，从中把握一些有用的材料。乔·吉拉德说：“在建立自己的卡片档案时，你要记下有关顾客和潜在顾客的所有资料，他们的孩子、嗜好、学历、职务、成就、旅行过的地方、年龄、文化背景及其他任何与他们有关的事情，这些都是有用的推销情报。所有这些资料都可以帮助你接近顾客，使你能够有效地跟顾客讨论问题，谈论他们自己感兴趣的话题，有了这些材料，你就会知道他们喜欢什么，不喜欢什么，你可以让他们高谈阔论，兴高采烈，手舞足蹈……只要你有办法使顾客心情舒畅，他们就不会让你大失所望。

可以说，顾客能购买你的店铺的商品，或者接受你的服务，不光是他需要你的东西，更重要的是他觉得你给他带来了愉快。

上海有家酒店，其成功的秘诀就是为客人建立完整的档案。酒店各部门各工种的服务人员，将对某位客人的特点认识集中汇报给营销中心，营销中心再将所有关于该客人的情报资料汇总到其档案卡上，备录下来，并输入客户资料库。当总台接到客户的预订或入住信息后，就可以马上向相关部门发出个性化服务提示。

例如，有位客人正在办理入住登记手续。总台工作人员在录入电脑时，得到营销部门的预先提示，迅速了解到该客人的一些相关情况。如客人来自澳门，从事广告制作业，喜欢住15楼的南向客房。喜欢吃川菜，尤其中意小碟装的麻椒油酱……总台据此就可以迅速做出反应，先是替他安排15楼的客房，在他房间里摆放最新大陆广告报刊，通知餐厅，若有1522房客人来用餐，向他推介川菜，预备一些麻椒油酱……一切都在客人毫不知觉的情况下悄然进行，客人面临的将是一个巨大的惊喜。

可见，对于那些力图搞好店铺销售、使服务工作更有成效的经营者来说，客户档案是一个有效的工具。那么，如何建立客户档案呢?

1. 收集客户档案资料

建立客户档案就要专门收集客户的所有信息资料，以及客户本身的内外部环境信息资料。它主要有以下几个方面。

（1）有关客户最基本的原始资料，包括客户的名称、地址、电话以及他们的个人性格、兴趣、爱好、家庭、学历、年龄、能力、经历背景等，这些资料是客户管理的基础，通过销售人员对客户的访问来收集、整理归档形成的。

（2）关于客户特征方面的资料，主要包括所处地区的文化、习俗、发展潜力等。其中对外向型客户，还要特别关注和收集客户市场区域的政府政策动态及信息。

（3）关于交易现状的资料，主要包括客户的销售活动现状、存在的问题、未来的发展潜力、财务状况、信用状况等。

（4）关于客户周边竞争对手的资料，如客户对其他竞争者的关注程度等。

2. 客户档案的分类整理

客户信息是不断变化的，客户档案资料也要不断地补充、增加，所以客户档案的整理必须具有管理的动态性。根据营销的运作程序，可以把客户档案资料进行分类、编号定位并活页装卷。

（1）客户基础资料，如客户背景资料，包括销售人员对客户的走访、调查的情况报告。

（2）客户购买产品的信誉，财务记录及付款方式等情况。

（3）与客户的交易状况，如客户购买商品的情况登记表，具体产品的型号、颜色、款式等。

（4）客户退赔、折价情况，如客户历次退赔折价情况登记表，退赔折价原因、责任鉴定表等。

以上每一大类都必须填写完整的目录并编号，以备查询和资料定位；客户档案每年分年度清理，按类装订成固定卷保存。

3. 建立客户档案时有三点值得注意

（1）客户档案信息必须全面详细。客户档案所反映的客户信息是我们对该客户确定一对一的具体销售政策的重要依据。因此，档案的建立，除了客户名称、地址、联系人、电话这些最基本的信息之外，还应包括客户的影响力、购买能力、商业信誉等这些更为深层次的因素。

（2）客户档案内容必须真实。这就要求销售员的调查工作必须深入实际，那些为了应付检查而闭门造车胡编乱造客户档案的做法是最要不得的。

（3）对已建立的客户档案要进行动态管理。

特色服务赢得顾客青睐

由于现代社会经济的飞速发展，同类店铺间竞争异常激烈。消费者没有足够的时间、精力去主动了解，识别各商家的服务。而且服务价格、方式、品种等的竞争会逐渐对顾客失去吸引力。商品质量再高，服务方式再好，也不能一味地被社会公众认识，所以现代社会也是“好酒也怕巷子深”，大力传播自己的服务特色，则成了商家最有吸引力、最能引起公众共鸣和记忆的关键。因此，特色服务对各种店铺树立服务品牌形象关系十分重要。

特色是指事物所表现的独特色彩和风格。特色服务是对服务特性的一种特有描述，是一种具有独特魅力的服务，是商家在长期的营销活动中，结合所提供商品和服务的特点、店铺所处的人文地理环境和顾客的需求，而有目的地形成一种与众不同的服务风格。

例如，在餐饮行业，有些酒店由于开展了特色服务，从而受到了消费者的青睐，赢得无限商机。

在意大利，有一家名叫“美尔奇”的酒店，从不让顾客喝醉。自开业以来，没有人在店里喝醉过酒，被人们誉为“永远喝不醉的酒店”。其奥妙是酒店里供应的多种美酒都是经过特殊处理的，虽然闻起来酒香浓郁，实质上酒精含量很低，里面冲有其他软性饮料。而下酒的菜又十分丰盛精美，味道奇特，品种繁多，并随酒配菜，还有不少解酒的菜肴。美味食品吸引了不少的顾客。即使一些以酒助兴或借酒消愁的人，也因为酒中的酒精含量很低，又配以解酒的菜，所以，酒喝多了也不会醉。这一消息迅速传开后，不少人出于好奇前来光顾，甚至有的人抱着必醉的决心到此一试，结果同样是不醉而归。因此，这家酒店的生意，一直非常兴旺。

还有一家餐馆，其菜谱是流动的。在餐饮店里，一般都是将菜谱装订成册，供顾客点菜。但是，在马来西亚的一家酒店里，却把菜谱印在广告衫上，有的上面还绘着菜肴和应时点心的图案。这些广告衫，让酒店的男、女招待穿在身上，他（她）们在酒店中穿来引去时，就犹如一幅幅流动的活广告。顾客坐下来点菜，只要指一下广告衫就可以了，既方便、快捷，又别具一格。

特色服务能有力地促进店铺的销售。但有一点要注意，那就是服务特色要与本行业服务的特种属性联合在一起了。这些特种属性包括服务的功能性、安全性、经济性、文明性、时间性、舒适性等。例如，旅店业是为旅客提供食宿服务的，因此，它强调是服务的舒适性；而运输业是为客户提供运输服务的，因此，它强调的服务是安全性和时间性；而律师事务所等咨询是侧重提供服务的功能性。

具体来说，特色服务中的特色表现在以下几方面。

1. 地方性

有时，地方性就意味着特色，这是因为某一地方有当地特色的风土人情和物产，可以据此提供有地方特色的服务。这一点尤以餐饮业、旅游业表现得最为突出，如兰州牛肉面以其“一红、二绿、三白、四黄、五清”

而风靡全国。

2. 时代性

服务的时代性在某些方面对顾客也有很大的吸引力，人们会因为服务的时代性而对服务产生注意、兴趣尤其是联想。因为在人们的生活经历和社会经验中，岁月和时间的因素对人是很敏感的。过去的岁月会在人们的记忆中留下各种酸、甜、苦、辣的印记，而未来会使人产生美好的希望，所以把服务与各种不同的时期联系起来，赋予服务以时代性，就会使服务在同行业的企业中脱颖而出，引人注目，成为特色服务。如开设知青饭店、老三届茶府，这种将服务与顾客曾经历的过去岁月联系起来，使人产生“怀旧”心理，回忆起在过去特定年代中所独有的种种情景，令人留恋。在特色服务活动的过程中，顾客对这些服务特性都能亲身体验到结果。如果店铺的经营者能综合上述几个因素，创造出企业的服务特色，使顾客对店铺产生深刻印象和特别的感受，必然会提高店铺的知名度和美誉度，从而形成知名服务品牌。

3. 无形性

无形性是服务产品最本质上的特征，服务无形性是看不见、摸不着、无形无态的。服务不是以一个具体的形态存在着，它不像制造业生产的一个有形产品那样用手摸得到。在购买前可以借助感觉器官去观察和评价。正是由于这种无形性，决定了店铺的经营者在服务过程中常常会带有浓厚的主观性和非量化的色彩，同时也使得其他店铺很难进行模仿。

店铺创立服务特色，不仅要对自身情况进行认真分析，还要对同类店铺的情况、特点进行调查研究，更主要的对接受服务的顾客群体进行分析。在此基础上努力创立与同类店铺具有明显差别的服务特色。若要依靠差别性形成服务特色，应把握以下要求：人无我有、人有我优、人优我全、人全我变。

人无我有：经营独特的服务产品，或者独特的服务方式。这既可以达到拾遗补缺的作用，又可以独占一方市场。

人有我优：提供高品质的服务。在与同行经营同类产品的情况下，要提高服务质量。不论顾客阶层如何，总会对服务质量有所要求。所以在不同价格档次的服务产品经营上都可以形成高品质的服务，以此吸引顾客。

人优我全：扩大服务品种，以服务内容、服务种类齐全形成特色。

人全我变：在同行业强手如林时，适时转变经营方向，创立新的服务品种也不失为形成特定服务的好方法。

遵循上述四项要求，可以使店铺形成一定的服务特色，也体现了店铺服务的独创性。这样，特色服务就成了店铺商家的生财之道，可以使生意越做越大，越做越好。

记住顾客的称呼

著名学者马斯洛的需要层次理论认为，人们最高的需求是得到社会的尊重。当自己的名字为他人所知晓就是对这种需求的一种很好的满足。对任何人而言，最动听、最重要的字眼就是自己的名字。在店铺经营的过程中，如果店员能准确无误地记住顾客的称呼，则会带给顾客以惊喜和感动。这样，就会取得良好的服务效果。

有一位经营美容店的老板说：“在我们店里，凡是第二次上门的我们规定不能只说请进，而要说请进某某女士（太太）。所以，顾客只要来过一次，我们就存入档案，要全店人员必须记住她的姓名。”如此使顾客感到备受尊重，走进店里颇有宾至如归之感。因此，老主顾越来越多，生意也越加兴隆了。

还有一家著名的饭店，生意非常好。其经营的秘诀之一就是准确地记住顾客的姓名。

一位常住的外国客人从饭店外面回来，当他走到服务台时，还没有等他开口，服务员就主动微笑地把钥匙递上，并轻声称呼他的名字，这位客人大为吃惊，由于饭店服务员对他留有印象，使他产生一种强烈的亲切感，旧地重游如回家一样。

另有一位客人在进店时，服务台问讯小姐对他说："×× 先生，服务台有您一个电话。"这位客人又惊又喜，感到自己受到了重视，受到了特殊的待遇，不禁添了一份自豪。

此外，一位 VIP 客人随陪同人员来到前台登记，服务人员通过接机人员得悉其身份，马上称呼客人的名字，并递上打印好的登记卡请他签字，使客人感到自己的地位不同，由于受到超凡的尊重而感到格外的开心。

在店铺的经营中，主动热情地称呼顾客的名字是一种服务的艺术，也是一种艺术的服务。只要这一点能做好，店铺的营业额和利润率一定会相应的提升。那么，如何才能做到尽快准确无误地记住顾客的名字呢？

（1）要留意并尽快知道顾客的名字，必要时可以有礼貌地问："先生，请问您贵姓？"

（2）一旦知道顾客的名字，就应反复利用各种机会，用名字来称呼客人，这样有助于记住对方的名字。

（3）不时地望着顾客的脸，记住顾客的面貌和身体特征，并且设法和他的姓名联系在一起。

（4）在提供服务过程中要专心倾听，不可三心二意，以提高记忆的效果。

（5）顾客离去时，要及时回想一下他的面貌、职业和你所给予的服务，并再次和其姓名联系在一起。

（6）把顾客的各种特征和姓名联系起来，必要时以书面形式记下所需资料。

（7）当顾客再次光临店铺时，应用名字称呼，如不能完全确认对方名字，可以试探地问："对不起，请问您是 ××× 先生吧？"千万不要贸然叫错顾客的名字。

记住顾客的称呼，虽然只是一些细节性的问题，但作用和效果非常显著。通过店员尽力记住客人的姓名和特征，借助敏锐的观察力和良好的记忆力，做出细心周到的服务，使客人留下深刻的印象，愿意再次光顾，而且客人今后在不同的场合会提起该店如何如何，等于是店铺的义务宣传员。

给顾客真正的实惠

店铺的经营者为了吸引顾客，在销售商品时经常会进行各种促销活动，如发放赠品、打折销售、返券销售、特价销售等。但是，当顾客购买了商品后，往往发现自己会吃亏，并没有得到真正的实惠。这种行为，会严重地伤害顾客的感情，促使顾客远离这些眼光短浅的商家。

一般来说，店铺要避免下列行为。

1. 不要以特价为幌子损害顾客的利益

特价是时下一些店家常用的营销手段，是价格战的手段之一。但“买特价活受罪”却成了许多消费者的感叹。

吴女士在一家皮鞋专卖店的特价区挑选了半天，也没挑到一双合适的鞋子。刚选中了一款自己认为颜色很好、比较满意的鞋子，可因为断码，没有自己能穿的；好不容易挑到一双合脚的，但颜色和样式不太满意。

虽然大多数特价商品的价格非常便宜，但很大一部分不是去年的陈货，就是断码的商品，顾客很难挑到自己满意的商品。还有一些特价商品，其实是“暗升明降”，把商品的价格提高后再打折特价销售。更有一些商店，把残次品特价销售，有不少消费者因为光顾着“抢”限量限时特价商品而忽视了质量，等买回家才发现这不好、那不好，拿去换时又被店家以“特价商品不予调换”为由而拒绝。

2. 不要设置赠券购物的连环套

有一商场以赠送化妆品券的形式吸引消费者。刘女士就在这家商场购买了一双价值496元的皮鞋，在排了近30分钟的队之后，得到两张价值30元的化妆品券。但该化妆品券只限在某一专柜使用，一次只能使用一张，并且仅限于购买彩妆。从不使用彩妆的刘女士觉得两张价值60元的券扔了实在可惜，于是决定给女儿买点东西。可是到那个能使用化妆品券的专柜前一看，没有一件产品是低于50元的。刘女士算了一下，如果想把这两张券用掉，她至少要再花掉60元。

最后，刘女士将这两张化妆品券扔进了垃圾箱，可是这样一来，就等于她前面购买的那双鞋并没有得到任何优惠，刘女士无疑掉进了商家设置的连环购物“陷阱”。

还有一些商场的促销活动是在和顾客做数字游戏。打出的招牌是“买200减60”，如果顾客买的东西刚好是200元的倍数时就等于打了个七折，这时候是最划算的。可针对这样的活动，商家给商品的定价大部分是199元、399元，很少出现刚好200元的商品。

这些店家正是抓住了一些消费者的心理，给消费者挖下了大大小小的陷阱。有人为了领到一张赠券，辛苦地在商场中来回奔波；有人百般算计却拎回家一堆没用的东西；有人为花掉一张赠券陷入了循环购物的怪圈。虽然当时是顾客受到了损失，但从长远来说，受损最大的是店家自己。

3. 不要把打折专柜当作噱头

有一家服装专卖店的海报上标出“三折”的字样，可当顾客张女士拿起一件标价为649元的女装问售货员：“这件衣服打完折多少钱？”“325。”张女士又问：“不是三折吗？”售货员回答：“这件衣服是新款，我们刚从正价柜台上撤下来，你买回去现在就能穿，所以打五折。”原来，售货员口中所称的新款便是还没有过季、买来就能穿的厚外套之类，而“三折”则是针对早已过季的夏装。至于海报上所谓的“三折”也只是店家吸引消费者的一个噱头。面对这种情况，张女士有种被忽悠的感觉，很快离开了那家店。

像张女士这样，当顾客发现所谓的赠品、打折等并没有带来实质性的优惠，就会对购买的商品本身产生排斥心理。最终，商家卖不出商品，搞再多的促销活动也不见效果，岂不得不偿失？由此可见，只有店铺能真正让顾客得到实惠，才是长久做生意的正道。

让老顾客带来新顾客

最好的新顾客，往往是由老顾客推荐而来的人。不论你的店铺处于什么行业，这都是一样的。被推荐的新顾客对产品的怀疑会少很多、对价格也不是很挑剔，更容易接纳产品，实现购买。

这种由老顾客带来新顾客的买卖就是口碑效应。在现实生活中，当人们想购买某一商品时，总免不了要请周围的同事、朋友推荐，同事、朋友的口碑对购买者的影响是很大的。美国的一项调查表明：一个满意顾客会引发几笔潜在的买卖，其中至少有一笔可以成交；一个不满意顾客可以影响 25 人的购买意愿。

口碑是店铺不贴标识的商标，口碑是店铺的灵魂，口碑就是最好的广告。口碑传播公认是市场中最强大的控制力之一，已被现代营销界视为当今世界高效、高可信度、低成本的宣传媒介。

良好的口碑是赢得回头客的重要条件。一些店铺，出名得快，但倒闭关门得也快。其中有一个重要原因就是只注重销售市场的扩展，却不注重销售市场的巩固。而销售市场的巩固，就是要通过自己优质的品质、周到的服务、良好的信誉等建立长期稳定的用户。据不完全统计，一般的店铺每年至少要失去 20%的顾客，而争取一位新顾客所花的成本是留住一位老顾客所花成本的六倍，而失去一位老顾客的损失，只有争取 10 位新顾客才能弥补。对任何一个店铺来说，老顾客都是最好的广告，他们会向朋友、亲人推荐你所卖的商品。因此，一些著名的店铺在开拓市场的营销策略中，除了针对目标消费群的特征和产品的风格精心设计出富有特色的宣传品，并通过适当的媒体向大众介绍新品外，还充分利用口碑这种最古老最有效的广告方法，策划出一些有创意、易实施的低费用营销项目，以面对竞争日益激烈的市场。

对于店铺经营者来说，要想获得良好的口碑，可以从以下几点去做：

1. 多做一些贴心的小事

顾客的需求中有一样需求叫作“感受”，这是销售中很难去捉摸，但是在成交的过程中又相当具有决定性的关键，如果可以创建顾客良好的感受，对商品的感受、对店铺的感受，尤其是对销售员的感受，那么这些感受便会在关键的时刻发挥出力量，所以要成交并不难，先把每一次顾客与销售员接触时的感受营造好，让这些好的感受促使买卖成功。

（1）记住顾客所说过的话，把那些话变成你与他之间共同的话题，他的家庭、职业、兴趣，包括他所饲养的小狗，因为他所关心的，你也关心，他所有兴趣的，你也有兴趣，先成为他的知音，自然而然你就容易成为他成交的对象了。

（2）留意顾客的小动作，喜欢哪一类商品，喜欢喝什么饮料，在适当时候让他知道你清楚他的习惯，让他知道你真的关心他。

（3）要对顾客表示感谢。感谢顾客光顾你的店铺，感谢顾客相信你，选择你的商品。即使顾客没有购买商品，也要感谢他给了你机会。

让这些贴心的感受常常围绕着你的顾客，因为当他越来越喜欢这些感受，他就会越来越依赖你，你跟别人不同，他喜欢在你的店里购买东西。

2. 帮助顾客，而不要只想赚取顾客口袋里的钞票

不要只是自私地关心顾客这次在你的店里买了多少的商品，这样的销售员在顾客的眼中是一文不值的，他也许现在依然在你这里购买商品，但是只要有机会他随时会找机会把你替换掉，所以，店面销售者要努力做到以下几点：

（1）在平常的语言上让顾客知道你不只是跟他做生意而已，你跟他一样也很关心他所在意的事情。

（2）真诚而客气地提出你的意见提供给顾客作为参考，会提出意见表示这是你经过思考的结果，不管顾客采用与否，你所花的心思会在顾客心中留下美好的印象。

3. 将自己视为最优秀的商品之一

顾客在购买商品之前其实他已经认可了你，所以一个成熟的销售员不只是研究如何销售商品，在研究销售商品之前应该先研究如何销售自己，要知道顾客先接触到的其实并不是你销售的商品而是先接触到你这个人，如果顾客并不接受你这个人，自然而然接受你销售的商品的概率就不高，但是相反的，如果顾客已经高度地认可你，接受你销售的商品的概率就相对提高了许多。因此，店面销售人员一定要注意自身的形象，从一些细节入手，赢得顾客。

（1）保持整齐清洁的形象。

（2）检查一下自己是否有难闻的体味。

（3）稳重而且清晰的谈吐。

（4）脸上随时充满微笑。

（5）热情地跟每个人打招呼。

（6）拥有丰富专业的商品知识。

（7）培养自己的幽默感，与顾客之间拥有轻松的谈话。

如果店铺销售人员能真正做到上面几点，就会获得不错的口碑。但值得提醒的是，影响消费者口碑的有时不是产品的主体，而是一些不太引人注目的“零部件”，如西服的纽扣、家电的按钮、维修服务的一句话等。这些“微不足道”的错误，却能够引起消费者的反感。更重要的是，这些反感却极不容易听到，难以迅速彻底地改进，往往是销售量大幅度减少，却不知道根源究竟在哪里。据专业市场研究公司调查得出的结论，只有4%的顾客会对厂商提出他们的抱怨，但是却有80%的顾客会对自己的朋友和亲属谈起自己某次购物不愉快的经历。难怪一外国品牌称：“顾客的投诉是最好的礼物。”

店铺要想赢得知名度，只需要投入大量资金，进行密集性广告轰炸，短期内就能形成，而赢得口碑，非要对各项基础工作做得非常细致、到位并持之以恒。只有产品和服务水平超过顾客的期望，才能得到他们的推荐和宣传。而那些领先于竞争对手或别出心裁的服务和举措，更会让消费者一边心安理得地享受，一边有声有色地传播。顾客如果愿意开口帮你说话，那么他所说的那句话的力量可能会比你自己说的一百句来的有效，因为他那一句话具有极高的信任度。

Part 8 第八章

让利得利——店面商品促销有高招

促销是提高店铺销售额的利器

促销的定义非常广，归结起来是指销售的促进，即通过某种方式或手段来刺激消费的购买欲望，从而达到刺激消费的作用。通常来说，促销就是指对商品进行降价或变相降价销售。

促销的意义在于通过各种方式使消费者相信他们自己正需要这种产品或服务，不但需要，而且有很大的需要，最好现在就立即买入或消费。

具体来说，促销的作用体现在以下几个方面。

（1）加速货品的销售，促使营业额大幅增加。

（2）提高店铺的竞争力。

（3）提高店铺知名度，比货品、服务、店铺名字等更直接而深刻地印在消费者的心中，使他们想起这类服务或产品时，便能想起你的店铺、商品或服务。

（4）刺激大众的消费欲望，使其产生消费冲动。

（5）经常性地提醒公众有这种服务或商品。

（6）消化滞销货，消化过多库存。

（7）制造消费商机，直接面对潜在用户，游说他们采用某种货品或接受某种服务。

促销对于店铺来说是非常重要的，千万不要认为促销是可有可无的事情，不想、不做促销，只是消极地等客上门，这样无异于守株待兔、坐以待毙。也不要以为自己的店铺比较小，做的只是小生意，没必要搞促销。其实，大有大的做法，小有小的做法，只要你想，你在琢磨这个事情，就能找到合适的促销策略，从中尝到促销所带来的好处。

当然，促销也有一个时机选择的问题。只有将促销方式与促销时机有效地结合起来，才能发挥最大的作用。一次成功的促销需要综合考量自身的情况、消费者的情况，并且要考虑同区域的竞争对手的情况和整体的市场环境。

如果你的店铺开在高档社区，那么一味地打折促销并不能吸引太多的人前来购买，而以前的老顾客也会因为你过低的折扣而感到不平衡。那么，对于这样的社区就更加适合会员制和积分卡，旨在给顾客提供某种身份和特权之感，这样的销售效果会比打折促销要好。而如果店铺开在大众化的社区，一般的折扣，如九折或八五折，可能无法有效地吸引讲究实惠的工薪阶层，若你推出买50元送价值20元的实物，那么，顾客可能就会蜂拥而至。

在促销的时候，还有一点必须要引起店铺经营者的注意，那就是不要被动促销，有很多店铺是处于被动促销状态。比如，当你看到隔壁店打七折，而且人气一下子旺了起来，似乎抢走了你的顾客的时候，你只好也被动地“忍痛”降价了。其实这是不对的，促销要以“我”为中心。首先必须明确自己促销的目的，是为了消化滞销货，还是为了提升销售业绩；是为了清仓，还是为了打击对手……当你明确了自己促销的目的以后，再针对这样的目的制订相应的促销方案。

如果对手都在打折降价，我们不被动应付，业绩受到影响又怎么办呢？如果说因为对手打折而对我们店铺的销售业绩有很大的影响，就说明我们在店铺管理的其他方面做得不到位。除了降价以外，我们还有其他更好的办法去应对，如在服务上、在店铺形象上等。当然这些都是平时的积累，并不是出于应对竞争对手的促销而临时改善的。把自己的“内功”练得扎实了，竞争对手不论做什么，对我们的影响都是微乎其微的。

总之，促销并不是简单的让利，而是一场顾客消费心理实战。在实战的过程中你肯定能学会更多的销售技巧和促销手段，如果运用灵活得当，则促销这把利器肯定会为你的销售增添不少利润。

推广会员制，带动顾客重复购买

让顾客光顾一次店铺并不是一件多么困难的事情，但是要想让顾客再次上门光临，店家可要多费些心思了。假如店铺采用温馨的会员制，就可以让顾客觉得有归属感，从而增加店铺的固定顾客。

会员制按照惯例都是由经营者规定的，是留住固定顾客的有效方式，当顾客在店铺内一次性消费或者累积购买一定数额的商品之后，就可以获得一张会员卡，成为商店的会员，以这张会员卡为凭证，就可以享受一定的优惠待遇。例如，持有会员卡的会员在店铺购物可享受打折优惠，享受一定的优先购买权，以及参加一些店铺组织的节日活动等。事实证明，会员制能够很好地积累常客，将客人留住，有助于店铺的持久经营。

为了更大限度地反映出销售的层次性，吸引顾客前来光顾，店主还可以根据具体情况，对会员进行分级。通常可以根据顾客购买商品的销费额多少来划分等级，最为常见的是将顾客划分成普通会员与贵宾会员。根据店铺自身的价格水平，店家可以规定在本店内购买多少金额就可以成为普通会员或贵宾会员。例如，在店铺累积购买商品 300 元以上或者一次性购买商品 200 元以上、可以成为本店的普通会员，享受普通会员的待遇；累积购物 800 元或是一次性购物 500 元以上的顾客，可成为本店的贵宾会员，享受比普通会员更加优惠的待遇，如折扣上再次折扣的优惠、节日活动中的免费赠送、低价换购等都可以由创业开店者根据自身的具体情况而制定出不同的细则。

另外需要注意的是，使用会员卡以及会员权利的使用情况等应该有专门的记录，这在保护了顾客个人隐私的同时，还方便了开店者的管理。而且，会员卡的专门管理会为店家带来许多不容易获得的顾客个人信息，如顾客的职业、生日、电话、E-mail 等，从而使得创业开店者更好地为顾客服务。

除此以外，积分制也是留住老顾客的另一种不错的方法。积分制与会员制的不同之处在于，尽管二者都在累积顾客在店内购物的金额，但是采用积分制的办法不会在商品价格上有特别优惠，而是在当顾客的购物金额累积到一定额度的时候，可以赠送或者低价换购一些商品，其实也就是变相的折扣行为，但由于没有明确地表现出可以折扣的优惠，所以开店者选择赠送或者低价换购的商品必须是能让顾客心动但却由于种种原因不能马上购买的商品，比如说限量销售的茶具、独家制作的点心、名贵的纪念品等。

会员制有等级，积分制也同样可以划分出级别，比如一家工艺品店的积分规定：累积到100点可获得一条精美的手帕，而累积到200点就能获得一枚精美的胸针。开店者应记住的一点是，在实行积分制的时候要注意将积分规则制定清楚，以免造成误会。

究竟是选择使用会员卡还是积分卡这主要取决于顾客的实际情况。尽管采用积分卡的形式看起来更有利于店主，但由于没有折扣，要在原价购买商品金额到较大数额之后才会有东西赠送，并不会很受那些关注价格的顾客欢迎，而会员卡更多的是给顾客带来实实在在的优惠，帮顾客节省开销，开店者表面的收入少一些，但会受到更多顾客的支持。开店者还可以将两种方式一起使用，如可以先使用积分卡，当购物累积到一定程度之后，就可以获得一张会员卡，享受会员待遇。

那么怎样制作会员卡和积分卡也是需要店主精心思考的问题。

最好要把会员卡当成一件艺术品来看待，这样才能彰显出店铺的档次和魅力。所以会员卡要设计得精致美观且具有收藏价值。会员卡最好采用耐久性较好且档次较高的材料，尤其是贵宾卡。

会员卡正面的设计应该展现出店铺的经营风格，突出店铺经营者的个性，通常应在显著位置印有店铺的名称以及标志、店铺的经营理念以及会员编号，如果是贵宾卡的话，不妨在卡片正面印上持卡人的姓名，让持有者感觉到自己的卡是与众不同的。

同样，会员卡背面的设计也大有学问，上面可以写上店铺的简要介绍，持有此卡所享受优惠的说明，其中主要内容是享受的折扣优惠以及使用时的注意事项和会员卡的有效期，并声明店铺保留对此卡的最终解释权和终止权等，还可以有持卡人的签名，授卡日期以及店铺的联系方式等内容。

积分卡的制作与会员卡相似，但其选材可以不必像会员卡那样精致。积分卡最重要的功能就是记录持卡人每次购物的时间、商品名称、购物金额。

凡是懂得经营的店家，通常都会采用会员制的方法来吸引更多的顾客。如果你再稍加用心设计出别出心裁的会员卡，那么你店铺的魅力就会在顾客心中得到很大的提升，这也会间接地给你带来更多的商机。

有奖促销，巧抓顾客侥幸心理

有奖促销在所有促销方式中具有独特的魅力，已成为消费者和零售商都非常欢迎的促销方式。它集竞赛、抽奖、促销于一身。它的魅力在于消费者不参与消费或只要参与少量消费就可以获得博彩的机会，也许中奖率较低，但寄予了一种希望，他们抱着一种大奖舍我其谁的侥幸心态，不断在设想着赢得那些预设大奖的场景，所以深受消费者的喜爱。

通常而言，在有奖促销的实际操作有以下几种方式：

1. 免费抽奖

免费抽奖就是免费为消费者提供抽取大奖的机会，消费者无需购买任何产品，也不需要任何参与条件，获奖者完全是随机产生的。这种抽奖方式几乎能调动所有人的神经，对于提高消费者对产品和品牌的认知度和参与度有着明显的作用。如果和其他促销方式有机合用，能迅速为店铺打开销路，实现品牌知名度、美誉度的快速提升。

免费抽奖是所有促销方式中最能聚集人气、创造轰动效应的方式。有人气才有商气，有了商气才会有商机。免费抽奖不是单纯为抽奖而抽奖，也不仅是聚集人气、场面热闹，而是要利用这种人气来达到有效销售和传媒效应。因此，聚集人气只是第一步，与其他促销方式的配合使用显得尤为重要。

就免费抽奖本身来讲，它又是最便于管理的促销方式。由于奖品总额固定，便于消费者参与，并能巧妙地鼓励购买。同时，免费抽奖可以和多种促销手段、营销手法相结合，具有很大的创新空间，如果根据不同的促销目标，选择最合适的免费抽奖方式，将会形成一种将人气顺利转化为销售的良性循环链。

免费抽奖操作方法一般有以下几种：

（1）号码公开法。给参与者每人发放一张带有公开号码的卡片，约定在规定时间内开奖，随机开出的中奖号码公布后，由参与者自行查看自己的号码是否中奖。你可以把卡片做成会员卡，凡参与抽奖的人自动加入会员，你也可以把卡片做成优惠券，使两种促销方式结合使用，即使没有抽到大奖的消费者也可以凭优惠券享受到购物优惠，但要在卡片上做上醒目的广告。

（2）号码隐藏法。零售商先公布中奖号码（或图案），然后给参与者发放带有涂盖层的卡片，参与者刮开涂盖层核对即知是否中奖，也可以直接在涂盖层下面写上奖品名称，这种方式也被人们称为刮刮卡。

（3）个人信息法。即给抽奖者发放一张卡片，参与者只要在卡片上填上自己的个人姓名、地址、电话或是调查信息，放在指定的抽奖箱内就可以了。在开奖时间，从箱子里任意抽出一定数量的中奖者。做商务活动让参与者直接投递名片就可以了。

2. 游戏活动促销

大多数人都喜欢玩，特别是场面热闹的玩法，如果制造各种各样的游戏活动来带动人潮，使消费者除了购物外，还能获得极大的乐趣与满足，把促销的内容有机地融进游戏活动本身，就能在不知不觉中起到促进当前销售、渗透品牌意识的目的。

游戏活动的内容广泛，形式多样，可以搞竞猜游戏、棋牌游戏，也可以是拼图、猜谜游戏；可以是任何人都免费参与，也可以要求以购买产品为前提；游戏可以在销售现场集中搞，也可以在包装上搞；可以在广告中，也可以是单独的卡片。不管哪种形式，都是以奖品为诱因，以兴趣为基础，以促销为目的。

举办游戏促销活动要注意以下几个方面：

（1）游戏主题。要设计出一个有创意、简单的、极具吸引力的主题，其内容不但要具备趣味性，能够吸引顾客的注意力，而且要让产品或品牌内容巧妙地融入其中，如果具备一定的新闻性更好。

（2）奖品设置。消费者参与的诱因归根结底还在于奖品上，奖品的设置同样是以大奖吸引人、以多数小奖平衡其心，一般不用现金作为奖品，大奖可以是小汽车或出国旅游，中奖一般为产品，小奖一般为纪念品。同时，奖品设置不忘品牌传播。

（3）参与条件。参与门槛越低越好，零售终端游戏活动最好不要限制参与条件，以集聚人气、寻求商机为目的，制造商以产品为载体的游戏活动可以配合优惠券一起搞。

3. 竞赛活动促销

竞争活动是培养新用户、巩固老用户的一种有奖促销方式，参与者必须通过技巧、思维、判断力在竞赛中获胜才能得奖。竞争活动同时也是店铺与消费者对话的有效方式，是提高店铺美誉度、加强店铺与消费者之间沟通的有效方式。

竞赛的参与率一般都很低，据统计，一般性竞赛活动有 0.5% 的参与者就算是相当高了。但竞赛活动本身的影响力能使他们对促销产生兴趣，同时也使店铺的形象在他们心目中活跃起来。即使购买产品的顾客不参与竞赛活动，但仍能有效地提高他们对产品的认知、兴趣，增强产品冲击力。竞赛活动影响的人数要远远多于最终参加竞赛的人数，吸引这些人的注意是属于有效的促销目标，只有注意力提高了，你才会有机会进一步抓住他们，如同是先有人气才会有商气一样。

竞赛活动一般有以下几种方式：

（1）思维型竞赛。参与者如果参与此类竞赛活动，需要充分调动思维的灵活性、创意性，运用自己的智力博得奖品或礼物。如征文比赛、广告语征集、消费感受征集、点子大赛、创意大比拼等。

（2）知识型竞赛。如行业知识竞赛、产品知识竞赛、品牌知识竞赛和店铺信息知识竞赛等。旨在培养消费者对行业、品牌、产品以及店铺的认知，具体方式有试卷型判断、填空或问答、市场调查内容、补充句子、找不同等。

（3）技能型竞赛。这是通过一些专业人士所具备的技能而举办的竞赛活动。这类活动一般都会有场面，通过场面吸引观众、引导消费。如洗衣粉可以搞洗衣比赛，比谁洗得干净等。

所有的竞赛仅仅是一种形式，把奖品送给那些表现突出的参与者，目的是吸引消费者，引起人们对产品及促销活动的注意。竞赛不是能力考验，所以你的问题一定要清楚简单，否则不会有人参与。同时还需做得有趣，让你的目标人群从中找到快乐。

但是，不管进行哪种促销形式，都要做到以下几个方面，以保证促销活动的正常进行和最终的效果。

1. 要真实可靠，说到做到

有奖促销必须做到真正有奖，不能与宣传的内容脱节，不能有半点虚假，奖品不能选择假冒伪劣的产品。有的店铺想造声势，做宣传，又不想多花钱，在选购奖品时，挑选同类产品中最便宜的产品作为赠品或奖品，当消费者意识到以后，不但不认可你的促销活动，还会引起反感，给接下来的销售工作带来很多麻烦，结果弄巧成拙，等于搬起石头砸自己的脚，最终让自己受到损失。

2. 要实行公证，提高信誉度

公证不是走过场，是为了提高可信程度。现在的很多促销活动都是商家自己组织进行的，容易让消费者产生疑虑。再者说，有奖销售的全过程由本地的公证处公证，还会让执法部门的领导另眼相看，认为你这个店搞得还挺正规，他们说上几句称赞的话，能对品牌及门店形象的提高起到潜移默化的作用。

3. 要场面热烈，避免冷场

有奖促销要有一个热闹的场面，外边宣传得红红火火，店前冷冷落落，店内无人问津，就会造成“消费心理落差”，使顾客乘兴而来，败兴而归，起不到促销应有的效果。为了避免冷场，就要未雨绸缪，事先布置，可采用“横幅条幅一起挂，各种小旗到处插，音箱喇叭天天响，精美礼品随时发”的策略，烘托门店气氛，创造热卖氛围。

4. 要宣传到位，不留空白

有奖促销的成功运作是建立在广告宣传的基础上的。一般来说，宣传的面越广、宣传内容越是吸引人，则对销售的影响就越大、销出的商品就越多。如果有一个好的促销方案，奖品设置也非常到位，但是只在店堂门前贴几张海报是不行的，这样就会失去促销的作用。必须要宣传到位，不留空白，大量地吸引消费者。到位的广告宣传、积极的奖品筹备、店前的奖品展示、店内的促销气氛、店外的广告形式、员工的闲谈话语、亲朋的相互交往、网点的相互沟通都洋溢着有奖促销的神采，都展现着有奖促销的喜悦，方方面面都谈论着宣传内容，这样的有奖促销活动就会取得百分百的成功。

但是，多数有奖促销的方式只能给商家带来短期效益，当不再进行有奖促销活动时，如果不采取一些新的促销手段，是很难保持一定的销售水平及利润水平的。还有一点，那就是这种方式的成本较大、花费较多，虽然吸引了消费者，但由于是竞赛本身对消费者的吸引，而非产品本身的魅力所致，所有这些因素都是店家在做有奖促销时应该考虑到的。

打折销售，以低价取胜

打折销售是指店铺在一定时期内为扩大销量，迫于市场压力（消费者、竞争对手、产品更新换代），利用产品降价快速占领市场，提升市场占有率的促销行为。在所有促销方式中，打折促销是最直接、最有效、消费者最敏感的方式之一，也最易于实施执行。由于店铺采取直接让利的方式给消费者实实在在的优惠，因而颇受消费者的青睐。特别是在占有 80% 以上中低消费群体的城市，价格促销更见其效，且屡试不爽。

价格促销是一把利剑，会用剑的人可以有效攻击敌人，一击致命；不会用剑的人不但不能攻击敌人，反而会伤及自身。因此，价格促销一出手，不是刺伤敌人，就是刺伤自己。其关键，一是要会用剑，二是要掌握好力度。

1. 价格促销的理由

当店铺以令人信服的理由进行价格促销时会产生强大的需求力量，这样的促销活动一般会取得成功。通常来说，以这些理由降价促销可以取得顾客的认可和信服。

（1）开店纪念。

（2）为了周转资金。

（3）降低库存量。

（4）采购到低成本商品。

（5）与对手竞争。

（6）薄利多销。

（7）感恩，回馈。

（8）重大节日降价酬宾。

2. 价格促销的形式

（1）直接折扣。这种促销方式是指在购买过程中或购买后给予消费者的现金折扣。消费者通常都比较喜欢物美价廉的商品，特别是现场捡到的这种实实在在的便宜，给几乎 90% 以上的消费者强有力的刺激，以至于消费者有 70% 甚至更多的购买决策都是在卖场临时做出决定的。这种促销方式一般有以下 4 种形式：

①现场折扣。根据不同的时段，确定不同的优惠折扣度，如全场 8 折优惠、部分商品 5 折起等。折扣通常要和促销主题相配合，使消费者清楚这是阶段性促销，如“五一”大酬宾，凡是 5 月 1 日到 3 日购买商品的顾客都可享受 8 折优惠等，时间的有无也相当关键，结果会因此而大不一样。商家还可以采取在一段时间内逐天递降的折扣方式，如第一天 7 折，第二

天8折，第三天9折等。

②减价优惠。即原价多少，现价多少。减价优惠通常需要POP的强力配合，如“原价100元，现价50元，您省50%”等，再在原价格上打上醒目的叉，以此来吸引消费者；也可以在产品包装上标上零售价，再用POP标签写上优惠后的价格，如“仅售30元”等。

③统一定价。采用取长补短的方式，定出一个比所有商品零售价格都要低的价格，统一销售，如全场牛仔裤无论200元一件还是150元一件的，全部只售99元。在价格上不给消费者以任何选择的余地，但在款式档次上充分给予顾客选择的空间。

④现金回馈。为了鼓励消费者大量购买商品，店铺可以规定，消费者只要购买产品达到规定数量，或是一整套系列产品，就可以凭购买凭证现场获得一定金额的现金回馈，如购买一套八件套的家庭影院就可以现场获得500元的现金回馈；购买一箱牛奶可以获得5元的现金回赠等。

（2）变相折扣。这种促销方式是指不以现金的方式回馈消费者，而是以各种变相折扣的手段来吸引消费者，具体方法可以是或买赠或捆绑，或加量或回购等，总之是变通法则让利于消费者。

不管是哪种让利方式，消费者始终是精明的，只要是真正的让利，他们都会精心推算看到底有多大的实惠。与现金折扣不同的是，变相折扣具有更大的操作空间，不管是买赠还是加量，都是以产品作为载体实现优惠，商家的成本相对比较低，也更有利于操作。

①多买赠送。例如，买二送一、买三送二、买大送小等，消费者花一件商品的价钱可以获得两件以上的商品，实质是变相为消费者打折让利，以此来吸引消费者批量购买。据统计，多买赠送活动运用得好要占销售额的65%。通常来说，接受度高、需求量大的商品运用这种方式效果最好。

②附赠商品。这种促销形式常见于食品市场。顾客购买不等金额的商品可获得不同等级的礼品。这种附赠品一般价格都较低，但却很实用，如卫生纸、盒装鸡蛋、茶杯、碗碟、衣架等。若顾客消费金额数大或购买的商品较贵重，便可相应获得一些价格较高的商品。

③加量不加价。店铺在商品标签上标注加量不加价优惠细节，如用

“500 克的价格买 800 克商品”“本商品中 35% 的产品为免费赠送”等。商品价格不变，而产品的数量增加了，即消费者用同样的价钱，可以买到更多的产品。因此，为店铺带来更多的消费者，获得更大的市场份额。

④组合销售。就是两件或多件同一产品或不同产品组合在一起让消费者一次性购买，消费者支付的总价值要比单件购买之和优惠得多，以此来吸引消费者成套购买。如将口红、眼线笔、指甲油等全套化妆品包装在一个盒子里，如果单件购买需要 200 元，组合成套购买仅需 88 元，或是购买同一品牌的全套产品可以享受最低折 6 折的特别优惠。

（3）优惠券、代金券促销。优惠券是最古老、最广泛也是最有力的促销方式之一。优惠券通常被看成是减价的替代品，消费者可以免费获得，凭优惠券购买该商品可以享受一定的优惠。代金券是现金替代品，只在一定范围和时间内使用，它可以用较少的资金购买到面额较大的代金券。不管是哪种方式，都无非是向消费者提供即时折扣或延迟折扣。

①优惠券促销。优惠券一般需要通过各种媒介送达消费者手中，其优惠内容如果能够引起消费兴趣，消费者则会收集保留，会在下次消费时使用，如果优惠幅度较小或不是消费者即时需求的商品，则不能引起消费者的兴趣。

分发优惠券通常有以下几种方式。

卖场分发。在商品分布的卖场分发优惠券。其针对性最强，优惠券的使用率最高。

登在报纸上。以广告的形式在覆盖目标消费群体的报纸上刊登优惠券，消费者剪下报纸即可使用。凭借报纸的高发行量，报纸优惠券可以同时起到良好的广告效果。其可信度高，但浪费比较大。

登在杂志上。杂志优惠券根据杂志覆盖的目标消费者，能够有针对性地送到目标消费者手中。其可信度较低。

附于包装。附于包装主要是增加老顾客的重复购买，这种方式能够给忠实消费者以回报，对于新用户效果不太明显。附于包装的优惠券一般比普通的优惠券价值要大，顾客期望值要高，因为它是以购买产品为前提才能获得。使用包装优惠券一般不使用其他渠道发放，主要用于给忠实顾客的回馈。

定点送发。不同的产品一定具有不同的目标群，先让这些目标群体显化，再有针对性地定点发送优惠券。这种方式针对性强，效果十分明显，但成本较高。

即买即赠。这种方式同附于包装一样，只有购买产品才能获得优惠券，其优惠券不是附于包装，而是由促销人员赠送。

邮寄。通过邮政渠道送达优惠券的方式之一。其针对性较强，但成本较高。

夹带。店铺印刷好优惠券，随同报纸或杂志一同送达消费者手中，它是利用报纸或杂志的渠道而又不需要支付广告费用传送优惠券的方式。其成本低、普及率高、效果好。

②代金券促销。代金券对消费者具有一定吸引力，但不能限制过多，如时间限制、商品限制等，只要不虚抬价格、确实让利给消费者，代金券促销方式还是具有很好的效果。

购买式代金券。商家为了吸引消费者，通常会采取用现金购买代金券的方式，如花 100 元买 150 元，花 200 元买 400 元，买 100 元送 100 元等，代金券仅限一定时间内本店内限制使用。

赠送式代金券。有时候，商家也赠送小额代金券作为现金使用，但也是有使用限制的。如消费 500 元可以使用 50 元代金券等。

购物印花票。顾客每次购物都会得到被打印成印花票形式的付款凭证，当印花票攒到一定金额或一定数量时，顾客便可以获得一定的折扣或礼品回赠。店铺为吸引长期回头客一般都用这种形式。

（4）退款优惠。为了吸引更多的消费者，刺激消费者重复购买，培养消费者的忠诚度，如果消费者购买一种或多种商品，店铺会给予一定金额的退款。虽然店铺所退款项并不多，但这种促销方式极具效力，它不但吸引消费者的效果非常好，而且适合于各行各业采用。如果这种方式运用得当，在培养顾客的忠诚度方面具有极其神奇的效果，即使某些季节性极强的商品，消费者也会照常购买。这种方法也许对消费者仅仅只有百分之几的优惠，却塑造出了店铺经营者体贴消费者、能提供高价值产品的良好形象。它对于那些无特殊卖点、市场同质化现象严重、销售缓慢的滞销商品有巨大的成效。

退款优惠通常表现为以下四种方式。

①购买同一品牌的不同产品享受退款优惠。如果一个品牌下有许多产品，店铺可以规定集够几种产品的标志就可享受一定金额的退款，以促进同一品牌不同产品的同步销售。例如，某品牌的化妆品，消费者必须集够口红、睫毛膏、眼线笔、指甲油等几种不同产品的标志物方可享受 10% 的退款。消费者为了获得这种优惠，常常会将这几种产品一起购买。

②购买不同品牌不同产品享受退款优惠。这种方式是将不同品牌不同产品合并在一起，消费者只要全部购买这几种产品，就可以享受退款优惠。不同品牌不同产品之间应具有比较密切的关联性，是消费者一种行为的不同需求。例如，只要购买某一品牌的方便面和另一品牌的火腿肠，凭条码或标志物就可以获得 20% 的退款优惠。如果把方便面与洗衣粉搭配在一起，则不会起到退款优惠促销的目的。

③购买单一产品享受退款优惠。消费者只要购买单件商品就可以享受退款优惠，多买多退。例如，某种早餐麦片每包价值 10 元，消费者购买后只要将标签上的条码剪下寄给企业，或到指定地点兑换，就可以获得 2 元的退款。

④重复购买一种产品享受退款优惠。这种优惠不按商品数量计算，消费者必须集够一组店铺规定的标志方能享受一定金额的退款优惠。例如，一种儿童果奶，每盒内装有一张生肖刮刮卡，只要集够 12 生肖，就可以退还单件产品 12 倍的款项。

现在，退款优惠的方式已经发生了很大的变化，特别是这种重复购买一种产品才能享受到的非常难得的退款。一种方式是集够规定标志物即可以兑换另外一种商品（而不是退款）。例如，娃哈哈 AD 钙奶，每盒内有一张积分卡，集够数字 1 ~ 12 全套积分卡，就可以兑换一套价值几十元的童装。另一种方式是集够规定标志即可获得大奖，如奖金、旅游或免费看比赛等活动。

采用退款优惠促销方式后通常不适宜再使用其他促销方式，因为退款优惠促销本来就是利用不同的优惠方式培养顾客的忠诚度，如果再用其他促销方式来干扰，会适得其反。另外，属于大量贩卖和快速周转的商品也不适宜采用这种方式。对于反促销，退款优惠是最有效的一种手段，尤其是对抗竞争对手折价券或小额折现金等促销方式时，威力更大。

降价可以促进销售，但从另一面看，顾客并非纯粹从价格方面来看待商品。有些商品长期地打折、压低价格进行促销，效果并不理想。

人们的消费心理是多层次的，现在追求高级消费和高级享受的人越来越多。对于同一样商品，因为时间和空间的差异，其价格会有所变化。有时，在不同情况下，商品适当提价后，销量反而大增。这在一定程度上反映出顾客追求高消费的心理。因此，经营者绝不能只求价格低廉，而应配合使用各类营销手段来吸引顾客，说服顾客，使其对店员服务、商品质量和档次感到满意，这样才能促进商品销售。

由此可见，价格对促销的影响是多方面的，店铺经营者必须根据所销售商品的质量、品种、性质及顾客购买力等具体情况制定出最符合店铺利益的促销策略。

免费赠送，先送后卖有绩效

赠品促销是指顾客购买商品时，以另外有价物质或服务等方式来直接提高商品价值的促销活动，其目的是通过直接的利益刺激达到短期内的销售增加。这市场上最为常见的一种促销形式，对店铺的商品销售有很重要的作用。运用赠品促销至少可以实现两个目的，其一是促进产品销售（短期目的）；其二是提升产品品牌（长远目的）。赠品能直接给顾客实惠：一是物质实惠，一定面值的货币能换取更多的同质商品，消费者自然乐意；二是精神实惠，也就是买后的顾客心理反应，产生愉快的购后美感。这种实惠加深了顾客对该商品的印象，有利于加强商品的竞争力，灵活运用于促销活动当中能够产生良好的效果。

1. 如何选择赠品

赠品的选择对店铺促销的效果有很大影响。只有选择恰当合适的赠品才能激发顾客的购买兴趣，达到良好的促销效果。

（1）赠品要与促销商品有相关性。选择的赠品和促销商品有关联，这样很容易给消费者带来对商品最直接的价值感。如果赠品与商品相互依存和配合得当，其效果会更好。

（2）赠品要让顾客容易获得。容易获得才可以激发消费者参与，促销的“势”才容易造出来，如果让消费者感觉赠品与自己无缘，那店铺的赠品只能算是“样品”。最好让参与的每一个消费者都能感到可以获得，“可遇而不可求”是赠品应该回避的。

（3）赠品也要重视质量。不要以为“赠”就是“白送”，便可随意“忽悠”。保证赠品质量不仅是国家法律条文所规定的，而且也是赠品能否起到促销作用的基础，甚至影响到店铺的生存和发展。

（4）赠品与众不同，效果与众不同。与众不同的赠品才能引起消费者的兴趣，才能让他们积极地参与购买。例如，可以给赠品起一个好听的名字。一个好的赠品名字会激发消费者美好的联想，这种联想不但可以对当时的促销起到好效果，而且还可以促进促销之后很长一段时间的销售，因为美好的形象是有延续性的。好的命名胜过好的宣传，对销售相当有利。

（5）要注意赠品的季节性。有的店铺一样东西一送到底，将消费者不同季节的需求丢到一边，这样的错误千万不要犯。因为消费者对赠品的要求也是有季节性的。

（6）赠品要送在明处。有时我们明确地告诉消费者赠品的价格，也会有非常好的效果，即使是便宜的赠品。因为消费者是冲着产品去的，赠品只是店铺给消费者的一个购买诱因。“礼轻情义重”，店铺送赠品可以增加消费者的认同感，让消费者认为商家对消费者是真诚的，这比通过广告等别的方式提高消费者对店铺的忠诚度要有效得多。

（7）把店铺的信息告诉消费者。很多商家一方面为做品牌传播苦恼，而另一方面又忽略了赠品这个载体。在赠品上印上店铺标识、设计可爱的电话号码都是很容易就能做到的事情。让消费者每次用赠品时，都会想到店铺。

2. 赠品促销的形式

（1）即买即送。

①包装外赠送。例如，宝洁的“佳洁士”防蛀修护牙膏实行“买一送一”活动，买一支牙膏送一小支“茶爽”牙膏。

②包装内赠送。例如，芭蕾珍珠霜刚进入香港市场时，在每盒珍珠霜瓶盖内附一粒太湖珍珠，如果顾客买上若干盒，就可以串成一条珍珠项链。

（2）凭证兑换。

①凭购物凭证。

②产品的瓶盖。例如，珠江啤酒有些瓶盖内印有“奖五角”“奖三角”的字样，凭这些瓶盖到销售点可以兑换到相应的现金。

③包装商标。

④包装内的兑换券。

（3）附加条件赠送。

①部分付费赠送。

②集点赠送。例如，嘉年华公司举办了只要买“乖乖”粟米脆条，即可获赠精美、好玩的乖乖童话迷宫图 1 张 (共有 24 款)。同时集齐产品中随包赠送的迷宫图任意 6 款，邮寄到指定地点，即可换取大型迷宫图 1 张 (共有 10 款)。

③其他条件赠送。

3. 赠品促销的操作要点

（1）先声夺人，广告信息准确发布。在进行赠品促销之前，广告宣传的工作便是头等大事。如果把赠品促销活动比作是一场战争，那么，未雨绸缪的广告宣传就是“逢山开路，遇水搭桥”的先锋部队。广告宣传的策划必须符合本次赠品促销的目标消费群体的地域划分、人口分布、购买习惯、购买地点、兴趣偏好等相关元素的相应特征，从而有的放矢地发布促销的广告消息。

（2）引人入胜，突出赠品的独特卖点。送赠品的目的当然是要通过赠品吸引消费者购买店铺的产品。因此，这里就给我们提出了一个问题，用什么来吸引消费者呢？所以我们必须要给赠品取一个响亮、叫起来朗朗上口的名字，最重要的就是还得与产品的独特卖点相关联。要想给店铺的赠品取个好名字，就必须首先搞明白促销的目标消费群体喜欢什么，对什么比较敏感，最近有哪些热点使他们关注或感兴趣，然后将这些元素与售卖产品本身的核心利益相结合。

（3）情感助阵，适当炒作赠品价值。也许有人会说，假设我们的赠品比较廉价或者普通怎么办？实际上，在消费品促销活动中，赠品的价值一般都不会太大，那就看店家怎样炒作宣传了。炒作价值和夸大价值有一定的区别。夸大价值是直白地告诉消费者这件赠品价值多少钱，过分的夸大令人难以信任，而适当的炒作赠品价值则需要从赠品的使用利益与情感利益等方面进行炒作。

（4）理性为先，凸显促销赠品价值。在通过赠品吸引消费者前来光顾促销的店铺购买的策划中，商品本身为消费者提供的利益已经不再是唯一的诱惑点了。在市场的“广阔天地”里，同规格、同功效、品质相近的同类产品挤在一起时，消费者有很大的选择空间。此时，凸显赠品价值就显得十分有必要了。

（5）强化概念，赠品是附加值的体现。在进行赠品促销时，一些店铺往往把概念颠倒了过来，或者说概念没有完全弄明白。他们在宣传口径上常常这样说，只要您购买了价值多少的产品您就能获得什么样的赠品。这样往往给消费者一种他支付的价格里面就包括了赠品价格的印象。其实，换一种口径来宣传效果会更好。

例如，“我们这次促销的价格在同类产品里是很优惠的了，您今天购买产品能够得到实实在在的优惠，而且，为了感谢您的光顾，我们还将免费赠送 ××。”

为什么这样效果好呢？因为它强调了“免费”这两个字，在感觉上，把前面口径里的“买了才能送”变成了后者的“不但买得实惠，而且还有赠品送”。

我们可以看到前后二者的本来意思差不多，但是效果却有天壤之别。

（6）集中摆放，注重赠品陈列和展示。对于赠品与产品关联性的强调，除了通过现场的节目、游戏等方式操作之外，赠品展示也是行之有效的好方法。

（7）借力打力，依靠外部现身说法。在赠品促销活动中，仅仅依靠促销执行人员王婆卖瓜式的自卖自夸，宣传商店的赠品如何好、如何有价值等还是不够的。这时，一些商家往往会采用产品代言人或者临时聘请的明星主持人等进行宣传。事实证明，采取这种方式的效果比较好，虽然这样做的成本要比一般性的宣传高，但是其所产生的影响却更广泛，特别适用于大规模赠品促销活动。而且通过这种方法宣传的赠品具有较长时间的生命周期。

（8）欲擒故纵，设置希区柯克式的悬念造成紧张感。在依靠赠品促销的活动中这种手法也是经常被使用的。例如，在广告中告知消费者“本活动自今日起截至 ×× 月 ×× 日为止，赠品数量有限，送完即止”。以此达到催促消费者尽快购买的目的。所以，在经过对赠品和活动本身的宣传后、在赠品对目标消费群体具有了一定吸引力后，采用限量赠送的方法时，特别在促销现场，店家尽量不要让消费者看到赠品过多堆积的场面，在兑换点和舞台上仅适当摆放少量的赠品就行了。舞台旁边或者兑换点角落等地方适当地摆放一些盛装赠品的空箱子，对于一些消费者十分喜欢的赠品则应摆放更少。

4. 避免赠品促销的几种常见误区

（1）认为促销赠品越贵越好。赠品贵重对于产品而言容易“喧宾夺主”，不但实际操作成本高，而且不易于产品品牌的塑造，甚至导致商家觊觎赠品的价值抢先私吞。

（2）认为促销赠品越多越好。赠品不管是从形式上还是在数量上都不应该太多，赠品越多越不易操作，且成本越高，同时也会降低消费者对原有产品的价值感，甚至对产品品质产生不必要的怀疑。

（3）赠品和商品毫不相干强行搭配。选择赠品必须结合促销商品本身的特点才能和产品之间进行有效的互动，在促进销售的同时提升消费者对商品的认识，否则就像某些商品选择普通电影票之类消费券作为赠品一样，可能短期内销售效果较好，但活动一结束效果即消失殆尽。

（4）赠品太随意普通或太简单劣质。我们经常可以在一些商场或批发部看到一些促销赠品就是消费者司空见惯的廉价打火机、烟灰缸、钥匙链，甚至还有毛巾和牙刷之类的产品，甚至有些赠品本身就是劣质品。据调查，消费者对这些赠品兴趣索然，甚至产生反感，故较难促进产品销售，也会影响品牌形象。

（5）赠品和产品目标人群定位偏离。赠品的适用人群必须和产品的目标消费人群抑或是两者的人群具有很强的关联性才能有效发挥赠品的作用。如促销白酒时赠品选择必须适用于中老年男性，如选择精致的打火机或饰品等，或者适用于其子女，如选择玩具和学习用品等。

（6）将商品作为赠品。对新产品来说，开展买一赠一或买二赠一的促销活动是十分危险的，这样做对于产品的档次和价值感都会产生负面影响。如果一瓶酒的售价是60元，那么产品一旦开展买一赠一活动，消费者就可能误认为这瓶酒只值30元，促销活动一旦结束，产品就会很难再以原价销售，损失也将是极为惨重的。

赠品的选择需要实际调研，要根据市场环境、消费习惯和产品定位等层面进行前期调研，并在实际的操作过程中不断根据市场变化作相应的调整，以获得最大的成功机会。促销绝对是战术上的策略，为产品的市场战略所服务，极易为竞争对手模仿和跟进，所以促销贵在变化，赠品亦贵在变化和创新。

总之，赠品促销对店铺销售活动非常重要，商家要充分利用这种促销形式，以提高销量，增加盈利。但是，赠品促销并非纸上谈兵，贵在执行和根据市场变化及时进行相应的调整和创新，商家一定要掌握好其中的技巧。

名人效应，偶像助销

人们对有名望的人一般都十分崇敬。在商品销售中，经营者可利用消费者敬慕名人的心理来销售商品。名人本身具有极高的知名度，名人效应就是利用名人的知名度来达到提高产品知名度及消费认可度，从而达到带动大众消费的目的。名人效应不但是促销的有效手段，而且是提升品牌价值的有效手段。

伦敦的一家珠宝店曾一度门可罗雀，为了摆脱困厄局面，老板千方百计物色了一位酷似王妃戴安娜的女士，让她某日某时着盛装前往珠宝店购物。老板又邀请来一批新闻记者，为避讳侵权之嫌，老板将其炮制的“王妃戴安娜前往某店选购珠宝”的特别新闻摄制成哑剧在电视台播放，使珠宝店的生意起死回生。

上例中，老板虽然售之以诚，却招之以诈，但为何没有失信于众呢？这是因为他巧妙地利用了人们的好奇与求乐心理，珠宝店老板的“新闻”乃一幕哑剧，全片既无一句对话、解说，也无一句字幕，这不但避免了违法之嫌，且增加了几分神秘感，诱发了人们的好奇心。

可见名人促销的效果是非常好的。那么，利用名人效应促销一般有哪些具体的方式呢？

1. 名人现场签售

名人亲临现场就某类商品签名销售，如各大书店经常策划作家签名售书活动，又如国美电器策划的各大电器老总签名售机活动等。人们在购买的同时，能够亲睹名人风采并得到具有纪念意义的签名，满足了人们崇拜名人的精神需要。

2. 名人现场表演

请名人到卖场进行各种形式的表演，以吸引人气促进销售，如影星到卖场举办文艺演出，歌星举办演唱会促进自己专辑的销售等。这种活动如果配合免费抽奖、优惠券等促销方式效果更好。

3. “名人物品”售卖

不请名人到场，也可以借名人之势。例如，某服装商城售出某著名服装设计大师的流行新款服饰或签名服装，某某明星最喜爱的首饰，环球小姐持有漂亮的首选化妆品等。这种方式必须首先挖掘商品的特点，再尽量和名人沾上边，实现借其名而造其势的目的。如布娃娃在美国原售价每个20美元，而“椰菜娃娃”原设计者亲手签名的布娃娃售价曾高达300美元，这种“椰菜娃娃”在美国曾一度供不应求。

利用名人效应促销如果请名人到场，则促销费用会相对偏高；商品与所请明星的关联度越高，消费者越容易接受，促销效果越明显。“名人物品”售卖活动效果不如名人到场效果好，但其费用相对较低，借用得好也能收到比较理想的效果，但切不可有任何侵犯名人肖像权、著作权等举动。

制造悬念，吸引顾客

好奇之心，人皆有之。“制造悬念”就是利用人们的这种好奇心，引起他们的注意和兴趣，促使他们寻根究底，从而达到推销的目的。例如，一家美容院通过电话或告示牌告诉顾客今天美容院将接待一位神秘的大人物，暂不营业，以达到激发人们好奇心的作用，并成功地将此故事复制作为宣传的利器。活动促销中也可运用此方法，请到神秘嘉宾，就是不讲出是谁。

高明的商家需要不断制造悬念来进行自我炒作，以此吸引大众的注意。人类好奇的天性决定了人们总是对答案未明的东西有更大的兴趣，不知不觉中被左右了视线，这是悬念炒作得以成功的重要心理基础。

在繁华的泰国首都曼谷，有一间豪华的酒吧。酒吧的老板为了吸引顾客，在门口放了一个巨型酒桶，上面写着四个醒目的大字：不许偷看。

这四个字，使来来往往的行人十分好奇，都想看个究竟。哪知道，走进一看，桶里别无他物，只是隐隐地显现出一排字：本店美酒与众不同，请享用。但那清醇芳香的酒味，此际却已勾起了顾客的酒瘾。不少人大叫“上当”之后，粲然一笑，便进店去试饮几杯。这个酒吧的生意之兴隆可想而知。

这位酒吧的老板正是抓住了人们的好奇心理，巧妙地设置圈套，诱发起路人的好奇心和酒瘾，从而使路人乖乖地成为酒吧的顾客，收到了意想不到的好效果。

有一次，著名京剧演员梅兰芳受上海丹桂戏院老板之邀到上海演出。虽然梅兰芳当时在京津一带闻名遐迩，家喻户晓，但是听惯沪剧和绍兴戏的上海人，对梅兰芳是有些陌生的。梅兰芳初次来上海演出，怎样才能更有效地提高他在上海人心目中的声望和地位，使演出获得圆满成功，从而提高上座率，谋取最好的票房价值呢?

丹桂老板就是利用人们的好奇心制造悬念，不惜重金将上海一家最有影响力的报纸头版版面买下，用整个版面，一连三天，刊登“梅兰芳”三个大字。上海市民看到报纸十分惊奇：“梅兰芳，莫不是举行花卉展览？”“莫非出现了特大新闻？”一时间，“梅兰芳”三字成了上海人街谈巷议的话题。人们纷纷打电话去报社询问，得到的答复是“无可奉告”，这就越发引起人们的怀疑。到了第四天，报纸头版依然刊登着“梅兰芳”三个大字，但在下面加了一行小字：“京剧名旦，在丹桂大戏院演出《彩楼配》《玉堂春》。××日在××处售票，欢迎光临。”三天来，人们的惊奇困惑消失了，转为先睹为快的心理欲求，第一天的戏票被抢购一空。由于梅兰芳的卓越表演艺术，百姓为之倾倒。结果，梅兰芳第一次来沪演出就获得了极大的成功，誉满上海滩，演出场场爆满，丹桂戏院也收到了很好的经济效益。

所以说，“制造悬念”法是一种有心理学依据的巧妙的宣传和推销手法，是打动顾客的技巧之一，如今商界要是能巧妙利用“制造悬念”法，利用网络、电视、媒体去宣传产品，相信一定能够获得成功。

利用悬念进行炒作最大的忌讳是简单重复，看似简单的策划过程其实对独创性要求相当高。例如爱多的悬念广告发布后，一些商家简单模仿，在媒体上连续炒作“泰坦尼克号还有 ×× 天登陆”、“×× 即将入侵我市”等，由于其在创意上缺乏新的东西，结果只会让人讥笑为“耍噱头”。

避免店铺促销的误区

许多店铺在促销的过程中，会存在误区，给店铺的销售非但没有带来效益，反而带来很多消极影响。这些误区主要表现在以下几方面：

1. 把顾客当傻瓜

顾客是店铺的利润来源，是店铺的生存之本。然而，有一些店家却把顾客当作傻瓜，认为顾客什么都不懂，只要自己提供什么，顾客就会接受什么。

事实上，顾客不仅可以从众多同类产品中选择自己喜爱的商品，而且还可以凭自己的主观感受来选择自己消费的权利。

把顾客当作傻瓜的店铺正是忽略了这一点，也是导致他们商品滞销的一方面原因。要想生意兴隆，不能只图眼前利益，而是要注意自己的店铺形象和在公众中的口碑。要真正为顾客着想，为顾客服务。

2. 做“一锤子”买卖

促销不是眼前的“一锤子”买卖，而是为提供优质的产品和长期的服务做准备。许多卖家在消费者购买商品时，会向消费者做出各种各样的承诺，以打消消费者的顾虑，促使其尽快做出购买决定。但是，一旦消费者掏钱购买后，他们就将自己所做的承诺抛到了九霄云外。从而形成活动之时客户是“上帝”，活动过后客户是“仆从”的局面。这样，促销活动所起的激励效能就会随着活动的终止而销声匿迹。

3. 想当然地推销商品

店家要想生意兴隆、商品卖得好，当然要了解顾客的心理。然而，有些店家以为只要自己对商品感到满意，顾客就会同样感到满意，完全以个人口味来决定大众的需求，这样就会本末倒置，造成商品的促销失败。

4. 对顾客的促销错觉

一些店铺在开展促销的时候，对顾客存在一些错误认识，这些错误认识导致促销失去了真正的目标和对象，因而使促销的效果大打折扣。常见的包括下面几种：

（1）误以为购买者就是使用者。购买者不一定等于使用者，促销时应该注意两者的差别，分别予以对待。例如，礼品就是一种购买者和使用者相分离的商品。

（2）误以为每个人都是买家。理论上，人人都是消费者，但实际上由于年龄、性别、环境等因素，每个人的需要就大不相同了。因此，在制订促销策略的时候，要以目标市场的消费者的特点、购买力等为依据。

（3）误以为能够支配顾客。促销的宣传力量并非在于支配顾客，而是在于配合顾客。如果无法迎合顾客真正的需要，再出色、再好看的商品广告都不会吸引顾客。在很多商家做店铺装修的时候应该注意这一点，你的商品描述、店铺公告都应该吸引顾客的“购买欲”，而非单单是“眼球”。

5. 以为价格越低越畅销

毫无疑问，现在低价促销成了促销活动的主要内容，很多店铺觉得用价格当作促销工具，将降价当作促销活动，战无不胜。殊不知，这反而给自己设下了一个瓶颈。有些商品是可以采取低价促销的方式提高销售量，但并不是全部的商品都适用，要分别对待。而价格战也只会打乱正常的市场秩序，导致整个市场疲软。

6. 与买家争利

有些店铺在销售的过程中，对顾客毫不让利，与顾客争利，这样的结果只能是将顾客拒之门外。

对于店铺来说，只有拥有了比较稳定的顾客群，才能够获得相应稳定的利润。稳定的顾客群是怎样获得的呢？其实，给顾客一点“甜头”，就会获得顾客的心，他们会再次光临你的店铺，从而成为店铺的回头客。

7. 促销缺乏创新与针对性

翻开一些店铺的价目单，上面写的基本都是“买几赠几”“促销价”“优惠价”，表明了现在很多促销活动的实质是“促销就是直接降价或变相降价”。如果店铺经营者能针对性地找到产品的特异性，就不必因为市场上某一促销活动搞得热火朝天也生搬硬套地进行促销活动，而是完全可以大胆地实施促销创新活动。

在店铺的促销过程中，如果商家能够避免这些误区，则可以大大提高促销的效果，提高销售额。

Part 9　第九章

巧得人心——店面人员管理有高招

知人善用，选对员工

军队里的元帅和将领，他们的主要职能不是亲自冲锋陷阵，而是在于调兵遣将、运筹帷幄。而店铺的管理者，也没有必要事必躬亲，他必须具备使用员工、调遣员工的能力，让店员在工作中充分施展自己的才能，这样的店铺才能生意兴旺，这样的管理才算成功的管理。

店铺的管理工作能否圆满完成，关键因素就在于人。只要善于汇聚众人的智慧，把各种各样的人用好，人尽其才，各尽其能，你的事业便可兴旺发达，你将尽享成功的乐趣。这一道理对于那些做出卓越成就的管理者来说更是谙熟于心，并为之投入大量的时间，付出大量的精力。他们知道，作为一个管理者，最重要的工作是管理好自己的店员，激发他们的推销潜能，提高店面销售。做不好这一工作，所有的目标和设想都将是海市蜃楼。

刘佳薇开了一家服装专卖店，由于生意做得比较好，赚了不少钱。她决定再开一家新店。新店开张后占用了她大量的时间，整天忙得不可开交。于是，刘佳薇就招了一个店员，把老店交给了她。由于顾客喜欢讨价还价，刘佳薇就把店里的货品都交代了一个最低卖价给店员，店员对报价则有很大的自主空间。刘佳薇觉得老店已经走上了正轨，生意也不错，就把大部分精力用在了新店的经营上。可是，后来她发现老店的经营业绩每况愈下。于是她就留了心，最终发现店员经常谎报成交价格，比如一件衣服卖了200元，店员说只卖了150元，50元的差价就落入了店员的口袋，这使得她非常生气，就辞退了那个店员，重新招了一个。这样一折腾，店铺的生意受到了很大影响，好几个月都缓不过劲，造成了很大的损失。刘佳薇真后悔自己选错了人。

社会上有各种各样的人，个性、能力千差万别，有的人胸襟广阔，有的人心胸狭小，有的人处事平和，有的人个性急躁，有的人富于理性，有的人感情用事……正所谓千人千面，千人千心，如果用人不当，把工作交给品行不端或能力不够的人去做，必然是成事不足，败事有余。就像刘佳薇，对所招的店员缺乏足够的认识，把生意交给不该给的人，结果给自己造成了很大的损失。

很多精明能干的老板在办公室的时间很少，他们常常在外旅行或出去打球，但他们公司的业务丝毫未受影响，公司的业务仍然像时钟的发条一样有条不紊地进行着。那么，他们有什么管理秘诀呢？秘诀只有一条，他们善于把恰当的工作分配给最恰当的人。

一个善于用人、善于安排工作的店铺老板就会在管理上少出许多麻烦。他对于每个店员的特长都了解得很清楚，也尽力做到把他们安排在最恰当的位置上。但那些不善于管理的老板往往会忽视这个重要的方面，而总是考虑管理上一些鸡毛蒜皮的小事，这样的人当然要失败。

一位商界著名人物也是银行界的领袖曾说："我的成功得益于鉴别人才的眼力。这种眼力使得我能把每一个职员都安排到恰当的位置上，并且从来没有出过差错。"作为店铺的老板，就必须具备善于用人的能力，这样，才能真正做好店铺的生意。

用人之长，人尽其才

"金无足赤，人无完人。"每个人都有优点，也都会有缺点；会有长处，也会有短处。对于店铺的经营者来说，就要充分了解和掌握员工的特点，并将其合理地安排到相应的岗位上工作，发挥其特长，达到人尽其才的目的。

每位管理者都希望实现用人之长，这是一件对员工个人、管理者和店铺都有利的事情。对员工来说，能够在工作中发挥自己的特长有利于工作业绩形成、工作信心树立以及工作责任感的建立，也有利于个人自身专长能力的不断改善和提高；对管理者而言，准确发现和发挥员工在工作中的长处有利于管理水平的提升，也有利于培养员工成为工作中的得力助手，分担相应工作，使自己能够集中精力思考更复杂更重要的问题；对店铺来说，能够实现人尽其才的工作局面不仅有利于资源尤其是人力资源得到优化利用，也有利于店铺管理水平的提升。

一家店铺的招人表格中有这么一栏："你有什么短处？"有一次，有位下岗女工来应聘，在这一栏上填上了"工作比较慢，快不起来"。人们一致认为，她是不可能被录用的。谁知，最后老板亲自拍板录用了这位女工，让这位女工当收银员。

老板对手下员工讲，慢工出细活，她工作慢，肯定会细心，让她当收银员肯定错不了。再说了，她到过许多地方应聘没有被录用，到这里被录用了，肯定会努力地干，也会对店铺忠诚。以后，我们店在收银方面一定不会出差错。结果，正如老板所预言的那样，这位收银员的工作干得非常出色。

在这里，店铺的老板充分发挥了"从短见长"的才智，充分发挥各人的优势，所以取得了成功。

聪明的管理者，在用人的时候既善用人长，又善用人"短"。比如安排遇事爱钻牛角尖者去当商品验收员，让处理问题时头脑呆板者去当考勤员，而让脾气大、争强好胜者当攻坚突击队长，喜爱聊天能言善辩的就安排去搞销售。这样一来，店铺里的一切便都秩序井然，效益时时见好。

在平常人看来，短就是短，在有见识的人看来，"短"也是长。即所谓"尺有所短，寸有所长"。清代思想家魏源讲过这样一段话："不知人之短，义不知人之长，不知人长中之短，不知人短中之长，则不可能用人。"这种智慧充满了辩证法，就看你具备不具备这样的头脑与眼光。如果大才、小才、奇才、怪才以及庸才都能被管理者"短中见长"，那么，会有多少千里马奔腾在各行各业之中，会有多少平庸马练成千里马？观念一变，到处都充满希望，到处都是"钱"途。

一个人生活在社会中，本来无所谓长，无所谓短的。但是，对于不同的岗位而言，就有一个适应的问题了。只要店铺管理者充分发挥想象力，将各人的短长结合起来，扬长而避短，就可以最大限度地调动店员的主观能动性，就会将事业开展得更加顺利。

那么，店铺的管理者如何才能真正做到用人之长呢？

1. 慧眼识人

在选人的过程中，要求管理者要摘掉有色眼镜，尽可能以平和的心态、立足于店铺的未来发展来对待人才的识别和引进。选人要与具体工作任务以及工作任务的发展相互结合，合理确定工作任务对人之专长的需求。

2. 专注用人

最主要的是要专注于用人之长，在用人过程中尤其要充分发挥员工的专长，并根据有关变化及时调整，动态地实现人的专长能力与工作任务的合理匹配。

3. 理性育人

店铺管理者要舍得在人才培养方面投入，只有合理投入才能有合理的回报，同时要打通人才的内部成长通道，为每一位做出贡献的员工提供良好的发展平台，并与员工共同设计合理的职业生涯规划。当员工能力确实超出店铺的现有需求，而店铺现有资源和能力又难以满足员工发展的需求时，店铺的管理者要有勇气放员工去实现自己的追求。

4. 宽厚待人

管理者的心胸有多大事情就能做多大。善于宽厚待人的店铺管理者会不断把店铺带到一个个崭新的高度。一定要记住我们是在用人之长，而不是用人之短。人无完人，谁都不可避免地会犯些错误，这时候就需要管理者来宽厚地处理。

5. 真诚留人

激励机制是店铺留人的重要手段，健全的激励机制不仅体现的是店铺管理者的智慧，更体现的是一种真诚，这种真诚是对人尽其才的一种回报和尊重。

总之，人是店铺最宝贵的一笔财富。能够始终如一地、有效地发挥人之所长，对店铺、对个人都是有益的。当然人又是店铺的重要活性资源，所以用人之长更表现为一种挑战，要求店铺的管理者和员工个人在工作中都要不断地付出努力。

选择合适的招聘渠道

在店铺管理中，人员招聘是非常重要的一个环节，可以说，招聘工作是店铺管理的源头。

在店铺实际招聘过程中，经营者一般会考虑采用多种渠道招募新员工，这些不同的招募渠道有其各自的特征和优缺点，实际操作中可根据店铺的岗位特点有所偏重地采用相应的渠道。

1. 现场招聘会

这是传统的人才招聘方式，费用适中。人力资源管理者不仅可以与求职者直接面对面交流（相当于初试），而且可以直观展示店铺实力和风采。这种方式总体上效率比较高，可以快速淘汰不合格人员，控制应聘者的数量和质量。现场招聘通常会与媒体广告同步推出，并且有一定的时效性。其局限性在于往往受到展会主办方宣传推广力度的影响，求职者的数量和质量难以有效保证。这种方式通常用于招聘一般型人才。

2. 网络招聘

这是伴随网络日益普及的趋势下产生的一种新的媒体招聘形式，招聘信息可以定时定向投放，发布后也可以管理，其费用相对比较低廉，理论上可以覆盖到全球。通过在知名的人才网上发布招聘的信息，如各地人才市场网站、公司的网站等，可以快捷、海量地接收到求职者的信息，而且各网站提供的格式简历和格式邮件可以降低简历筛选的难度，加快处理简历的速度。这种形式对于白领阶层尤其实用，基本上是“找工作，一键搞定”。但是，这种渠道不能控制应聘者的质量和数量，海量的信息，包括各种垃圾邮件、病毒邮件等会加大招聘工作的压力，在信息化不充分的地区效果差。

3. 招聘告示

这是招聘媒体形成以前广泛采用的招聘方式，目前在中小企业、服务行业等劳动力招聘时采用的还是比较多。通常情况下招聘成本不高，招聘告示张贴于店面门口、店面周边或者人流量大的场所等。这种方式的特点是简单易行，满足文化层次不高、经济条件不好的人员求职。

4. 媒体广告招聘

当前，媒体广告主要有专业的人才招聘报纸，如《前程无忧》，各地主流媒体上的招聘专版或者副刊等。由于报纸仍然是普通大众，包括求职者了解信息的重要平台，所以这种形式的广告在当地的覆盖面比较广，目标受众接受的概率非常高，不仅可以提升店铺在当地的知名度，而且可以有效地宣传店铺的商品，有一举多得的功效。但是这种招聘渠道会吸引到很多的不合格的应聘者，增加了人力资源部门筛选简历的工作量和难度，延长了招聘的周期，另外该渠道的费用比较高，特别是选择“抢眼”版位和版式费用会更高。通常，店铺采用这种方式招聘有实际工作经验的社会人员。

5. 员工推荐

员工推荐的特点是招聘成本小，应聘人员与现有员工之间存在一定的关联相似性，基本素质较为可靠，可以快速找到与现有人员素质技能相近的员工。这种方式对于难以通过人才市场招聘的专业人才尤为适用，因为专业员工之间的关系网络是最直接有效的联系渠道。但是这种方式的选择面比较窄，往往难以招到能力出众、特别优异的人才。

6. 业务接触

店铺在开展业务时会与各种人员交往，其中有些人员可以作为店员招聘对象的来源。此招聘途径的优点是店铺与招聘对象在自然接触中相互了解，对招聘对象的工作能力有基本把握。缺点是有“挖人”之嫌，会造成与店铺有业务联系的相关单位的不满。店铺在使用这个渠道招聘时要谨慎。

以上是现在通行的 6 种招聘渠道及其效果分析，应该说是特色鲜明，各有利弊。店铺老板在选择招聘渠道的时候，不要一味选择流行的，而应该选择适用的，须知合适才是最好的。也就是说，店铺在做招聘时，应该结合自己的发展阶段、经济实力、用人规律等，通过多种渠道搜寻最适合自己店铺的员工。

培训员工是必修课

店铺的员工培训非常重要，也很必要。店铺在开业前，要对员工进行培训。店铺在经营的过程中，通常都需要人事调整，或是补充新生力量应对日益增长的客流，或是淘汰不太合格的店员提高店铺的服务水准。这些新员工进来后，也要对其进行培训。

很多店铺管理者都明确培训的目标就是让新员工熟悉店面的情况和产品，能够尽快上手做好销售工作，但这是不够的。店面做培训的目标在于传授知识，不单是店铺的基本情况和商品知识，还有行业知识及销售知识，提升他们的心理状态，激励他们树立对店铺的信心与热情。并且要注意的是，这些不单对新员工有用，对老员工也能起到很好的巩固加强作用。同时要注意的是，培训内容不能太多，并且一定要有重点。

1. 培训时间的选择

店面培训要兼顾销售，因此，培训前要充分考虑到需要注意的一些要素，如淡旺季、客流量、工作日与非工作日等。

一般来说，店铺不可以为了培训而关门不做生意，所以必须利用非开店时间。有些店可能会利用下班时间，但这样并不太恰当。因为员工工作了一天都非常劳累，再做培训不可能有好效果，所以应放在开店之前。一般开店时间都是9点到10点，如果提前两个小时到，就有足够时间做培训。并且培训完后，员工都会有种良好的心态，马上开店对生意会有所帮助，同时也能及时让新员工练习所学的内容。

2. 培训实施方式的选择

选择店面现场培训还是集中培训，选择座谈式培训还是集体授课的形式，这是培训前要充分考虑的问题。

通常来说，要想对新员工实行快速而实效的培训，最好的形式就是情景互动，大量地采用“角色扮演”的方法，并且培训的场地就是在店面现场。培训的内容重点直接就是如何尽快与顾客达成销售，同时将其他的内容穿插在里面。

培训内容的重点“如何尽快与顾客达成销售”可通过角色扮演的方法实现。先是由一部分员工扮演顾客的角色，另一部分员工做接待服务，然后再反过来。这种方法能令员工切身体验服务与达成销售的整个过程，亲身感受顾客的购买心理过程，分析其心理变化，抓住其需求的要点，近距离地学到服务顾客与达成销售的整套方法，特别是细节与技巧。同时由于培训的场地就是店面现场，路径、环境、实物都是原原本本的，可以让员工很快上手，收到事半功倍的效果。要执行好这一培训计划有以下几个要点。

（1）做好“情景互动”的前期准备培训。因为情景互动的形式毕竟有点散，如果是直接运用，员工可能很难进入情境，所以应有个前期准备培训。介绍店铺背景、商品知识、销售知识及接下来情景互动培训的目的和角色扮演方法的要点、步骤及注意的事项等。这样，可以让员工有较清晰的认识。

（2）情景互动的情景编排。设计顾客从进店开始到出店的全部过程。包括顾客进店张望→店员迎接招待→顾客询问或是店员引导介绍→顾客有兴趣或是店员推荐→重点介绍促成成交→顾客下决心购买。在每个过程都可以包含着其他培训内容的穿插，如店员迎接招待就包括了对店铺背景及店铺基本情况的介绍，重点介绍促成成交的过程就包括了商品知识与销售技巧的培训。并且要注意的是，当员工对整个流程都比较熟悉的时候，应该让新员工多参与，走入情景中。一方面是让情景与店铺人来人往的实况更加相符，另一方面可以节约培训时间。

（3）真正进入角色扮演，又高于角色。要求和引导员工在扮演顾客时忘记自己是在扮演，而是真正进入店面，在选购产品时，完全是顾客的心理和语言。而扮演接待服务人员的员工也要进入角色，要拿出接待真正顾客时的心态与行为。同时又要跳出角色，揣摩顾客心理和注意销售的细节技巧。并且在角色互换后，要换位思考。

（4）培训者要做好引导。培训者首先要将整个过程的要点讲清楚，而后是努力淡化现场培训的感觉，营造真实的气氛，从而引导员工进入角色，剔除其做作的成分，更要让他们放下对过程进行操控的想法。在员工基本上能进入角色后，就要多观察少讲话，尽量不要打破进行中的情景。在所有过程结束后再开始指导和点评。

（5）点评总结。点评是引导员工对整个销售过程进行分析和总结，而这就是整个培训成功的关键所在。有了分析和总结，就能让员工马上学习到相关知识并及时掌握。如顾客进店时张望过程的分析总结，就是学习顾客心理的开始，也是学习如何快速地对顾客进行判断和分析的技巧。值得注意的是，每个步骤的分析总结不能用员工讨论的形式，而是应采取培训者讲解的形式。并且所讲解的内容在培训计划制定时就是确定下来的，分解在每个步骤中，可以制成表格，一目了然。当然员工讨论也是一种很好的补充形式，可以在适当时候加以运用。

总之，店面培训是一项重要的工作，不仅要求店面管理者注意培训流程的设计、培训效果的评价，还要注意培训的时间以及方式、方法。这样，才能保证店面培训的最终效果，使培训转化成良好的销售。

掌握激励员工的秘诀

任何店铺的成功都离不开有人在领导位置上给员工注入激情和活力。作为店铺的领导者，就必须一直激励自己的员工，把员工的热情引导到工作上来，促进店铺发展，从而达到预期目标。

某酒店新上任的客房部经理，发现了一个奇怪的现象，每位领班都不乐意接受服务员小张。经了解，大家对她的评价是比较懒惰，工作不积极努力。这时，客房经理并没有轻信大家的话，而是劝服一位领班接受小张，而后注意启发她。不久，酒店接待一个十分重要的全国性的会议团队，在客人入住的第二天早上，客房经理便收到了全饭店第一封表扬信，表扬的对象不是别人，正是小张！事情是这样的，那天晚上10点左右，一位客人匆匆忙忙地拿着一件外套找到楼层值班服务员小张，希望她能帮着把衣服送到洗衣房清洗，并再三强调这是明天参加会议要穿的衣服。可是那个时间酒店的洗衣房早就下班了，而外面的洗衣店也不可能营业了，但小张还是毫不犹豫地答应了。随即，小张把衣服洗干净，并很快交给了客人，告诉客人可以把衣服挂到通风处，明天应该不会影响参加会议，客人很是感动，于是写下了这封表扬信。客房经理在晨会上对小张给予了充分的肯定与鼓励。从那以后，小张成了整个酒店最勤劳、最努力工作的员工，并多次受到了表扬与奖励。这样一来，酒店的其他员工也受到了感染，酒店的营业额大幅提高。

从上面的事例中我们可以看出，只要店铺的管理者能掌握激励的秘诀，发挥激励的巨大作用，就会充分调动员工的积极性，提高销售业绩。

店铺经营者要激励员工，首先要找出员工激励的重要影响因素，只有找到这些因素，才能制定出有效激励员工的方法。其中最为重要的影响因素包括以下几点。

1. 工作热情与兴趣

员工对工作是否有兴趣、是否能够产生工作热情，将直接影响员工在自己工作岗位上的表现。对于店铺经营者来说，应该努力采取有效办法，使店铺的工作具有一定的技术性和艺术性，使工作富有变化，从而使员工重新认识自己的工作，并能更好地与店铺的目标保持一致。例如，通过销售服务员的轮换，或是实行灵活的弹性工作时间等，也能有效地提高员工的工作兴趣。

2. 工作成就感

对于从事终端销售工作的人来说，应当适当赋予员工一种强烈的成就感，因为对于某些人来说，成就感也是一个重要的激励因素。面对具有挑战性、竞争性的工作环境，许多员工可以激发出满足自身成就感的潜能，他们往往愿意接受有一定难度的工作任务，确立比较高的工作目标，并渴望获取对他们工作表现的积极反馈。强烈的成就感与员工的工作表现具有紧密的关联性，店铺经营者应该注意发现那些有强烈成就感的员工，并提供机会让他们在工作中得到满足。

3. 与店铺共同发展的志向

员工的工作态度与效率受员工工作能力和工作意愿的影响。即使员工的工作能力再强，如果没有自觉的工作意愿，也就不可能创造出较高的工作效率。实践证明，员工只有与店铺制定共同发展目标、能够与店铺建立共同的价值观，才能够很好地实现个人发展目标。

对于店铺经营者来说，应当充分重视与每一名员工的沟通，因为有效的沟通可以在某种程度上满足员工对工作保障、归属感以及上司对自己的承认等要求。因此，店铺经营者应该了解员工的期望与要求，鼓励员工提出问题，主动听取员工意见。同时，也要让员工及时了解店铺的经营状况和重大决定。通过有效的双向沟通，可以激发员工的工作热情和对店铺的认同感。通过引导其个人的工作目标与店铺的目标保持一致，增强店铺的凝聚力和向心力，激励员工的工作积极性，提高店铺的工作效率。

4. 员工福利待遇与发展

薪酬待遇是最基本的，同时也是最重要的激励因素，所以，店铺经营者应该在这一方面有让员工感到满意的承诺与保障。特别是对于福利和升迁，应有一套合理的制度。当员工能得到一定的保障、感到生活无忧无虑、并对工作前途有具体目标时，自然会更努力地为店铺及自己的前途而积极工作。

5. 榜样的力量

众所周知，榜样的力量是无穷的，榜样可以激发员工奋发向上的工作热情。对于店铺中表现积极的员工应进行表扬和奖励，激励全体员工向优秀目标学习。在表扬和奖励优秀员工的同时，店铺的经营者和管理者应当真正做到以身作则，因为店铺领导者本身就是员工学习的榜样，因此，店铺经营者和管理者应当用自己的模范行动激励广大员工勤奋工作。

对于店铺经营者来说，找出了员工激励的重要影响因素，就要运用员工激励的有效方法。有效的方法包括以下四种。

1. 提成奖励

通常而言，店铺都对员工的业绩有一定的任务指标，正常完成的会得到应有的收益。对超额完成销售任务的员工，通常采用销售额超出任务的部分加大提成比例，作为对员工突出表现的奖励。也有店铺会针对全部完成的营业额，订出不同级别的提成比例。

2. 积分奖励

对员工采取积分奖励的办法。具体做法是把员工超额的工作做一个积分，到一定的积分可以得到一份奖励，比如说有 20 分可以休假 2 天，因为对于很多长时间工作的员工来说，休假是最好的奖励方式；到了 50 分，就可以获得一次旅游的机会。

3. 开会庆祝

庆祝会不必隆重，只要及时让团队知道他们的工作相当出色就行了。这样能极大地鼓舞士气。

4. 实行奖惩公告制

店铺可以按月把店员获得的奖励或处罚公布出来，以此激发和警示他人。

要充分尊重员工

每个人都有自尊心，都希望被人尊重，在店铺工作的员工也是如此。身为店铺的管理者只有尊重员工，员工才能更好地尊重你，配合你的工作。每个店铺面临的最严重的问题都是人的问题，员工是店铺最重要、最富有创造力的“资源”，他们的贡献维系着店铺的成败。每一名员工都希望自己的意见、想法被管理者重视，都希望自己的能力得到管理者的认可。一旦人们感觉到自己是被重视的，被尊重的，他们就会有一种不负使命的心理，工作热情也就格外高昂。

以下 11 个方面是店铺经营者需要高度重视的：

（1）要注意倾听员工向你反映的目前工作情况，让他们认为你很重视他们的汇报和所做的工作。

（2）要多用礼貌语。店铺管理者要用真诚的语气对待员工，对于工作出色的员工，一句“谢谢，我真的非常感谢”，会让员工获得很大的满足。

（3）要反复告诉员工许多经营的规则和制度，不能期望你一言不发，员工就能自觉地去遵守。当然，叮嘱之余，你要表现出对员工的信任，相信他们办事的能力。

（4）要对员工一视同仁。在管理中不要被个人感情和其他关系所左右，不要在一个员工面前，把他与另一个员工相比较，也不要在分配任务和利益时有远近亲疏之分。

（5）要主动听取他人的意见和看法，不能总认为自己永远是对的。其实，员工总希望自己的聪明才智能被老板赏识。他们有时讲出的话并不是信口开河，而是多日思索的结果。

（6）要在适当的时候协助员工工作。如果认为他们拿了薪资就该为你工作，这是不恰当的。只要有必要，老板也应该去帮助员工，目的只有一个，那就是顺利地达到工作目标。

（7）要清楚员工对自己的期望是什么，不能认为要了解员工的内心世界太浪费时间，其实，这也是老板的分内事。老板要常常告知员工你对他们的期望究竟是什么，同时努力去了解员工对你的期望是什么，这样，双方目标一致，才不会产生误会，才会更容易获得成功。

（8）不要对员工颐指气使。有些店铺经营者使唤起员工来非常随意，对员工吆五喝六。“小张，给我打壶水来。”“小刘，给我买包烟。”在日常生活中，有不少管理者就是这样随意使唤自己的员工的。他们扩大了员工的概念，把他们与保姆等同，这样员工心里肯定充满了不满的情绪，觉得自己被侮辱了，从而对店铺管理者有了抵触情绪。那他们还怎么可能会把百分之百的精力投入到工作当中呢？正所谓“爱屋及乌”，如果员工对店铺管理者抱有一种否定的态度，他们又怎么可能努力去完成上司安排的工作呢?

（9）不要推脱责任。有些店铺管理者常常这样想，干得不好是员工的问题，而不是自己的问题。正确的态度是，老板应从自身发现问题，帮助员工做出成果。

（10）不要和员工打哑谜。有些店铺管理者觉得员工有问题，不当面指出来，而是给员工脸色看，穿小鞋，结果弄得员工莫名其妙，感到委屈。其实，员工做得不好，管理者应明明白白地告知他们，让他们获得一个改错的机会。

（11）不要太看重“名”，不要把员工的功劳当成自己的成就。店铺经营者应虚怀若谷，把业绩看做是群策群力的结果。

尊重员工就是让员工学会对工作负责，自己主动承担工作，提高自我管理水平。

对待员工要恩威并重

在店铺的管理过程中严格要求员工是对的，松松垮垮的店铺是无法在竞争中获胜的。但是，严格要求员工不等于不尊重员工，不等于不讲情面，人都是有感情，要脸面的。我们尊重人才就要尊重人的感情。一个人的感情受到了伤害，要比他身体受到伤害更难治愈。作为一位店铺管理者，如果伤害了一个员工的感情，那就永远失去了这个员工的忠诚。正确的做法是恩威并重，严爱结合。

任何人在受到领导的斥责之后都会垂头丧气，自信心受到打击，心中难免会想：我在这家店别想再有发展了！如此所造成的结果必然是更加自暴自弃。真正高明的管理者在痛斥员工之后，一定不忘补上一句巧妙的安慰或鼓励的话语，这就是恩威并重。

适时地利用一两句温馨的话语来鼓励他，或在事后私下对其他员工表示：我是看他有前途，所以才舍得骂他，如此，当受斥责的员工听了这话后，必会深深体会“爱之深，责之切”的道理，从而更加奋发努力。

如果领导在斥责员工之后当天晚上立刻打电话给他，给予一番鼓励与安慰，那么遭受斥责的员工便会心存感激地认为，领导虽然毫不留情地训了我一顿，但他实在是用心良苦。如此一来，员工对于责骂的内容更加牢记在心，必然会大大提高工作的自觉性。

那么，对于店铺管理者来说，该怎样具体做到恩威并重、严爱结合呢？要做到“威”，做到“严”，可从以下几方面着手：

1. 完善用人管理制度

首先，要明确岗位职责，使员工知道自己该做什么，不该做什么；规范工作流程，确保员工按照标准化的工作程序开展工作，杜绝员工随心所欲、想做什么就做什么，想怎么做就怎么做的不规范行为；明确该做到什么程度，达到什么标准才是合格的；对照岗位职责要求及工作标准，员工就能够清楚自己在哪些方面是胜任的，哪些方面还存在差距与不足。

其次，构建规范的绩效考核与评价体系，通过对员工工作质量、工作态度、工作方法和工作能力的综合评估，牵动员工自觉地遵守各项管理制度，引导员工朝公司期望的方向发展。

最后，健全完备的员工培训提升计划，对于技能不足、知识欠缺、经验缺乏的员工，制订针对性的提升计划，使其尽快缩短与职位要求之间的差距；对能够独立承担重要业务、技能达到一定水平的员工，给予相应的职位晋升、薪酬调整等激励，而对于发展缓慢、滞后于组织发展水平的人员予以降职、降等级，甚至淘汰出局。

2. 严格执行用人制度

纪律、规章的制定是必要的，但行法、用法更为重要。倘若纪律、规章仅是“写在纸上、挂在墙上、说在嘴上”的摆设，那么制定它比不制定它危害更大。因此，有法必行才能真正发挥惩罚本身具有的效能。

如何做到执法必严、行法有效呢？正如孙膑所言：“罚者，所以正乱，令民畏上也。”对于无视行政法规、违章乱纪的行为，单凭正向引导、劝诫是远远不够的，“矫枉必须过正”，对于敢于触犯组织行政法令要求的员工，必须要严管、重罚，给予严厉的惩处以警示他人，必要时果断予以淘汰出局，以保证整个组织的效率。

总之，在管理中对员工既要“爱”，也要“严”，爱要有爱得分寸，严要严得科学。爱与严、文与武、软与硬这些看似对立的字眼，在管理中却是相互依存、相辅相成并且相得益彰的，在店铺管理中缺一不可。只有实现两者的结合，对人才的管理才能达到“争得来，用得活，管得好，留得住”的最佳效果。

哪些人不能重用

一流的店铺要有一流的员工，员工是店铺首要和根本的要素。就经营而言，无论从哪个角度，人都是第一重要的。店铺之间的差距从根本上说是人的差距。在实际中，有时管理者求才心切，发现某人有一技之长，便不加深研委以重任。殊不知，有些人虽然学有所长，但由于自身的某一方面存在“致命”的弱点，有朝一日说不定会因此坏了大事。所以，店铺经营者必须对这些人量才而用，不可轻易重用。

王强是一个成功的生意人，他做对外贸易赚了不少钱。后来他看好手机市场，就开了一家手机专卖店。果然，手机专卖店的生意非常好。该店成了当地的龙头店，每天的营业额直线上升。

王强觉得手机专卖店的运营走上了良好的发展轨道，而且外贸生意也挺忙的，于是就任命自己的同学胡兵为店长，把专卖店交给他打理。可是，只有半年的时间，手机专卖店的销量就逐渐下降，由龙头店降到了末流店。王强非常生气，调查后发现，原来胡兵上任后的一些做法直接导致专卖店走了下坡路。

第一，胡兵不断地起用所谓的新人。店里主要的固定岗位都用上了他自己最好的亲戚或朋友。收银、仓库等十分敏感的岗位全是他的人，这不但引起其他员工的不满，还导致财务管理上出现漏洞。

第二，胡兵完全不懂促进员工之间的团结。开会的时候只叫员工不准相互投诉，却完全不明白其实所谓的员工不团结的原因完全是出自店长自己。因为店铺里分成两派，一派是亲店长派，另一派是平民派。有谁想提出关于店面的建议，只要是他不想听的，第二天就准备走人。

第三，胡兵完全不懂市场操作和店面的宣传。每次节假日的时候，店面什么活动都没有。平时他也不常在店面，在的时候就是坐在收银台旁的电脑前玩电脑游戏。

第四，胡兵完全不知柜台布置的重要性。就算节假日到来，他也不会叫员工布置好自己的柜台，不理不问。

这样一来，店铺成了一盘散沙，结果就可想而知了。王强真后悔自己用错了人，重用了不该重用的人。

用人可以说是店铺经营者最重要的工作之一，因为人员的好坏直接关系到店铺的兴旺与衰退，特别是一些重要的岗位更是如此。由王强的事例就充分说明了问题。所以，不该重用的人就决不能重用。具体来说，以下几种人就不能重用。

1. 只注重个人利益

这种人不能重用，一旦把权力交给这种人，他们会很势利。因此，店铺经营者在重用一个人的时候，除了观察他的工作能力、社交能力以外，还要考验他的个人品质，比如说忠诚度、以大局为重的处世态度等。

2. 妒忌心强的人

人难免都有妒忌之心，这也是一种正常的表现，因为有时候这种妒忌可以直接转化为前进的动力，所以不能说妒忌就一定是消极的。但是如果妒忌心太强了，就容易产生怨恨，觉得他人是自己前进的最大障碍，到了这种地步，往往就会做一些过激的事情，甚至愤而谋叛也毫不为奇。

俗话说：“宰相肚里能撑船。”宰相之所以能做宰相，是因为他有容人之量，度人之心。而器量小的人，绝对不是一个好的干将，因此不能委以重任。三国时的周瑜不能不说是一位帅才，可就是因为妒忌心太强而栽了跟头。如果在店铺管理中重用这种人，会严重影响员工的团结。

3. 没有胆识的人

一个没有胆识的人，做事总是瞻前顾后，缩手缩脚，再好的机会到来也不敢去掌握与尝试。如 20 世纪 80 年代初，摆个地摊就能发财，可很多人不敢。90 年代初，买只股票就能挣钱，可很多人就是不信。平时有很多机会摆在面前，可很多人就是不敢去试。

在当今市场竞争激烈的环境下，要成功非得有胆识不可。这样，才会在店铺发展的过程中，抓住机会，帮助店铺走向成功。

4. 做事偏激的人

过犹不及，太过偏激的人往往缺乏理智，容易冲动，也就容易把事情搞砸。这正如人过于偏食的身体就不会健康一样，思想如果过于偏激，就不会成大事。他总是使事情走向某一个极端，等到受阻或失败，又走向另一个极端，这样永远也到达不了最佳状态。这正如理想和现实的联系，理想往往是瑰丽的，不断引发人们去追求，但是如果缺少对现实的依据，理想也只能是空中楼阁。相反，如果满脑子考虑的都是琐碎的现实，那么终会被淹没在现实的海洋里而不能自拔，最终陷入迷茫中，所以凡是要成大事，都要把二者结合起来，才能取得最佳效果。作为店铺的经营者，一定要认识到这一点，把这种人排除在重要岗位之外。

5. 爱虚荣的人

爱虚荣的人只要一有机会，就会滔滔不绝地向别人叙说他与某些有名望的人常有往来。其实，他的所谓名人朋友们根本不认识他，即使认识，也只知道他是个“牛皮大王”。尽管如此，这种人仍然要使出浑身解数，使人相信他是块做管理的好材料。按照这种人的逻辑，他当了管理者，有那么多名流朋友，还怕店铺没有后台吗？这种人没有什么真本事，只会夸夸其谈，信口开河，而在店铺真正需要他的时候，往往会耽误事情。

6. 没有创新的人

没有创新的人，只能墨守成规，原地踏步，只有具备创新精神的人，才能带领员工共同开创好的局面，在创新中获得共同成功。我们必须认识创新的重要性，确立强烈的责任心和创新意识，更主要的还是要有创见。瞻前顾后或鹦鹉学舌步人后尘是没有出路的。

7. 自命不凡的人

有些人根本无法容忍别人的一切举止、想法，对于这种自命不凡的人，各种“人际关系训练法”都很难治好他们固有的精神特质。这种自命不凡的人对谁都看不起，觉得世上唯有自己最有能耐，让这样的人走上重要的岗位，一定会不得人心。

员工管理的误区

任何人都会犯错，都会出现失误，在店铺人员管理中也不例外。很多店铺经营失败的原因就是在员工管理中存在误区。其实，人的重要性也就决定了员工管理误区的破坏性。因此，对于店铺经营者来说，一定要杜绝员工管理的误区，避免犯不该犯的错误，导致店铺经营失败。一般而言，员工管理的误区有以下几种：

误区一：认为员工是螺丝钉

过去，我们常常会听到管理者说，你是机器里的一颗小螺丝钉。这句话体现着工业时代的特征，但是现在时代已经变了，个人的价值和重要性越来越高，大家不再认为自己是机器里的一颗小螺丝钉了。管理大师彼得·杜拉克说过：“未来的社会将是知识型社会，人不再是一部大机器里面的一颗螺丝钉，生产要素的拥有者不再只是企业经营者，个人凭借拥有的知识，创造知识生产力，本身就是一个重要的生产要素。”

误区二：认为自己什么都应该管

具有这种观念的店铺经营者，只要是员工的事，就什么都管。从员工进入企业到离开企业，不仅管结果，更是管过程。他们认为管理者就应当对员工的吃喝拉撒睡都管起来，就应当大包大揽。结果不仅分解精力，效果也未必理想，人际关系也是越来越复杂，给店铺带来了巨大的压力。其实，这样做严重地抑制了员工的积极性，遏制了店铺的活力。

误区三：替员工负责任

有些店铺管理者会对员工说："你去做，我负责。"听起来这似乎是非常负责任的领导者。但这是真正的授权吗？这反而造成不能授权，因为最终是"我负责"，结果员工还得常常跑来问管理者。正确的做法应该是"你去做，你负责"，出了问题是员工，做出来的成就也是员工的。员工担负自己该负的责任，就会认真很多，努力很多。

误区四：认为员工是资产

很多店铺的经营者把员工当作宝贵的资产，但是，这并不准确。因为所谓资产，无论商品、设备、技术等，都是可以用金钱买得到的，忠诚敬业的员工却是花钱买不到的。资产可以交换、交易，而人是不能交易的。一般的资产都会折旧，但是人只要经过良好的培训，不但不会折旧，还会增值，成为店铺最可靠、最无法模仿的竞争优势来源。所以，不应把人当成资产，应把人当成创业时最重要的伙伴。把员工当成伙伴，以一种相互合作的态度，与员工共同追求成长、分享成就，那员工一定会干得非常出色。

误区五：只重视员工的文凭

有些店铺经营者认为，提高员工的素质，关键在于提高员工的文化素质，提高员工文化素质的手段，就是提高员工的文凭级别，初中换高中，高中换大专，大专换本科，本科换研究生，如此类推。似乎文凭一高，素质就完全提高了。只要有文凭，就会有水平。与此同时，把学历结构作为衡量员工素质的标准全面流行。这显然有些片面。相对于员工的文化素质，员工的满意度和忠诚度也许更为重要。因为后者更易于建立店铺的共同愿景，通过员工个体的自我超越，改善店铺内部合作的简单模式，以目标的统一来形成团队的合作，以此来系统整合店铺的资源配置机制，从而提高店铺的核心竞争力。学历教育只是员工素质提高的手段之一，本质在于提高员工的基本素质，提高员工个人的素质潜能，如果这些个体不能形成团队合作，那么店铺的目标就如一辆不同方向受力的车，个体的力量越大，对店铺的损害越大，最终除了车身撕破以外，很难想象还有其他的结果。

因此，作为店铺的经营者，必须摒弃这些管理中的误区，以正确的方法和态度来做好员工的管理工作，促进店铺的良好发展。

Part 10 第十章

现金为王——店面的日常财务管理与评估

店面财务管理贵在有“道”

店铺财务管理是店铺对其资金的获得、积累、分配、支出等进行规划、核算和监察等工作的总称。所有店铺都需要严格的财务管理，店铺要想生存发展，就必须管好钱，算好账。店铺的财务管理至关重要，因为开店创业的目的就是为了赚钱，如果不能抓住财务这个关键，就有可能前功尽弃，或者只出力，没有效益和利润。更为麻烦的是，财务管理并不是轻而易举就能做好的，这就需要店铺经营者付出更多的精力和时间，付出更大的努力。店铺财务管理的关键是要找到其中的“道”，也就是关键和窍门。

1. 做好财务规划

据有关部门研究，国内个人自行创业开店存活两年以上的不到30%，即70%的个人企业或个人店铺会在两年内倒闭。在这些失败的店铺中，有一大部分失败的原因就是来自财务上的问题。

通常而言，较小的店铺很少对店里的财务做整体的规划。在开店前，店铺经营者很少会预估营业额，也不拟定年度预算和销售计划，因此，在成本和利润的控制上往往不得要领，常常是只注意到现金的盈亏，却不知实际收支上的盈亏。例如，有一家小服饰店，店主一直觉得小店生意很好，每天都有现金盈余，所以每个月都慷慨地给店员发奖金。但年终一结算，却发现亏损不少。探究其中原因，原来是未将当初投入的设备和人力（店主本身的薪资）费用算进成本。

由此可见，财务规划是开店的重头戏。规划周到，理财有方，才能以钱生钱，才能扩大店铺规模，获取更大的利润。

2. 通晓店铺财务管理的目的

轻视和盲目是店铺财务管理的大敌，也是店铺出现问题的重要原因之一。一般来说，财务管理要达到以下三个目的：

（1）积累店铺发展所需的资金。为了店铺发展，就要通过有效的财务管理来筹集发展资金，广辟财源，增加资金积累。筹集发展资金最有效的方法是增加营业收入，而增加营业收入的途径是提高经营水平，保证商品质量，增加服务项目等。

（2）获得利润。对于开店而言，只有不断获利，才有存在的价值。通过增加营收、控制成本才会获得更多的利润。

（3）达到收支平衡。财务管理可以使店铺能够以收抵支和偿还到期债务。只有这样，店铺才能持续经营，否则就要亏损甚至破产。

3. 熟悉店铺财务管理的原则

熟悉财务管理原则才能使管理更轻松自如。店铺财务管理一般应遵循以下的原则：

（1）预测原则。财务预测是指根据店铺经营活动的历史资料，结合店铺的现实情况，对店铺未来的财务状况做出预计和估算。财务预测是财务决策的依据，是编制财务计划的前提，也是提高店铺经济效益的手段。财务预测主要有定性预测和定量预测两种方法。

（2）决策原则。财务决策是财务管理的核心，是指为了实现财务目标，根据财务预测，从多个管理方案中选择最优管理方案的过程。决策的正确与否，与店铺的兴衰关系极大。决策正确，可以保证店铺的经营活动建立在高效率和高效益的基础上，使店铺在激烈的竞争中立于不败之地；否则，店铺的生存和发展将面临危机。

（3）计划原则。财务计划是在一定时期内以货币形式综合反映店铺资金运转和经营成果与分配的计划。它包括平稳法、因素法、比例法、定率法、定额法、趋势计算法。

（4）控制原则。财务控制是指在经营过程中，以计划的各项定额为依据，通过一系列措施，对财务活动进行监控和审核，以实现财务目标。主要有事前控制、事中控制、事后控制等方法。

（5）分析原则。财务分析是以店铺的会计资料为基础，对店铺的财务状况和经营成果进行分析和评估。财务分析是对店铺一定期间内经营活动的总结，可以为店铺进行下一步的财务预测和决策提供依据。

4. 掌握店铺财务管理的技巧

要想真正管好店铺，经营者还要掌握一些财务管理的技巧。

（1）合理控制店铺财务开支。要想使店铺的财务管理顺畅自如，一个最基本的办法就是要合理控制店铺的运营成本。店铺应对每个月的经营支出列出明细并进行分析。作为店铺经营者，对店铺的费用支出的控制要从员工工资、人事费用、固定费用支出、变动费用支出 4 个项目入手。通常而言，店铺应把握以下 5 个要点对经费开支进行控制：

①店员薪金总额不得超过经费的 50%。

②日常活动经费占销售总额的 15% 以内。

③人事费用占销售总额的 6% 以内。

④固定费用占总经费的 85% 以上。

⑤变动费用占总经费的 15%。

（2）要合理避税。我们在此强调的是在合法的前提下避税。合理避税是纳税筹划的一种形式，它是指纳税人依据税法规定的优惠政策，采取合法的手段，最大限度地采用优惠条款，以达到减轻税收负担的合法经济行为。税法的规定会对偷税、逃税和漏税行为给予严厉的打击，所以店铺应该严格依法行事，积极纳税，不要因偷税漏税而得不偿失。

财务管理可以使表面杂乱无章、千头万绪的店铺生意变得条理清晰，同时还可以防止店铺经营中的各种弊端。管理好店铺的财务是店铺发展壮大的基础。

财务管理必须严格

制定并严格执行有关的财务制度，是店铺规范化管理的一部分，也是店铺生存发展的有力保障。

一、要制定严密的财务制度

开店就要涉及大量的财务问题，包括日常的销售收入和各项经费支出。作为经营者要建立一套完善严密的财务制度，有序地进行财务管理。如果自己不懂可外聘财会人员。

店铺的财务管理制度可大体分为三大类：记账管理、财务核算管理、资金管理。

1. 记账管理

记账管理就是账本管理制度，即对店铺收入和支出的钱、物进行登记。可在会计用品店买到账本和店铺会计登记表。每日认真记账是做好账本管理的关键。从某种意义上讲，一些小店的生意非常简单，每日的收入和支出金额都一清二楚，而且，其中大多是现金收入。因此，这样的店铺记账方式很简单，故可以做到日清日结，把每天的收支情况在当天记录整理好。

如果认为金额较少，拖延两三天再记账也无关紧要，那么在不知不觉中就会养成不及时记账的习惯，拖延至一周记一次账，甚至一个月记一次账，这样便会无从知晓店铺资金的来往情况而影响工作。

因此，当天的工作应在当天总结整理，这样无论多么细小的情节都能回想起来。如果将工作累积至一周或一个月后再作总结、整理，则很多细节早已忘到九霄云外，一旦出现问题，就不好处理了。如果是财务记账有误，以致不得不缴纳多余的税金，对店铺来说更是雪上加霜。记录一天的账目要不了多长时间，所以千万不要因为舍不得这一点时间给店铺带来更大的麻烦。除了及时记账外，还应该对账目及时进行整理统计，制成一览表，存档备用。

2. 财务核算管理

财务核算管理是对店铺经营活动的过程和结果以货币为单位进行计算和统计，然后编制出具有一定格式的会计报表。通过这些会计报表了解店铺的经营情况、评价经营和出现的问题，是经营者决策的重要依据。所以，财务核算制度一定要严格。

（1）成本费用的组成。一家店铺的成本费用基本由以下 10 项费用组成：人员工资、房租、设备费用、水电费用、库存商品费用、应收账款、广告宣传、促销费用、杂费、损耗。

以上费用可以分为固定费用和可变费用，固定费用包括房租、设备费用等，其他都属于可变费用。有效控制成本费用，就需要从这些可变费用着手。

（2）有效控制费用的措施。在店铺的成本核算中，人员费用一般所占的比率最高，往往会超过月营业额的6%。店铺经营者应该重点关注员工的作业安排表，将人员灵活调度，从而产生最高的工作效率。

对于水电费用、杂费等，采用节约原则，例如，减少不该有的照明，或者办公用品集中采购等，来节约部分的杂费。例如，在夏天，一些店面的空调开到十几度，不仅顾客进门会感到冷，还浪费电，店员在这样的环境待久了，一旦进入室外炎热的场地，极易感冒，影响工作与健康，空调温度要调到26℃。还有些店面，一边开着空调，一边大门敞开，一方面冷气向外涌，另一方面外面的热气往里灌。这种情况下，可以在门口挂上透明的帘子，既能阻挡室内外的空气对流，也方便顾客的出入。

合理控制库存商品，尽量减少资金占用。合理的库存可以提高门店的盈利率，库存太少，将增加商品的采购费用，而库存太多，不仅占用大量的资金，而且会产生更多的仓储保管费用，甚至因为商品销售不畅而造成大量的商品损耗。店铺经营者可以利用“库存/销售比”的计算公式来帮助预算出某种商品的合理库存。

广告及促销费用要精打细算，有些广告促销用品要反复利用，或者亲手制作，以节约费用。

根据商品的特质来避免不合理的损耗。例如，食盐类产品怕潮湿，因此，不要挨近地面存放。有时商品快要接近保质期时，要果断降价促销，以避免更大的损失。

3. 资金管理

资金管理是建立一定的制度确保资金合理、安全地运用，有计划地周转资金，使店铺的经营正常进行。

（1）现金收入管理制度。店铺的现金收入管理，主要是收银管理，这在店铺管理中非常重要。收银员是顾客服务链的重要环节，对顾客是否再次光临有重要的影响。因此，收银管理万万不可轻视。具体的收银制度如下：坚守岗位，不得空台，做到热情服务，态度和蔼，语言礼貌，坚持唱收唱付；收银须严格按照程序操作，不得出错，并备好充足零钞，不因短零钞而走失生意；熟悉业务，提高辨别假钞能力，发现假钞及时处理，收到假钞由当事人负责赔偿；下班前收银员将当天收到的每一笔货款如实输入收银机内，在结账时累计实收必须同输入收银机内的款项相符。严格遵守现金管理制度，做到当天款项当天清。

（2）现金管理制度。大多数顾客是通过现金与店铺进行交易的，完善现金管理制度是店铺财务管理的重要项目。店铺经营者可以将现金管理的重点落在清点、安全两个方面。

①现金的清点及结算。现金由收银员与老板在指定地点、指定时间面对面清点清楚，并填写每日营业收入结账表，由收银员与老板签名确认。

一家店铺的工作结束后，收银员将当天的营业收入交给老板，老板随手将钱放在柜子上，然后离开了房间大约20分钟。当然，这时包括收银员在内的全体员工还留在店内尚未回家。老板工作繁忙，收当天的营业收入已成为每天的例行工作，因此，很多时候老板收到钱后并未放在心上，未留下深刻印象。不幸的是，就在这短短的20分钟内，小偷溜进了老板的办公室，将营业收入偷走了。

20分钟内房门大开，内无一人，可是对忙碌的老板来说，这段时间只相当于两三分钟。当事后发现钱不见了时，他大吃一惊，转念一想："哦，今天的营业收入还没交给我，我还以为放在柜子上。"于是，老板来到店内问收银员："今天的营业收入呢？""我刚才交给您了。""没有，我没有收到。我每次都把钱放在柜子上的，现在柜子上没有……"

最后，小偷被抓获，在警察局坦白了犯罪事实后，双方的误会才消除。

因此，为了避免此类现象重演，交接现金时，收款人必须签名，写上收款日期。

②现金的安全措施。为了现金的安全，店铺至少要配备一个保险箱，用于存放当日现金或过夜营业款，保险箱要由老板亲自保管。如果要到银

行存款，最少要有1人陪同老板前往，以防路上出现意外。

二、要严格执行财务制度

要确保每个员工理解每一项财务制度，并在实践中坚决予以贯彻执行。如出现问题，应追查责任，并及时处理。

三、要公私分明

作为店铺老板，可能会想店铺都是自己的，还有什么我不能用、不能管的呢？如果有这种想法你就错了，因为许多店铺经营混乱的财务状况，在很大程度上是与老板公私不分有直接关系的。本来店铺的现金周转、利润水平都处于相对理想的状态，但老板个人的高消费足以严重影响店铺的财务状况。老板的日常消费如果完全由店铺按需供应，则一定会增加店铺的营业费用，比同业者又高出了一笔成本，势必会削弱自己的竞争力。解决老板无“收入”的问题，使其公私分开的方法很简单，就是自己给自己开一份适当的月工资。

总之，应制定完善的财务管理制度，并严格执行，从而尽量减少店铺运营过程中的不可预计因素，以保证店铺的正常运营与发展。

宁愿少赚也不要赊账

对于开店铺的人来说，赊账是经常遇到的棘手事。因为赊账的一般都是熟人，不赊可能会得罪顾客；赊账太多，又会占用资金，影响资金周转，还有可能形成“死账”，甚至导致店铺关门。

张先生和妻子都是四川人，到东莞打工两年了。后来，他看到身边很多老乡习惯吃辛辣食物，两人回家一合计，决定开家小炒店专做川菜。于是向亲戚朋友借了两万多元，在一家工业园区附近找了两间店面，简易装修了一下就开张了。

小炒店开张后，生意不错。但有的老乡喜欢赊账，张先生抹不下面子就同意了。不料，开店还不到两个月，账本上就有了近6000元的欠款，最多的一个老乡欠了600多元。

没想到有些人竟趁机占小便宜，欠了钱后不还。

刚开始碍于情面，张先生不好意思要钱，直到店里资金周转不开，夫妻俩才决定去要。他们找到老乡所在的工厂，才知道一些老乡已经换工作了，另一些老乡借口工资还没发，没钱还。

后来，张先生又去过两次，也没要回多少钱，最终小店被迫关门。

张先生夫妇因赊账而关门，真是太可惜了。因此，从稳健经营的角度来说，宁愿少赚点也不要赊账。当然，任何事情都不是绝对的，关键是要根据具体情况灵活处理。

1. 不能靠赊账拉生意

靠赊账拉生意是非常危险的经营方式。因为人和人不一样，诚信度也不一样，你以诚待人，但是不能保证和你打交道的人都是讲诚信的。坚持不赊账，虽然一开始时，生意可能会受到影响，但时间长了，顾客看你卖的东西货真价实，服务又好，也就会慢慢接受。

2. 没有把握的账不能赊

有时候，到了万不得已需要赊账，也要有很大的把握。赊账的顾客一定是非常熟悉的，要知根知底，了解其信誉度。而且还要给他们赊账的金额设定上限，只要超过上限，无论如何都要结账。赊与不赊的关键问题是能不能按期收回资金。所以一定要稳，要赊就必须有收回来的把握，不可靠的事情宁愿不做。遇事要多设想一下后果，不能因为贪图眼前利益而吃了大亏。

3. 赊账要注意方式方法

每个店都有自己的经营手段和吸引顾客的方法，赊账就是其中的一种。但赊账要分清对象，注意方式方法。在两种情况下可以考虑赊账：一是买东西的人是老顾客，赊欠的金额不大，又是在急用的情况下；二是顾客是熟识的人，而且是第一次来店里买东西。而对于不讲诚信的人绝不能赊，不要觉得面子上过不去，要坚持原则。对于没能及时还账的顾客要善意提醒，同时要注意千万不能因催要欠款而让顾客心生反感。有时候，坦诚地把话说开，顾客也都能理解。

赊账是把“双刃剑”，用好了，可以巩固和发展好客户群，增加经济效益；用不好，可能会影响资金周转，或者使经济利益受损。因此，店铺经营者一定要慎重对待赊账问题，即使因实际情况需要赊账，也一定要在时间上、金额上把握好度，这样才能把赊账风险降到最低限度。

本足店活，保持充足的现金流

拥有充足的现金无论对于任何一家店铺来讲都是尤为关键的，因为只有“活钱”才能真正地应对不时之需，以达到有备无患的目的。

要想保证足够的现金流，必须加快资金回笼。店铺如果不快速回笼现金，即使账面上利润再丰厚，但由于缺少用于日常开销的现金，也无法实现经营资金的自给自足。因此，加快资金回笼是店铺经营得以顺利进行的前提和保障。在这一点上，无论是跨国巨头还是中小型企业，都十分重视资金回笼。

1. 讨回现金

许多店铺总是被各种各样的债务所困扰，无法将资产变成现金。虽说赊账销售弊大，但有的店主或基于预期的利润，或基于对方的信誉高，还是抱着希望将货赊出去了。货发出去，钱却没有按约定回笼。如何是好?

作为债主，没有资金回流自然会满脸愁云，此时，千万不能委曲求全，对借债人手下开恩。讨债既要快而且也不能心慈手软。关键是和欠债方达成共识，让他们承诺什么时候归还欠款，或如何分期偿还。当然还要注意讨债技巧。一是对赊账的客户有精确的了解，如对其地址、公司名称、电话、真实姓名及身份有准确的了解；二是通过了解，得知了他们有能力还账时，无论如何也要把钱追回来。

2. 控制固定资产的投入

有些店铺根据自身的特点把现金主要用于购买各种生产资料和设备上，只有很少一部分用于维持日常开销。比如，餐饮业用于厨房设备的购置等，如果购置太多的闲置设备当然就占用了不该占用的资金，使流动资金受到影响。

3. 从“高利贷”中解放出来

对于那些小本经营者而言，最苦恼的就是资金问题，于是，在借债无路的情况下，有许多经营者就走向暗中的、地下的、未向社会公开的“高利贷”。钱是到手了，可以去做买卖、干自己的事业了，可也掉入了陷阱之中。仅有的一些微薄之利都用来偿还高利贷了，往往造成的结果就是，辛苦了半天却一无所获。

小店铺不是房地产之类的大手买卖，大投入可以带来丰厚的利润，即便还不起也有房子可以顶高利贷，因此，经营者千万不要让高利贷压垮自己宝贵的现金流。

4. 以需定进，提高资金的使用率

商品采购活动是零售店一项特别重要的日常性的经营活动，要想在采购环节中避免有太多的资金滞压下来，就要以需定进，根据店铺自身销售的实际需求来进行采购，避免盲目采购占用资金。另外，要勤进快销，加速资金周转和避免商品过多囤积，力争以最少的资金占用，经营最多、最全的品种，用尽可能低的成本采购既受顾客喜爱，又能给小店带来利润的商品，加速资金周转。

为了消除货期滞后占压资金的不良情况，规模较大的店铺还会对各个分店进行数据采集和分析，然后通过这些信息对各个店铺进行调配和上货管理。比如，某商品在A店铺销售较好，但在B店铺却销售不好，那么，就对该商品进行调配。这样，也可以减少该商品的库存，并且加快资金回笼的速度。

总之，企业的现金就像人体的血液一样至关重要。中小型店铺更是如此，如果缺少足够的现金支持，店铺就没有充足的发展动力，就没有更多的发展机遇和活力。因此，管理者要想最大限度地增加店铺的盈利空间，对资金的问题就不能漠视不管。

催收账款不要心太软

前面我们说到虽说赊账销售利少弊多，但有的店主会基于预期的利润，或基于对方的信誉高，还是抱有希望将货赊出去了。货发出去，钱却没有按约定回笼，钱打了水漂，追悔莫及。

后悔并不能解决当前面临的问题。兵贵神速，以快取胜。打仗如此，追讨欠款亦如此。战场上如若贻误战机就会导致失败，追款贻误时机也会让人悔恨万分。对“讨债”来说，时间就是金钱，时间就是机遇，时间就是一切。

下面我们来看一个案例：

某单位因施工急需一些建筑材料，便委托个体运输户王某代为购买且负责运输，并预付了 10 万元订金。但是到了约定日期，王某既不交货又不还钱，且避而不见。

该单位马上做出迅速反应，找到律师协助。经过仔细调查，了解到王某已将施工单位的 10 万元材料费用于冲抵了自己外欠的一部分债务，并发现王某的经营活动严重亏损，外欠债务很多，目前正在联系卖掉自己的汽车等财产。

于是该单位在第一时间向法院起诉和提出了财产保全申请。由于动作迅捷，案件经人民法院审理后判定，王某卖汽车后要优先偿还该单位这 10 万元材料款，问题得以解决。

消息传出，另外几家债权人纷纷赶来，也要求王某还债，但为时已晚，此时的王某已经资不抵债。由于慢了半步，其他几家债权人只得空手而归。

此案中的律师可以说真正做到以快制胜，打了一个漂亮的闪电战。接案后就及时调查，发现了问题。针对王某经营状况不佳、外欠债务数量大的情况，在第一时间向法院提出起诉和财产保全请求，捷足先登，追回欠款，使原告避免了损失。

广东顺德一家家具店与广州一家公司搞联营，急需一笔资金，遂找到金诚板材店帮助其筹款，言称有丰厚的利息作为回报。金诚板材店当时没钱，可又摆脱不了坐吃红利的诱惑，便找一家兄弟单位白云板材店借了 50 万元，约定一年后连本带息还 60 万元。双方随后签订了借款合同。

一年以后，这家家具厂在联营活动中上当受骗，资金亏空，准备散伙了。债权人上门讨债，家具厂的厂长却表示“要钱没有，要命一条”。金诚板材店遂找到律师事务所请求帮助。律师针对这种私下借贷的违法行为提出了批评，同时牢牢握住了一个“快”字，展开了工作。通过多方调查了解到，这家家具厂在联营中的确上当受骗，已有破产的征兆。还听说该厂正准备卖掉坐落在附近尚在修建中的一幢商业用楼，然后悄悄分完钱后散伙。

当他们找到家具厂的厂长时，对方矢口否认对这幢楼房的产权，并列举了一串证明人，还提供了产权人的姓名。但这种欲盖弥彰的做法并没有影响律师前去进行深度调查。该处工商局的市场管理科及农贸市场建设指挥部均证实，此房产权归家具厂所有。在事实面前，该厂长无言以对，只得将楼房作价，归还金诚板材店的债务。

要不是金诚板材店先下手，捷足先登，家具厂在邻县卖楼的阴谋就会得逞，那就完全是另外一种结局了。

随着经营的进展，联合经营越来越密切，生意交往的面也越来越宽，人员关系也越趋复杂。交付款方式多种多样，欺骗行为也随之增多。许多商业公司欠账累累，许多账目为无主的呆账。在现代商品经济大潮中学会管理烂账，很有必要。

（1）在存款、发货时小心谨慎。特别是对数额较大、不易追收的款项的支付更要小心，凡事从根本上做到截流是诀窍之一。

（2）充分掌握对方的情况。通过各种渠道，了解对方现状，查看其是否有偿还能力，是否有其他保证金等基础。

（3）掌握法律依据。对该收的款和对方的赖账，要有确凿的证据，在证据之外，还须懂得法律的程序，法律效力如何。不但要有法律依据，最好还要聘请律师帮助解决专业法律问题。有些私下约定，法律是不承认的，如私下签订无效合同，往往会吃哑巴亏。

（4）采取必要手段。常用的手段有聘用专门追款的个人去追收；通过银行划拨硬扣；亲自去问账。追款要“脸皮厚、跟得紧”，要让对方感到非还款不可。但采取非法手段追缴欠款是不可取的，因为采取非法手段往往会将有理变成无理。债权人要以合理合法的手段来维护自身的权益。

开源节流，勤俭持店

开店经营大部分都是为小本经营创业，所以，节约成本是至关重要的问题。如果大手大脚，铺张浪费，增加不必要的开支，就会很快消耗有限的资金，出现财务危机。

精打细算与节约是做生意必备的两点。要做到精打细算，就要从许多细节上入手。比如，开店初期，许多事情可由店主自己干，这样可以精简大批人员降低成本。有些店必须雇用人的，则要充分利用每个人，合理安排人力资源，使成本降到最低。

对于降低筹资的成本，个人独资与合伙出资则要安排好出资总额，要以最佳的配置出资，达到最好效果，但不能一味追求降低成本，筹资不足，造成将来的经营失败。

1. 尽量简化作业流程

店铺经营尽量要精简人力和各种作业流程，整个作业流程要简化，使各种成本、人事费用降低，而且最好一个人能身兼数职，如外场服务员兼清洁员，老板要兼服务员、接待员甚至是出纳员。

2. 尽量开源节流

一家店铺开始经营时，赚的是蝇头小利，因此，尽量努力增加营业额。如果一个月开店 25 天，每天营业额多出个 200 元，那么一个月就多出 7500 元；如果能努力多招呼顾客，每天多 5 位顾客，每人消费 50 元，每天就多出 250 元的营业额，如果每天多出 10 位顾客，那么每个月业绩就多出万元。一家店铺的成功与失败都在点点滴滴的细节上，经营店铺绝对不能“大而化之”，绝对要“斤斤计较”，处处精打细算。

各种费用当然也要尽量能省则省之，如冷气费、水费、电话费、其他杂支等，能省则尽量省之。另外，最重要的是进货成本和库存的控制，如果能使进货成本减少，即使是 3% ~ 5%，都可以使成本减少，利润会增加不少。还有，库存的控制也要精打细算，不能囤积太多库存，一来积压资金，二来库存太久会使商品不够新鲜。

3. 老板亲力亲为

店铺经营之盈亏只在一念之间，每个细节都要精打细算。如果经营者不亲力亲为，一切管理及运作都任由聘用员工为之，那么工资支出就会增加很多。而且，领薪水的员工是不会完全地努力和尽心的，只有经营者本身亲自下海，才会一分一毫地省下各种成本，一点一点地努力去拼业绩。况且一家店铺本身就没太多利润，人事费用能省就省，老板亲力亲为，不但可以赚取自己的一份薪水，更可以节省其他没有效益的人事费用。

开店创业不一定要大资本，小资本也可以成功，但是最重要的是要用心经营，流程要简单化，成本要精打细算，老板要亲力亲为、注意每个细节，尽量缩短回收期，用心精简……这是开店的成功之道。

做好店铺财务指标分析

店铺的经营状况是否良好，可以通过财务指标的变化看出来。因此，作为店铺的经营者，就需要掌握分析财务指标的方法，通过分析财务指标，了解店铺的经营状况，提高盈利能力，规避经营风险。

1. 熟悉财务报表

财务分析的基础工具是店铺的资产负债表和损益表。这两张报表概括了店铺的财务状况对店铺经营业绩的影响。作为店铺经营者，就需要能看懂这两张报表，并能从中发现经营上存在的问题。

（1）资产负债表。资产分为流动资产和长期资产，负债分为流动负债和长期负债。资产负债表通过显示资产和负债的比例，可以反映出店铺的经营效率。

（2）损益表。损益表反映出店铺是否赚到利润。它由销售收益、成本、费用三部分组成。通过损益表细致的分析，可以得知有许多方法改进店铺的盈利经营情况：

①增加销售额，但是要确保不要同比例增加销售成本或者是营业费用。

②降低营业费用，但是要确保不要同比例减少销售额或者是同比例增加销售成本。店铺经营者要分析不同时期各种费用的增长或减少的原因，不要仅仅简单地靠增加销售额来改善店铺经营情况。

2. 分析各种财务指标

店铺经营者了解了资产负债表、损益表两张基本的财务报表之后，还要通过各种财务指标计算公式来具体了解店铺的盈利水平、费用成本等具体的财务状况，以便根据情况做出对策。

（1）毛利率。毛利率是指毛利额与营业额的比率，反映的是店铺的基本获利能力。其计算公式为：

毛利率 = 毛利额 ÷ 营业额 ×100%

毛利率的参考标准是 16% 以上。

（2）营业额达成率。营业额达成率是指店铺的实际营业额与目标营业额的比率。其计算公式为：

营业额达成率 = 实际营业额 ÷ 目标营业额 ×100%

营业额达成率的参考指标在 100% ~ 110%。

（3）营业费用率。营业费用率是指店铺营业费用与营业额的比率，反映的是每一元营业额所包含的营业费用支出。其计算公式为：

营业费用率 = 营业费用 ÷ 营业额 ×100%

该项指标越低，说明营业过程中的费用支出越小，店铺的管理越高效，获利水平越高。

营业费用率的参考指标是 14% ~ 16%。

（4）净利率。净利率是指店铺税前实际净利与营业额的比率。它反映的是店铺的实际获利能力。其计算公式为：

净利率 = 税前实际净利 ÷ 营业额 ×100%

净利率的参考标准是 2% 以上。

（5）净利额达成率。净利额达成率是指店铺税前实际净利额与税前目标净利额的比率。它反映的是店铺的实际获利程度。其计算公式为：

净利额达成率 = 税前实际净利额 ÷ 税前目标净利额 ×100%

净利额达成率的参考标准是 100% 以上。

（6）流动比率。

流动比率 = 流动资产 ÷ 流动负债

流动比率表明店铺是否有能力用流动资产偿还流动负债。例如，流动比率为 2 ∶ 1 是被认为安全的比率，表明该店铺可以用 2 元的流动资产偿还每 1 元的流动负债。如果流动比率小于 1，即流动资产小于流动负债，则意味着该店铺的现金入不敷出，离破产不远了。

（7）速动比率。

速动比率 = 速动资产（现金 + 应收款）÷ 流动负债

当店铺的流动资产被大量的存货所占用时，就需要用速动比率来检测店铺的偿还流动负债的能力。速动比率用来说明店铺可以马上转化成现金用来偿还流动负债的能力。一般认为 1 以上的速动比率是合适的比率。对于店铺，将大量的现金压在货物上是不明智的行为。

（8）营业额增长率。营业额增长率是指店铺的本期营业额同上期相比的变化情况。它反映的是店铺的营业发展水平，其计算公式为：

营业额增长率 =（本期营业额—上期营业额）÷ 上期营业额 ×100%

通常而言，营业额增长率高于经济增长率，理想的参考标准是高于经济增长率2倍以上。例如，去年的经济增长率为8%，则营业增长率应该达到16%以上才算合格。

（9）营业利润增长率。营业利润增长率是指店铺本期营业利润与上期营业利润相比的变化情况。它反映的是店铺获利能力的变化水平。其计算公式为：

营业利润增长率=（本期营业利润—上期营业利润）÷上期营业利润×100%

营业利润增长率至少应大于零，最好高于营业额增长率，因为这表示店铺本期的获利水平比上期好。

（10）每平方米销售额。每平米销售额是指店铺单位卖场面积所负担的销售额，它反映的是卖场面积的有效利用程度。其计算公式为：

每平方米销售额=销售额÷卖场面积

不同类型的商品所占的面积、销售单价、周转率不同，其每平方米销售额也不同。

（11）人均劳效。人均劳效是指店铺的销售额与员工人数的比值，它反映的是店铺的劳动效率。其计算公式为：

人均劳效=销售额÷员工人数

如果店铺的人员越少，销售额越高，则人均劳效也越高，劳动效率就越高。

（12）总资产报酬率。总资产报酬率是指税后净利润与总资产的比率。它反映的是总资产的获利能力。其计算公式为：

总资产报酬率=税后净利润÷总资产×100%

总资产报酬率的参考标准是20%以上。

（13）总资产周转率。总资产周转率是指店铺的年销售额与总资产的比值，它反映的是店铺的总资产利用程度，其计算公式为：

总资产周转率=年销售额÷总资产×100%

该项指标越高，说明总资产的利用程度越高。

（14）盈亏平衡点。盈亏平衡点是指店铺的营业额为多少时，其盈亏才能达到平衡。其计算公式为：

盈亏平衡点时的营业额 = 固定费用 ÷（毛利率－变动费用率）× 100%

毛利率越高，营业费用越低，则盈亏平衡点越低。一般情况下，盈亏平衡点越低，表示该门店盈利就越高。

做半个会计，看懂财务报表

财务报表是以会计核算资料为参照，集中完善地反映店铺在一定阶段内财务状况及其成果的报告文件。与店铺有关的人员可以从会计报表所提供的资料中，详细获知必要的经济状况，监督和评价店铺的经济活动及其成果。老板可以通过看财务报表全面了解店铺的经营状况，分析、检查所取得的成绩和存在的问题，在掌握必要的数据和情况的基础上，总结经验，找出差距，采取相应措施，改进经营管理工作。投资者和债权人可以通过看财务报表了解所需要的会计信息，作为其投资和借款的重要依据。

经营管理者要想看懂财务报表，首先必须掌握资金的平衡关系。

资金平衡的公式如下：

资产 = 负债 + 股东权益（资本 + 累积利润）

资产是指对店铺的目前和未来经营有用的任何东西，并由此产生的归属于店铺的经济利益。它可以是有形的房屋、机器和产成品，也可以是无形的商标、专利以及应收账款和政府、企业的各种投资等。负债是指将来要在一个固定的，或可以确定的日期，用现金、劳务或其他资产予以偿付的那些对企业提出的要求权。例如，经营者需要引进设备，但苦于资金不足，于是就必须贷款。无论是什么形式的贷款，只要有，负债这一栏数字就往上升。股东权益是指股东对企业资产提出要求的权利。在店铺的资产负债表上，作为股东权益所列示的金额，乃是店铺全部资产扣除全部负债后的余额。即股东权益 = 资产－负债。

下面我们来看一个实例：

某公司的资产总额为700万元，负责总额为160万元，股东权益为540万元。假设该公司从银行贷款40万元购置机器，那么目前资产负责表情况就是这样的：目前资产总额为740万元，目前负债总额为200万元，股东权益仍为540万元。

从这个例子中，我们除了清楚地了解到资金的平衡关系外，还得知从一定意义上讲，股东权益是一个平衡数，即股东原投资额加上企业自开办以来所累积的未分配收益。从资产、负债和股东权益中，我们可以清楚地看到，公司在一定时期内所拥有的全部资产，其一来自外部借款（负债），其二来自股东投入和累积利润。无论是资产，还是负债和股东权益，都是同一资金的两个不同侧面，反映资金从哪里来和用到哪里去，它们的关系如同矛盾的双方而对立统一，永不分离，它们的总额则永远相等。

经营管理者要想看懂财务报表，还得了解财务报表的种类。财务报表根据其反映的经济内容不同，可以分为资金报表和利润报表两类。资金报表是反映店铺一定时点或时期资金来源和运用情况的会计报表。除我们以上讲到的资产负债表外，还有财务状况变动表。利润报表是反映店铺一定时期内利润（或亏损）实现和利润分配情况的会计报表，如损益表和利润分配表。财务报表按反映的资金运转状态不同，可以分为静态报表和动态报表两类。静态报表是反映某一时点各类会计要素的构成和分布情况的会计报表，如资产负债表。动态报表是反映某一时期经营成果和财务指标增减变动情况的会计报表，如损益表、财务状况变动表和利润分配表。财务报表按编制的时间不同，可以分为月度报表和年度报表两类。月度报表是按月终编制的会计报表，如资产负债表、损益表。年度报表是按年，即于年度终编制的会计报表，如财务状况表、利润分配表。

经营管理者在看财务报表时，要注意这样三个方面：一要注意数字是否真实。要注意财务报表所列数据资料，是否根据核对无误的账簿记录填写的，有没有弄虚作假或任意估报数字或先报表后补记账的现象。二要注意计算是否准确。要注意财务报表各项有关经济指标之间相互关系是否清楚明了，各财务报表之间的有关指标数据是否衔接一致，本期财务报表与前期财务报表的相关数据是否衔接一致。三要注意内容是否完整，是否全面反映本店铺的财务状况。要注意各种财务报表应当填列的项目是否填写齐全，是否漏项，对于某些重要的会计信息，如果在报表主体部分难以反映时，是否单独加以清楚说明。

财务报表相当于一家店铺的体检报告，如果你能轻松看懂你手上的那张财务报表，你就可以从中发现经营中潜在的问题，从而有效地采取措施加以解决。如果你不懂财务报表，那么你就像一个失去导盲犬的盲人，你不知道前方蕴藏着的危险，势必给你的经营带来不小的麻烦与困扰。

做半个出纳，理解资金账

任何一家店铺在生产经营活动时必须拥有一定数量的资金。筹集资金和运用资金进行生产经营是老板经营运作的重要任务。看资金账，主要是要了解资金来源账户和资金占用账户。

会计范畴中的现金又称库存现金，是指存放在企业并由出纳人员保管的现钞，包括库存的人民币和各种外币。现金是流动性最大的一种货币资金，它可以随时用以购买所需物资，支付日常零星开支，偿还债务等。

在这里，需要特别指出的是“现金”一词，依国际惯例解释是指随时可作为流通与支付手段的票证，不论是否法定货币或信用票据，只要具有购买或支付能力，均可视为现金。所以，现金从理论上讲有广义与狭义之分。狭义现金是指企业所拥有的硬币、纸币，即由企业出纳员保管作为零星业务开支之用的库存现款。广义现金则应包括库存现款和视同现金的各种银行存款、流通证券等。我国所采用的是狭义的现金概念。

现金管理就是对现金的收、付、存等各环节进行的管理。依据《现金管理暂行条例》，现金管理的基本原则是：

第一，开户单位库存现金一律实行限额管理。

第二，不准擅自坐支现金。坐支现金容易打乱现金收支渠道，不利于开户银行对企业的现金进行有效地监督和管理。

第三，企业收入的现金不准作为储蓄存款存储。

第四，收入现金应及时送存银行，企业的现金收入应于当天送存开户银行，确有困难的，应由开户银行确定送存时间。

第五，严格按照国家规定的开支范围使用现金，结算金额超过起点的，不得使用现金。

第六，不准编造用途套取现金。企业在国家规定的现金使用范围和限额内需要现金，应从开户银行提取，提取时应写明用途，不得编造用途套取现金。

第七，企业之间不得相互借用现金。资金来源账户是反映资金来源的增减变动和结余情况的账户，如自有资金、银行或信用社的借款、应付购货款等账户。店铺资金的来源包括两个部分：一是投资者权益，具体包括投资者投入的本金以及资本公积金、盈余公积金、公益金和未分配的利润等；二是店铺的负债，具体包括借入的资金及应付未付款项等。对于资金来源的增加数，增（或贷）记在有关资金来源账户；对于资金来源的减小数，减（或借）记在有关资金来源账户；资金来源账户的余额反映各项资金来源的结余数。老板通过看资金来源账户，知道了这个结余数，就知道了你手中还掌握着多少资金。

资金占用账户又称为资金运用账户，是反映资金运用的增减变动和结存情况的账户。例如，固定资产、原材料、现金、银行或信用社存款、应收销货款等账户。对于各项资金运用增加数，增（或借）记在有关资金运用账户上，对于各项资金运用减少数，减（或贷）记在有关资金运用账户上；资金运用账户的余额反映各项资金运用结存数。老板通过看资金占用账，就可以了解本店铺的资金运用情况。

其实要想理解资金账并不是什么难事。只需你稍加用心，就完全可以理解。理解了资金账，可以很好地处理店铺资金的问题。从而使你更好地掌控店铺资金的使用情况。你甚至还可以从其中发现哪些资金的运用合理，哪些运用的不合理，这也在无形中帮助你更好地打理店铺。

成为“铁算盘”，精通成本账

什么是成本？成本是商品经济的价值范畴，是商品价值的组成部分。人们要进行生产经营活动或达到一定的目的，就必须耗费一定的资源（人力、物力和财力），其所费资源的货币表现及其对象化称之为成本。随着商品经济的不断发展，成本概念的内涵和外延都处于不断地变化发展之中。

正确进行成本计算，可以分析和考核某项生产经营或业务活动的费用支出，对店铺的经营管理十分重要。成本是指完成某项生产经营或业务活动所发生的全部费用。成本计算则是按照已确定的成本计算对象，汇集和分配各项费用支出，计算完成某项牛产经营或业务活动的总成本和单位成本。要准确地了解成本，必须学会看成本账。成本账户也叫作成本计算账户，是用来归集生产经营过程中某一阶段所发生的费用，用以计算和确定有关成本计算对象的实际成本账户。例如，“材料采购”、“生产费用”、“基本生产”、“辅助生产”等账户。这些账户的增（或借）方登记所归集的费用，减（或贷）方登记购入材料，完工产品或完成作业、劳务的实际成本，如有余额，则反映未完成采购过程的材料、未完工产品或劳务的实际成本。通过看成本账户。可以了解和考核生产经营过程中某一阶段费用的发生情况，确定有关成本计算对象的实际成本。

（1）正确划分各种费用支出的界限，如收益支出与资本支出、营业外支出的界限，产品生产成本与期间费用的界限，本期产品成本和下期产品成本的界限，不同产品成本的界限，在产品和产成品成本的界限等。

（2）认真执行成本开支的有关法规规定，按成本开支范围处理费用的列支。

（3）做好成本核算的基础工作，包括：建立和健全成本核算的原始凭

证和记录、合理的凭证传递流程；制定工时、材料的消耗定额，加强定额管理；建立材料物资的计量、验收、领发、盘存制度；制定内部结算价格和内部结算制度。

（4）根据店铺的生产特点和管理要求，选择适当的成本计算方法，确定成本计算对象、费用的归集与计入产品成本的程序、成本计算期、产品成本在产成品与在产品之间的划分方法等。方法有品种法、分批法和分步法，此外还有分类法、定额法等多种。

成本关乎一家店铺是否可以盈利的问题。作为店铺的主人，你应该熟悉且精通核算成本价，这可以有效地帮助你解决店铺实际存在的一些问题，更能帮你更好地赢利。

努力避免财务危机

资金是店铺的命脉，是店铺生存与发展的基础。但很多店铺的老板不懂财务，也没有经常查看财务报表的习惯，或看了也看不懂。他们只有在年终或店铺出了重大财务问题时，才去关心财务报表。还有一些店铺的老板不是把财务一把抓，就是会计、出纳一人包办。虽然压缩了人员成本，方便了财务进出，却加大了各项不确定性风险。

一般来说，造成店铺财务危机的原因有以下 4 种：

1. “以短支长”

店家发生周转不灵的财务危机，大多是将借贷来的短期资金移作长期使用，犯“以短支长”的资金运用禁忌。

要避免犯“以短支长”之错，创业开店所需购买的生财设备之资金，宜采用长期负债或自有资金来支付，而日常营运所需成本费用，应付淡旺季变化或季节性变动所需的成本，则应采用短期借款来支付。妥善规划可动用资金额度的调度运用，充分掌握资金及现金流量管理，才能发挥以最有效的资金配置，创造出店家最大的投资收益，也才不会发生因扩充过速、突发事件或逢不景气影响，导致资金周转不灵的财务危机，进而造成店家关门倒闭。

2. 过度负债

适度负债，店铺可以获取财务标杆利益，但过度负债则会使店铺的支付能力变得极为脆弱，甚至发生支付危机。偏高的负债一方面会弱化店铺的支付能力，蕴含着财务危机。一旦信用链条上某一环节出现故障，必然会出现财务危机。

要避免过度负债，就要做好财务预算，增加盈利，拓宽筹资融资渠道，避免债务过于集中。

3. 内部财务管理混乱

店铺财务管理制度不完善，在资金管理及使用、利益分配等方面存在权责不明，造成资金使用效率低下，或者由于财务制度的漏洞，造成资金流失严重，资金的安全性、完整性无法得到保证。

要避免这一点，就要完善和严格财务管理制度，杜绝各种漏洞，不给别人留可乘之机。

4. 预算失误，现金断流

每年因为资金周转不灵而倒闭的店家不在少数，其中有些店家的经营记录状况和业绩成长都还不错，却因无法应付短期资金支出而面临转让店面的地步，让努力的成果完全让给他人，相当可惜。

一家会赚钱的店，如果手上没有足够的周转金（店家营运后每月固定支出含店租、工资、货款、水电费、电话费、还款本息等）和现金流量，就表示这家店经营管理有问题，也许店家赚到的都是库存，其财务状况不佳，也就容易发生资金周转不灵，变成关门大吉的短命公司。

所以要创业开店的老板们特别是向银行借贷的创业者，一定要记得未雨绸缪，也就是准备好周转金，或者有一条可立即筹到足够周转金的借贷渠道，让自己随时保有一段应变缓冲期，以应付因意外、特殊状况所产生无法预知的财务危机。

很多店铺都是失败在资金链的断裂上，我们当以此为鉴。资金就像血液一样，是维持一个店铺正常运转与发展的根本，时刻保持财务状况的健康非常关键。赚钱重要，而管钱更重要，我们不仅要有赚钱的能力，更要有管钱的能力，这样店铺才能健康持久地发展。因此，我们就要不断加强财务管理，想方设法避免财务危机的出现，以保证店铺顺利地经营下去。

Part 11 第十一章

有礼有节——顾客异常反应的处理技巧

如何解决顾客的异议

异议是顾客在购物过程中提出的不同观点和反对意见，它经常以顾客提出问题的形式出现。要顺利完成销售，店员必须对顾客的异议做出恰当的反应。

顾客的异议一般有以下几种类型：

1. 财力异议

财力异议是指顾客认为缺乏货币支付能力的异议。例如，“产品不错，可惜无钱购买”“今天没有带钱，不买了”等。通常而言，对于顾客的支付能力，店员在与顾客的初步接触中就要准确辨认真伪。真实的财力异议处置较为复杂，店员可根据具体情况，或协助对方解决支付能力问题，如答应赊销、延期付款等，或通过说服使顾客觉得购买机会难得而贷款购买。对于作为借口的异议，店员应该在了解真实原因后再作处理。

2. 需求异议

需求异议是指顾客认为不需要产品而形成的一种反对意见。它往往是在店员向顾客介绍产品之后，顾客当面拒绝的反应。例如，一位女顾客提出：“我的面部皮肤很好，就像小孩一样，不需要用护肤品”“我根本不需要它”“这种产品我用不上”“我已经有了”等。这类异议有真有假，真实的需求异议是成交的直接障碍。店员如果发现顾客真的不需要产品，那就应该立即停止营销。虚假的需求异议既可表现为顾客拒绝的一种借口，也可表现为顾客没有认识或不能认识自己的需求。店员应认真判断顾客需求异议的真伪性，对持虚假需求异议的顾客，应设法让他们觉得所推销产品提供的利益和服务，符合顾客的需求，使之动心，再进行营销。

3. 权力异议

权力异议是指顾客以缺乏购买决策权为理由而提出的一种反对意见。

例如，顾客说“做不了主”“我回去后和家人商量后再决定”等。与需求异议和财力异议一样，权力异议也有真实或虚假之分。店员在寻找目标顾客时，就应该对购买人决策权力状况进行认真地分析，也应该找准决策人。对没有购买权力的顾客极力推销商品是营销工作的严重失误，是无效营销。在决策人以无权作借口拒绝营销人员及其产品时放弃营销更是营销工作的失误，是无力营销。店员必须根据自己掌握的有关情况对权力异议进行认真分析和妥善处理。

4. 价格异议

价格异议是指顾客以销售商品价格过高而拒绝购买的异议。无论商品的价格怎样，总有些人会说价格太高、不合理或者比竞争者的价格高。例如，“太贵了，我买不起”“我想买一种便宜点的型号”“我不打算花那么多钱，我只使用很短的时间”“在这些方面你们的价格不合理”以及“我想等降价再买”等。顾客提出价格异议，觉得价高，言外之意产品还行，价格高低只是相对的，引导顾客时要为他摆事实，要多方面引导：这个价位在同类产品中并不高，价格低的并不都是好货，我们的产品价格高但是质量好。

5. 商品异议

商品异议是指顾客认为商品本身不能满足自己的需要而形成的一种反对意见。例如，“我不喜欢这种颜色”“这个产品造型太古板”“新产品质量都不太稳定”。还有对产品的设计、功能、结构、样式、型号等提出异议。商品异议表明顾客对商品有一定的认识，但了解还不够，担心这种商品能否真正满足自己的需要。因此，虽然顾客有比较充分的购买条件，就是不愿意购买。为此，店员一定要充分掌握产品知识，能够准确、详细地向顾客介绍商品的使用价值，从而消除顾客的异议。

6. 店员异议

店员异议是指顾客认为不应该向某个店员购买推销商品的异议。有些顾客不肯买推销商品，只是因为对某个店员有异议，他不喜欢这个店员，不愿让其接近，也排斥此店员的建议。但顾客肯接受自认为合适的其他店员的建议。比如，“你们那个姓王的销售员在不在？我上次就是在他那儿买的”“你们老板呢？我要找他谈”等。店员对顾客应以诚相待，与顾客多进行感情交流，做顾客的知心朋友，消除异议，争取顾客的谅解和合作。

一般来说，异议表明顾客对商品的兴趣，包含着成交的希望，店员对顾客异议答复，有可能说服顾客购买商品，店员还可以通过顾客异议了解顾客心理，知道他为何不买，从而有助于店员采取相应对策。但是，在处理顾客异议的过程中，有一些错误的行为，店员一定要避免。处理异议时常见的错误行为有以下几种：

1. 与顾客争辩

当店员认为客户的观点不对时，试图以争辩、质问、说教等方式使顾客认识到并承认自己的推销观点是不对的。

无论店员是否有理，同顾客争辩都不会达到说服顾客的结果，反而更加强了顾客的抵触心理，使顾客失去对店员的信任，因此，店员在任何情况下都不要与顾客争辩。

2. 表示不屑

有些店员认为顾客的观点不对或态度不好时，表现出一种不屑与顾客计较的态度。或对顾客的问题不回答，同时流露出不屑一顾的表情。

如果顾客察觉到店员的不屑态度，会感到自尊心受到伤害，从而产生对店员乃至店铺的不满情绪，自然也就不会在此购买。

3. 不置可否

对于顾客的观点和态度，店员不置可否，采取放任的态度。这样的结果，或是使顾客失望或不满，或是加强了顾客原来的疑问和异议。

4. 显示悲观

对于顾客所提出的疑问或异议，特别是那些难于回答和处理的问题和异议时，店员显示出悲观的情绪。

店员的悲观情绪使自己的工作业绩、店铺的信誉和形象都受到很大的负面影响，可能会赶走真正想买商品的顾客。

5. 哀求

对于顾客提出的难以解答的疑问和异议，店员不是正面地积极应对，而是纠缠、乞求顾客购买。

哀求不但很少能达到使顾客购买的目的，而且损害店员和店铺的形象，会影响到店铺和店员的长期利益。

6. 讲竞争对手的坏话

当顾客用竞争对手的情况与你比较时，不要讲竞争对手的坏话来解答问题，否则反而会使顾客产生不信任。对顾客的看法应首先表示理解，然后耐心地向顾客介绍自家产品比竞争对手强的地方。

7. 答案不统一

在同一家店里，不同的店员对同一个问题的回答如果不统一，会使顾客无法判断究竟谁的答案是正确的，从而产生不信任。因此，店内的销售员要及时沟通，保证店内统一正确的答案。

其实，顾客的异议具有两面性，既是成交障碍，也是成交信号。我国的一句经商格言“褒贬是顾客，喝彩是闲人”，即说明了这个道理。只要店员能掌握技巧，灵活处理，就能排除异议，促成销售。

如何应对顾客的无理取闹

开店就要每天与形形色色的顾客打交道，有时难免会遇到一些无理取闹的顾客。对于这些顾客，有的店员认为应该以德服人、耐心沟通；有的店员则认为应该毫不留情地拒绝。其实，处理这些问题时要掌握方法技巧。

首先，应沉着冷静。店员要具备良好的心理素质以及做好接待此类顾客的心理准备，面对突如其来的事件时才不会自乱阵脚，从而化被动为主动，使无理取闹的顾客难有可乘之机。

其次，应不卑不亢。面对无理取闹的顾客，店员应本着既向顾客讲明道理，又不至于激化矛盾的解决方式来正确接待，态度应不卑不亢，在坚持原则、讲清道理的前提下宽以待人、感化顾客。

再次，应心平气和。“心平气和”是对待无理取闹的顾客的最好办法。

开门纳客，图的是和气生财。所以不要与顾客争吵，以免形成剑拔弩张、势不两立的局面，但也要站稳自己的立场，想办法与顾客周旋。大多数人出于本能，不是自卫就是反击。此举只能是“火上加油”，加剧与顾客之间的分歧。因此，最好的办法是让顾客把话说完。这是因为从顾客滔滔不绝的谈话中你可获得新的信息，而这有助于增加你迂回的余地和灵活性；耐心地听而不反击有利于消除顾客的怒气；洗耳恭听并不意味着你对顾客做出了让步。认真倾听顾客不满意的根源所在，然后再对症下药、和平解决，既不伤顾客感情又能做成生意。

最后，给顾客留有一定的回旋余地。如果顾客的行为有所收敛，店员应适可而止，绝不可得理不饶人，否则不仅不利于问题的解决，还会因此激起顾客一些过激行为。毕竟顾客是商家的衣食父母，如果处理方法得当，没准无理取闹的顾客会因此成为店铺的忠实顾客。正所谓不打不相识。

毕竟，无理取闹的客户是少数，一旦遇上了，要妥善处理。若因为处理不当而造成客户的流失，那就有悖“争取和留住顾客是企业营销的永恒主题”。也许你并不在乎他们是否会再回头，甚至你还会认为流失无理取闹的顾客对店铺营销来说更省心，反正新顾客有的是。这种看法其实是站不住脚的。据美国管理学会估计，开发一个新顾客的成本是留住老顾客的6倍，而且老顾客要比新顾客为企业多带来20% ~ 85%的利润。据一项调查显示，一个商家失去的顾客中，只有4%的人会正式提出投诉，其余的人虽然没有表示出他们的不满，但90%的人不会再光顾那家企业，更有70%的人会因为受过不礼貌的对待而转向竞争对手。所以，尽量不要和顾客发生正面冲突。

如何处理顾客的不满

正确处理顾客的不满是店面销售必须要掌握的技巧。因为在店面销售的过程中，不可能每件事情都做得让顾客满意。可以说，在店铺中，顾客产生不满是正常的。关键是店员需要化解顾客的情绪，消除其不满，继续进行销售。

在一家酒吧，一个正在吃牛肉干的女性顾客突然“啊”地叫了一声，从嘴里吐出一块贝壳碎片。

顾客：“喂，里面怎样会有这个？”

服务员：“啊？是碎贝壳。”

顾客：“这不是贝壳吗！这个怎么会在里面！”

服务员：“抱歉，不可能呀？……”

顾客：“抱歉？还不可能？……”

服务员只是一个劲儿地道歉，客人不但不会消气还会更上火，并带着怒气闹事，让酒吧里所有的人都觉得很扫兴。

客人如果得不到明确的答复，当然会更加气愤。对此，店员首先应该道歉，克制自己，避免感情用事，并冷静地慎选用词，用缓缓的速度来说话，以争取思考时间。要牢记自己代表的是酒吧的形象，绝不能抱着“不关我事”的态度，倾听时要保持微笑。俗话说，“伸手不打笑脸人”，店员真诚的微笑能化解顾客的不满情绪，顾客的怨气在春风般温暖的微笑中会不自觉地减少。

同时，对顾客的不满要以婉转的语气，心平气和地加以解释，如果没必要解释，那么，还是不说为宜。另外，积极运用非语言沟通效果也不错。在聆听顾客不满时，积极运用非语言的沟通，可以促进对顾客的了解。比如，注意用眼神关注顾客，使他感觉到受到重视，在他讲述的过程中，不时点头，表示肯定与支持。这些都能鼓励顾客表达自己真实的意愿，并且让顾客感到自己受到了重视。

道歉时，应像这样：“你正吃得这么高兴却……实在抱歉。”

此外，处理抱怨时切忌拖延，而且处理抱怨的行动也要让顾客能明显地察觉到，以平抚顾客的愤怒。立刻处理，这是化解抱怨的最佳方法。对上例而言，可以马上用实际行动表现诚意：“请漱下口，不要割破了嘴。”

并马上拿来温水请顾客漱口。这种从顾客安全出发的行为，能让顾客放下心来，冷静下来。

这时，店员可以说：“抱歉，我们马上给你重来一份。”

这样一来，刚才造成的过失一下子就从客人眼里消失了。

然后，再向客人道歉。道歉时，可以将烹调的方法具体地告诉客人。例如，“真是不好意思，烹调牛肉干时我们都非常注意，但有时还是……”“如果割破您的嘴，我们带您去看医生好吗？就在附近……”像这样非常有诚意地去处理，绝对会得到客人的理解。

可见，只要掌握一定的原则和策略技巧，就能很好地消除顾客的不满，获得顾客的谅解。

1. 处理顾客的不满应遵循以下原则

（1）顾客始终正确。这是非常重要的观念，有了这种观念，就会有平和的心态来处理顾客的抱怨。这包括三个方面的含义：

①应该认识到，有抱怨和不满的顾客是对卖家有期望的顾客。

②对于顾客的抱怨行为应该给予肯定、鼓励和感谢。

③尽可能地满足顾客的要求。

（2）如果顾客有误，请参照第一条原则。顾客与卖家的沟通中，因为存在沟通的障碍而产生的误解，即便如此，绝不能与顾客进行争辩，否则会失去潜在的顾客。

2. 处理顾客的不满应掌握如下策略与技巧

（1）重视顾客的不满。当顾客产生不满时，不要忽略任何一个问题，因为每个问题都可能有一些深层次的原因。顾客的不满不仅可增进卖家与顾客之间的沟通，而且还可以诊断卖家的内部经营与管理所存在的问题，利用顾客的不满来发现卖家需要改进的方面。

（2）分析顾客不满的原因。比如，一个顾客在某商场购物，对于他购买的产品基本满意，但是他发现了一个小问题，提出来退换，但是售货员不太礼貌地拒绝了他，这时顾客开始表现出不满，投诉产品质量。而事实上，他的不满中更多的是售货员服务态度问题，而不是产品质量问题。

（3）保持平常心态。对于顾客的不满要有平常心态，顾客不满时常常都带有情绪或者比较冲动，作为卖家应该体谅顾客的心情，以平常心对待顾客的过激行为，不要把个人的情绪变化带到问题的处理之中。

（4）从顾客的角度去思考。在处理顾客的不满时，应该站在顾客的立场思考问题，“假设自己遭遇到这种情形，将会怎么做呢？”这样能体会顾客的真正感受，找到有效的方法来解决问题。

（5）做个好的倾听者。大部分情况下，不满的顾客需要忠实的听者，喋喋不休地解释只会使顾客的情绪更差。面对顾客的不满，我们应掌握好聆听的技巧，从顾客的不满中找出不满的真正原因以及对于顾客期望得到的结果。

（6）要正确及时地解决问题。对于顾客的不满应该及时正确地处理，拖延时间，只会使顾客的不满变得越来越强烈，使顾客感到自己没有受到足够的重视。例如，顾客抱怨产品质量不好，卖家通过调查研究，发现主要原因在于顾客使用不当，这时应及时通知顾客维修产品，告诉顾客正确的使用方法，而不能简单地认为与自己无关，不予理睬。虽然卖家没有责任，这样也会失去很多顾客。如果经过调查，发现产品确实存在问题，应该给予赔偿，尽快告诉顾客处理的结果。

（7）要记录顾客抱怨与解决问题的情况。对于顾客的不满与针对不满的解决情况，要做好记录，并且应定期总结。在处理顾客不满中发现问题，如产品质量问题，应该及时通知供货方；如发现服务态度与技巧问题，应该向管理部门提出，使之加强教育与培训。

（8）要追踪调查顾客对于不满处理的反应。处理完顾客的不满之后，应与顾客积极沟通，了解顾客对于卖家处理的态度和看法，增加顾客对卖家的忠诚度。

总之，在遇到顾客不满时，应该把它看成“好机会”。因为，顾客向店铺提出不满，表示顾客是信赖你的，你当然要欣然接受。事实上，如能把不满处理得好，顾客对你的信赖感只会增多而不会减少，这就叫作因祸得福。

快下班时如何接待顾客

在快下班时进来的顾客，一般都是生活节奏较快的上班族，由于平时时间安排比较紧迫，所以赶在下班时专门来购买产品或消费服务项目。因此，店铺销售人员应好好对待这类顾客。针对快下班时进来的顾客，千万不要催促，要特别注意下列事项：

1. 不可做任何准备下班的动作

不要在客人面前用鸡毛掸子掸灰尘或开始打扫，不要把产品覆盖起来，不要收拾整理柜台上的物品，不要把灯一盏一盏地关掉。

2. 不可急着下班回家

不要在顾客面前走来走去或者不停地看表，表现出一副急躁不安的样子。在场的全体员工，即使过了下班的时间也必须留下来接待顾客。

3. 派资深店员接待

因时间较紧，应派一名能干的资深员工接待顾客，而其他店员则不要聚集在同一个地方。因为，如果其他店员在一起七嘴八舌地交谈，顾客会以为你们希望他赶快出去。所以，这个时候其他店员应该分开来，做帮手或整理产品等。

4. 发挥推销重点

因为时间紧迫，更需要由专业的营业员或者销售技术一流的人员来推销重点商品。

5. 以愉快的心情送客

顾客决定购买东西之后，收取货款以及包装商品的事情就委托别的人员来办理，在顾客等待取货的空当，可以趁机和他搭话，顺便附加一句：“是不是还需要什么？”如此一来，会使顾客更加满意。当东西交给顾客时应该毕恭毕敬地向他说声：“让您久等了，谢谢您的惠顾。”然后送顾客到店门口并向顾客致谢："谢谢光临。"走到店铺大门口的顾客，心里一定会这么想：这真是一家亲切的店铺，以后买东西一定要来这一家。

6. 全体员工分工合作，准备明天的工作

店铺的管理者一定不要忘记向全体员工表示谢意："不好意思，耽误各位下班的时间。谢谢大家。"然后再参与整理工作，保证充分发挥团队精神，使员工们更有向心力。

如何处理退货

众所周知，买东西容易，要退可就难了。而这正是检验店家是怎样对待顾客的时候，看店家是否能在具体问题上设身处地地为顾客着想。所以，对于店家来说，处理好顾客的退货工作非常重要。

店铺必须事先制定好有关顾客退货、换货的标准才行。而且标准要非常明确，不能含糊。否则，出现扯皮的情况，店铺会很被动，而且顾客也会对店铺产生不信任的感觉。对于符合退货标准的情况，要立刻给顾客办理退货。不能找任何借口，拒绝顾客的合理请求。

王先生开了一家小家电销售门店。有一次，有位顾客买了一个电饭煲，用了3个月后出现了故障，王先生帮着修好了。没有想到，顾客把修好的电饭煲拿回家，刚做好饭，电饭煲底部突然冒火，险些酿成火灾。愤怒的顾客要求退货，但王先生觉得顾客已经用了3个月，不能退货，最多只能再维修，就这样王先生和顾客相持着，最后两个人争吵了起来。顾客一怒之下，将电饭煲砸在了店铺的柜台上，使店铺的财物和形象都受到了损害。

在这件事情中，店家王先生就没有处理好顾客的退货问题，结果造成了不必要的损失。而有些商家，则是把顾客当作真正的上帝，从而获得了顾客的青睐。

有一次，我国经济学家董辅礽在美国考察时，到一家大商场买了一个

健身器。一个月后，他嫌健身器体积较大，带回国有些不方便，便去商场退货。负责退货的人员连看也没看，只问了一句：“为什么要退？”“我不想要。”董辅炳说。那人看了看发票就把货款全退给了董辅炳。董辅炳刚要走，那人却又对董辅炳说：“请等一等。”董辅炳看到他在计算机上又操作了一下。然后他对董辅炳说：“这个健身器已经涨价了，涨到 80 美元了，我们还应该补给你 5 美元。”

这家商场首先考虑的是消费者的利益，取得消费者的信任，减少消费者的购物风险，然后让更多的消费者到商场购买商品。像这样的商场，不用说，生意是非常兴隆的。

店家在处理退货的时候还要注意一些细节性的问题，以便把退货处理得更完美。店家可以说：

——没关系，我帮您换一个。

——好，我帮您换一下，您看换哪一个好呢？

——请原谅，按规定这是不能退换的。

——对不起，这是商品质量问题，我们可以退换。

——对不起，由于我们的疏忽给您添了麻烦。

——对不起，您这种商品已经使用过了，不属质量问题，不好再卖给其他顾客了，实在不好给您退换。

——您这件商品已卖了较长时间，现在已经没货了，要到有关部门鉴定一下，如确属质量问题，保退保换。

——这件商品已超过保退期，按规定，我们只能为您维修，请原谅。

——先生，您提出的问题很特殊，咱们商量一下好吗？

但是，在处理顾客退货时，有些话是不能说的，具体有下面几种：

——买的时候干吗了，挑了半天又来退。

——你刚买走，怎么又来换？

——不是我卖的，谁卖的你找谁！

——我解决不了，愿意找谁找谁去。

——不能换，这是规矩。

——不能退。

——只能换，不能退。

——你怎么一点主见都没有，又不是小孩。

顾客退换商品的现象经常发生，如果店家能处理好顾客的退货请求，就会把退货转化成一次新的销售机会。而这机会的把握就是要对顾客礼貌、热情，不推托、不冷落，把顾客当成真正的上帝。

如何应对顾客的投诉

在店铺销售商品过程中经常会遇到顾客投诉。面对顾客投诉有的人从容处理，而有的人束手无策。那么，该怎样更好地处理顾客的投诉呢？

在处理顾客的投诉前，首先要搞清楚顾客投诉的原因。一般来说，顾客投诉的原因有以下几种：

1. 产品存在问题

当产品的功能、质量、价格等方面有问题的时候，顾客自然会从保护自己消费权益的角度来提出诉讼。对这方面的投诉，应该实事求是地予以处理。店铺一定要选择质量好的商品进行销售，对品质不良的商品要进行更换。

2. 服务存在问题

店员给顾客提供售卖服务的过程中，如果出现服务不当、态度欠佳、行为不良等情况，也容易导致顾客投诉。

（1）服务不当。主要有这几个方面的表现：反应慢，接待迟钝，甚至搞错接待顺序；缺乏产品知识，不能及时回答顾客的询问；不愿意将柜台或货架上陈列的商品让顾客挑选；不注意顾客的反应，一味地加以说明推销，引起顾客的反感和抱怨；缺乏语言技巧，态度过于随便或过于生硬；送货走错了地方或送错了商品；不遵守约定，如送货太迟，或顾客依约前来却未能拿到货；结账时多收钱。

（2）店员态度欠佳。主要表现：店员紧跟在顾客后面，唠叨着怂恿顾客购买；顾客不买商品时，马上板起脸，不再理会；只顾自己聊天，不理顾客；瞧不起顾客，言语中流露出蔑视的口气；表现出对顾客的不信任；对顾客挑选商品显得不耐烦，甚至冷嘲热讽。

（3）店员行为不良、缺乏修养。主要表现：对顾客恶意评头论足，甚至背地里加以诬蔑；衣冠不整或浓妆艳抹、举止粗俗；在顾客面前对自己的本职工作流露出厌倦、不满情绪；当着顾客的面同事之间互相拆台。

为杜绝以上情况发生，店铺经营者应该加强管理和培训，帮助员工树立现代销售观念和良好的销售形象，从而取得顾客的好感和信任。

3. 顾客自身存在问题

有个别顾客可能由于偏见、误解或者怀有不良动机而进行投诉。面对这种投诉，在不影响销售的情况下，尽量不要和顾客讨论偏见、成见和习惯问题，不要和顾客进行正面冲突，可以委婉地把话题引导到别的地方去。有些顾客为了展示自己的知识和有主见，会提出各种问题，甚至刁难店员，对此要予以理解，并耐心谦虚地倾听，否则，很容易引发争吵。

面对不同原因的顾客投诉，要采取不同的应对策略。如果是由于产品或服务出现问题而引起的投诉，可采取以下措施：

1. 热情

投诉的顾客多数会态度不友善，甚至骂骂咧咧，怒气冲天。不管顾客态度多么不好，作为店铺工作人员都应该热情周到，以礼相待，如请顾客到办公室，倒茶、敬烟等，如此一则体现了店铺处理投诉的态度，二则体现了“顾客是上帝”的原则，三则可以舒缓顾客的愤怒情绪，避免双方产生对立态度。

2. 倾听

面对顾客的投诉，作为店铺工作人员首先要以谦虚的态度认真倾听，并翔实记录“顾客投诉登记表”。对顾客要和颜悦色，无论顾客说的对与错、多或少，甚至言辞激烈难听，都不要责难、诘问，顾客言谈间更不要插话，要让顾客把想说的一口气说出。如果顾客把想说的说出来了，顾客内心的火气也就消了一半，这样就便于下一步解决具体问题。倾听时，注意千万不能跟顾客争吵，也不能打断顾客的口述，更要尊重顾客。

3. 道歉

听完顾客的倾诉，要真诚地向顾客道歉，比如说“对您使用本产品（服务）带来的不便，我代表本店向您表示歉意”，或者“大热天让您从大老远跑来实在不好意思”，等等。道歉要恰当合适，不是无原则地道歉，要在保持店面尊严的基础上道歉，道歉的目的一是承担责任，二是消除顾客的“火气”。

4. 分析

根据顾客的口述分析顾客的投诉具体属于哪一方面，弄清楚是质量问题、服务问题、使用问题、还是价格问题等，更要从顾客的口述中分析顾客投诉的要求，同时分析顾客的要求是否合理，以便确定如何处理。

5. 解决

根据顾客的投诉内容和投诉分析，依据本店相关制度，参考《消费者权益保护法》等相关法律规定，决定是经济赔偿、以旧换新、产品赔偿、更换配件、上门维修，还是指导顾客使用等。把解决方案告知顾客，如顾客同意，则把处理意见登记在顾客投诉登记表上，并让顾客签名确认。如果顾客不同意，看争议在哪里，同顾客协商解决，不卑不亢，以“息事宁人，保护名誉”为最高原则，尽量满足顾客要求。如果自己确实无法解决顾客投诉，则立即引荐给上层领导，以期圆满解决顾客投诉。

当然顾客要求确实“太离谱”的话，则可以通过法律手段来解决顾客投诉。顾客投诉如当时无法立即解决，需要说明无法解决的原因和确切解决时间，到时主动约见顾客。

如果是由于顾客自身问题引起的投诉，可以采取以下措施：

1. 耐心解释

对于一些由于偏见、误解进行投诉的顾客要详细解释，或操作示范，或专家答疑，或领导接待，动之以情晓之以理，使其口服心服，同时展示店铺的良好形象。

2. 维护权利

对于那些怀有不良动机的恶意投诉，则要义正词严，令其立即放弃恶意投诉。如果恶意投诉情节恶劣，或对本店造成不良影响，或对本店销售造成损失，则直接通过法律渠道来解决。

其实，从另一个方面来说，顾客投诉并不是坏事，有投诉就说明有差距或不足。如果店铺能以此为方向，提高质量、加强管理、完善服务，就能增强店铺的竞争力和效益，使店铺获得进一步的发展。

总之，对待顾客的投诉要积极应对，切忌躲、拖、哄、吓等，只有认真负责、及时处理，才能让顾客满意，真正解决顾客投诉问题。

Part 12 第十二章
由小做大——店面的发展与扩张

居安思危，积极进取

月有阴晴圆缺，人有悲欢离合。俗话说：好花不常开。因此，居安思危是开店创业者必不可少的心态，生意场上，只有凡事小心谨慎才能将生意做长久。

当店铺生意兴旺时，保守稳重，处进思退；当生意陷入危机与低谷时，告诫自己不要消沉，积极进取，争取再创辉煌，这样的店铺经营者才有望把店做大做强。

那么，店铺经营者该怎样积极进取，谋求更大的发展呢？

1. 创新中谋发展

事物都是在不断地变化当中，今天的时尚，会成为明天的历史，所以开店做生意要不断创新，一成不变只能一步步地走向衰落。努力创新，在创新中谋发展才能不断地吸引更多的顾客，财源滚滚。

2. 敢于设立发展目标

在店铺的经营过程中，作为经营者要为店铺设立近期发展目标和长远发展目标，以此来激励全体店员共同朝着美好的目标努力工作，共同承担奋斗的辛苦，享受成功的喜悦。

做生意最忌讳得过且过的思想，如不追求店铺成长，只求混个温饱。这样的消极态度永远也做不成大事业，更谈不上店铺的发展。员工对于这样的老板也会没有信心，更不会为之努力工作。

3. 不能不择手段地牟取暴利

开店做生意要作长久的打算，不要为贪图小利而不择手段，否则店铺的最终结局必定是倒闭关门。所以，店铺在经营过程中，要争取获得稳健的、合理的利润。

但是，合理的利润并不是一味地降低价格，而是从经营中获得商家应得的那部分利润，才能既赢得顾客信赖又稳定了客源，进而发展壮大了店铺。

4. 以特色促进店铺发展

有特色才有发展，特色会使店铺更具有生命力。独特的服务、高质量的商品等都可发展成为特色，从而吸引顾客。

5. 时刻为顾客着想，以顾客为发展的基础

做生意要时刻为顾客着想，要站在顾客的角度看待问题。想方设法了解和满足不同顾客的需求。要注意从顾客那里获取与本店相关的信息。在日常的经营中要多听取顾客的意见和建议，生意定会日益兴盛。

某家日用杂货店的店主时常听取顾客的意见，生意很是火爆。一天顾客对店主说："我上次在你这儿买的打火机，怎么没用几下就打不着火了。"店主忙说："谢谢您告诉我。让我试试，不好用，我给您换。"顾客说："不用换了，以后别进这种产品就行了。"店主经过试用打火机，发现真的不好用，于是他立刻换掉了这批打火机，既减少了不必要的损失，又保住了一个顾客。这家日用杂货店也慢慢发展壮大了起来。

面对成绩，盲目乐观、沾沾自喜，满足现状、固步自封，就会失去前进的动力，丧失难得的发展机遇。所以，作为店铺的经营者，就要将眼光放远一点，积极开拓，紧抓机遇，逐步把店做大做强。

制定可行的利润增长目标

对于一个人来说，做任何事情都需要有明确的目标，目标是意志的体现。开店做生意也是如此，只有不断地完成制定的利润目标，店铺才会有更大的发展。

店主在制定目标前，应先搞清以下两个问题：

1. 制定切实可行的利润目标的作用

（1）目标使你看清前进的方向。制定利润目标必然会使你看清方向，这是成功的必要条件。倘若没有目标，你就失去了前进的方向，从而得不到更大发展或者碌碌无为地过一生。贸易精英宾尼说：“一个心中有目标的普通职员，会成为创造历史的人；一个心中没有目标的人，只能是个平凡的职员。”店主更是如此。

（2）目标使你产生动力。目标是一个人努力的基础，也是对自己的激励与时时鞭策。随着这些目标的达成，你就会获得成就感。

（3）目标有利于挖掘你的潜能。没有目标的人，即使拥有巨大的力量与潜能，最终也会忘记了自己本应做什么。要发挥潜力，必须全神贯注于自己所制定的计划。目标能帮助你集中精力，当你不停地在自己有优势的方面努力时，这些优势会进一步得到发展，你的潜能也就得到了充分的发挥。

（4）目标有助于评估进展。一旦制定了目标，就等于为自己提供了一种对自我评估的重要方式。如果你的目标是看得见摸得着的，你就可以依据与终极目标的距离来衡量目前取得的成就。

（5）目标会使你未雨绸缪。目标能帮助你事先谋划，迫使你把要完成的任务分解成可具体操作的步骤。要想制作一幅通向成功的交通图，你就要首先确立目标。

（6）目标能使你把重点从经营本身转到经营成果。许多店主的失败是由于常常混淆了工作本身与工作成果。他们以为大量的奔波忙碌，尤其是吃苦耐劳，就一定会带来成功，这种想法其实是不正确的，成功的尺度不是做了多少工作，而是创造了多少利润。

如果你已制定了目标，又定期检查经营进度，自然就会把重点从经营本身转移到经营成果上面来了。

目标是否实现，这是衡量成绩大小的正确方法。随着一个又一个目标的实现，你会逐渐体会到要实现目标需要花费多大的力气，往往还能悟出如何用较短的时间来创造较多的价值，这会反过来引导你制定更高的目标，实现更大的理想与抱负。

目标不要定得不切合实际，也不要毫无价值可言。有些人不考虑现实，眼高手低，定了一大堆不能实现的目标，到头来一事无成，原因就在于他们没有考虑本人的经济能力和经营能力，只是一味地谋求扩张，结果梦想还是梦想，永远无法达成。还有些人畏首畏尾，前怕狼后怕虎，不懂得把握时机扩大投资，或转变经营方针，不敢尝试任何改变，在不断变化的市场和激烈的竞争中只能一步步走向失败的深渊。这种人眼光短浅，只重脚下不思考今后的发展，缺乏长期战略眼光。

制定利润目标不要求尽善尽美，只求切实可行，因为目标是行动的指南，倘若太空太大，就没有了遵循的依据。

2. 制定目标的原则

（1）有价值。在制定目标时，最重要的不是想着“如何”去实现这个目标，而是“为何”要设定这些目标。你要列举出实现目标的理由，认为实现这些目标确实有好处再去设定。

（2）具体。长期目标是你终其一生要追求达成的目标，是在你内心深处实实在在存在的理念。而短期目标则是为了达成长期目标所必须经历的过程，它是每月、每日的工作进度。必须将长期目标和短期目标明确地表达出来，当然，目标划分越细越好，这将有助于你一个一个地去实现，从而增强你的自信心。

（3）要有期限。目标就像是一只无形的手，在远方召唤着我们，所以拟定一个目标时，必须考虑时间。没有期限的目标，就跟没有制定目标一样，前方也只能是漆黑一片。

（4）要有现实性。制定目标要考虑店铺现在的经营状况，不能不顾及现实，只一味地贪图赚钱，而制定出一些过高的、无法实现的目标。制定过高的目标只会使你因实现不了目标而灰心丧气，丧失前进的勇气。

（5）要有弹性。为了应对条件的变化及偶然事件的出现，拟定目标时必须考虑到修改甚至变更的可能性。

（6）要有优先顺序。先做什么，后做什么，一定要有明确的规划。根据目标的重要性，决定先后次序。有了先后顺序，才可能步步为营，稳步地实现你的既定目标。

许多目标未能实现的原因并非是因为这些目标不重要或是太过微不足道，而是因为制定这些目标的人没能为此拟定一个合理的计划去保证它们

的实现。如果不去精心策划，周密计划，是无法实现目标的。因此，制定一个合理的计划也是务必要做的一件大事。

你的计划一定要清楚地使你知道应怎样实现目标。它必须是细致的、明确的、一步紧挨一步的，它会告诉你哪些应该做，哪些不应该做，得花多长时间完成等。

有了计划，最好不要只是记在脑海中，而应把它写在纸上，这样做会使你更加清楚你的计划，付出更大的努力去实现这些计划。

总之，目标是一切行动的指南、风向标。店主制定利润目标，最关键的一点就是要切实可行。

把店面发展目标分阶段量化

海之所以广阔无边，是由于千万滴水的汇聚；高山之所以巍峨，是由于一粒一粒沙土的堆积。成功者都是从一点一滴做起，积少成多，以求扩大经营。

长远的目标是一个大目标，在这个目标之下，还应有很多琐碎的小目标。事实上，在制订计划时，有着不同阶段、不同层次的目标。大目标之下有若干中目标，中目标之下有若干小目标，小目标之下还有若干小小目标，一层叠一层，如同金字塔一般。

长远目标的理念性比较关键，这些目标必须与行动的方案相配合。如果无法利用目标制定出行动方案，这个目标就会过于空泛，就没有存在的价值了。

计划是一份具体的行动准则，店铺的每项目标，以及达成这些不同目标的种种方案，都在计划中系统秩序、有层次地叙述。在展开行动前，一定要很小心谨慎地订立目标和计划，再依照计划一步一步行动。

行动步骤在计划中应有详细的阐述，除此之外，计划当中要订立准则来度量计划产生的绩效，看看实践了这项计划之后是不是能符合目标的要求，是否已经达到目标。如果有偏差，偏差了多少，有什么补救的方法，有没有预备方案，或是否应该实行其他计划和行动，以保证所订立的目标仍然可以实现。

作为店主要擅长撰写工作计划，做到条理分明、顺序清晰，然后把这些阶段目标落实到具体行动当中去。

做任何事情都要脚踏实地，一步一个脚印，不要指望一口吃个胖子。许多初涉商场的人，总想一夜暴富。结果呢？不但钱没有赚到，反而血本无归，一败涂地。

做生意千万不可着急，充实资力，细水长流，稳扎稳打地前进才是正确的做法。把各个目标逐个实现，才能成就你最终的梦想。

在实现目标的过程中要随时检查在规定的时间是否达到了预期的目标。如果没有达到，就要仔细分析，找出原因，改进工作方法并积累经验，争取目标的早日实现；如果达到了，也不要沾沾自喜，不要被小小的胜利冲昏头脑。要始终保持清醒，以更快的速度前进，争取下一个目标的早日实现。

积少成多，聚沙成塔。不要因为事情小而不去做，如果小的目标都实现不了，又如何去实现大目标呢？一屋不扫，何以扫天下？因此，一定要把目标分阶段量化，各个击破，最终登上事业的顶峰。

发展分店离不开事先周密计划

店铺会随着时间而不断发生变化。店铺的成长过程可分为幼年期、青春期和成熟期。

在店铺的幼年期，是摸索经营之道的时期。拼命工作、乐于服务也不可避免地会有许多经营环节出现失误，一切可能不像你所预料的那么顺利。

于是，你要变革。

店铺在这时进入了青春期，即物色帮手的时期。寻求帮手是为了让别人做自己不能胜任的工作，自己只做管理工作就可以了。

当了解自己是怎样走过来，并且了解店铺未来是个什么样子时，店铺就进入了成熟期。重要的是，成熟期不是幼年期和青春期的必然延续，成功的店铺经营者可以一开店就进入成熟期。

当店铺进入成熟期之后，就具备了一定的实力，奠定了连锁经营的基础。

作为店主，在开设分店之前一定要谨慎，充分考察自身条件，确认已经达到发展分店所必需的条件后，再去进行周密计划。

连锁店有自由连锁、正规连锁和特许连锁三种形式。不同形式的连锁，都有各自的优势与劣势，所处的位置不同，对利弊的分析也各有差异。例如，特许连锁对于特许权拥有者来说，是发展壮大的良好方式，对于特许权购买者来说，是创业起步的登楼之梯。到底哪种形式的连锁店最适合自己，每个店主都必须综合考虑。

在发展连锁店之前，每个店主需要先做好下列工作：

1. 综合考虑的因素

（1）客观环境。不论采用何种经营形式，都不可避免地要受到客观环境的制约和影响，因此，经营连锁店，首先就要考虑到客观环境所带来的影响。

（2）发展连锁店应具备的条件。总体来说，如选择正规连锁，则应具有规范、统一的经营制度、商品管理系统以及开发潜在市场的能力。如果店铺规模较小，竞争力薄弱，为了提高竞争力，就可以选择自愿连锁。如店铺有独特的销售技术和方法，并具有一定的组织和管理能力，拥有先进的信息和物流系统，而资金并不十分充足的话，那么就可以选择特许连锁。

（3）行业及商品的不同特点。不同的商品，适用不同的连锁形式。有些行业和商品经营更适合采用特许经营连锁的方式，而有些则不尽然。比如，快餐业，由于其行业特点，更适于采用特许连锁这一经商模式。

2. 做好商圈调查

综合考量了以上三个方面的因素，下面就要进行商圈的调查与确定了。

商圈是指有效吸引顾客前来本店购物的距离，它是以顾客来店所需时间来计算的。进行商圈调查有外因和内因两个条件：

（1）外因条件包括量和质两方面的条件。

①量的条件：人口、人口密度、家庭数目；流动人口；零售业销售额、面积；大型商店状情况；交通装备及交通量情况等。

②质的条件：年龄、职业、家庭人数及其构成；收入水平、消费水平；就业状况、城市规划、城市间的相互关系；竞争店及其分布；城市设施、商店街的规模等。

（2）内因条件包括主体条件和附加条件。

①主体条件：店铺规模、经营性质；商品组成、楼层构成及配置；吸引顾客的设施状况、停车场；促销、组织活动状况等。

②附加条件：文化、公共设施的有无等。

规模大小是连锁店经营的重中之重，所以，连锁店经营的启动最好一步到位，即使有困难，也应通过快速拓展的手段，力争在短时间内达到可观的经济规模，因为连锁店经营的优势就在于规模效益，一般而言，费用与开店数量成正比例关系，但连锁店达到一定数量规模时，不仅可以使进货价格下降，而且其他相对费用也会随之降低很多。

连锁店经营的成员扩展主要采取克隆的方法，即按照标准模式进行数量上的扩展。克隆不能过快过慢，克隆过快，会使店铺债务负担过重，会使组织瞬间达到庞大的规模，不利于根据市场的变化进行调整。克隆过慢，则不能很快达到规模效益，组织就可能陷入经营困境，甚至破产倒闭，而且复制过慢，等于减慢扩展市场的速度，某些市场空白点很可能就被他人抢得先机了。

顾客永远是完美主义者，因此，每一个连锁店都必须始终以顾客为中心，向他们提供优质的服务，从而树立起连锁店组织的整体优良形象。

制定一份详实周密的计划是成功的关键所在。店主在制订发展连锁店的计划时，一定要细化到每一步。

发展分店的几种形式

店铺经营者可以通过在不同区域、城市甚至国家开设分店而实现规模扩张。根据总店与分店的组织方式不同，我们可以将分店扩张分为开设单体店和开设连锁店两种形式。

1. 开设单体店

零售商可以根据扩张的目的与意图将分店开设在不同的区域。首先，可以在现有的商圈内开设一家与总店业态相同或业态互补的分店，通过分店与总店之间的不同定位，实现功能上的互补，从而在扩大店铺整体商圈范围的同时，获得市场方面的协同效应。其次，零售商还可以选择在城市中的其他商业中心区开设分店，利用总店的品牌效应迅速在市场中立足，扩大整个店铺在该城市的市场份额，这是为跳出总店商圈发展极限而寻求的扩张方式。最后，为避免特定城市的市场、政府法规等因素对店铺扩张的限制，还可以选择在其他地区或国家开设分店，同样是利用总店的品牌效应扩展新的市场。这种选择在新的地区和国家开设分店的行为，往往是该零售商在该地区或国家大规模扩张的前奏，因而这些分店往往会开设在该地区或国家的中心城市。但要以此为据点进行大规模扩张，店铺经营者必须加强分店与总店之间的组织化程度，这就会导致独立的单体店向组织程度更高的连锁店转化。

2. 开设连锁店

连锁商店恰当地运用了工业大生产的原理，零售商按照标准化运作和统一管理的理念进行组织扩展。在我国连锁经营的零售商中，大多采用特许连锁经营的方式。特许经营业主要有三种类型：

一是餐饮服务业领域的一些商业老字号、快餐店、特色店，利用自己的商誉、品牌、制作技术等方面的优势，吸收和采用特许经营方式，发展自己的特许经营组织，如北京“全聚德”烤鸭店、天津“狗不理”包子铺等，都采取了特许经营形式，发展比较快。具有一百三十多年历史的北京全聚德烤鸭店，于1993年就组织了国内外五十多家企业成立了中国北京全聚德集团。他们规定企业的质量标准、服务规模、企业标识、建筑装饰、员工着装、餐具用具等必须一致，如今不仅在全国各地开设了多家分店，而且已走出了国门，在国外开设了分店。

二是工商企业以知名品牌为龙头、以产品为依托，发展多种形式的专卖店销售网络，如以生产针织内衣著名的三枪集团，在不断推出新产品的同时，大力发展专卖店。再如上海开开股份有限公司生产的开开牌羊毛衫、衬衣，多次获得全国“金桥奖”第一名，在全国开设多家“开开”专卖店。

三是相当一部分超市、便利店、专业店连锁公司也采用了特许经营方式扩大经营规模，探索新的发展之路，如上海华联超市公司在创业之初主要通过直接投资、租赁网点开办直营连锁店，后来以特许经营方式开设分店。

零售商通过连锁经营活动将复杂的商业活动中的商店面积、业态、商品、服务、店名店貌等要素标准化；将采购、送货、销售、经营决策等职能分离，形成专业化；将经营活动中的商流、物流、资金流和信息流集中化；将各个环节、各个岗位的商业活动程序化、简单化，最终体现出连锁经营的规模经济效益，从而有效降低其组织交易的成本。正是由于连锁经营的上述集中化与标准化的特点，零售商能够在相对较短的时间内实现迅速扩张。零售商规模的扩大又会使其在供应链中的权力地位迅速上升，这使得零售商在与供应商交易过程中的影响力大为增加，从而能够在与供应商的博弈中占有优势，降低采购成本，进一步使店铺经营的总体成本降低。

建立健全商品配送体系

店铺进行发展和扩张之后，就需要完善的商品配送体系，以保证各分店的商品供给。在连锁店铺规模比较小、每店货运量不大的情况下，可采用社会化配送。就是将原来由许多连锁配送系统或厂家分别向分散在某个地区的连锁店铺送货，改为先将许多厂家的商品集中到社会化配送中心，在中心将商品按要送往的各个店铺进行分拣、配货，然后统一向各店铺送货。在连锁经营已初具规模的店铺，可建立本店的配送中心。配送中心从供应商处取得商品后，按照各连锁店的经营需要，快捷、准确地将商品配送到各个分店，并且依据高效率的信息传递和管理手段，对各分店的业务活动进行监督和控制。

不同模式的商品配送中心作业内容有所不同，但一般来说，商品配送中心的作业管理主要有进货入库作业管理、在库保管作业管理、加工作业管理、理货作业管理和配货作业管理。

1. 进货入库作业管理

进货入库作业主要包括收货、检验和入库三个流程。收货是指连锁店总部的进货指令向供货商发出后，配送中心对运送的货物进行接收。收货检验工作一定要慎重细致，因为一旦商品入库，配送中心就要担负起商品完整的责任。通常而言，配送中心收货员应做好如下准备：及时掌握连锁总部（或客户）计划中或在途中的进货量、可用的库房空储仓位、装卸人力等情况，并及时与有关部门、人员进行沟通，做好以下接货计划：

（1）使所有货物移动距离尽可能短，动作尽可能减少。

（2）使所有货物直线移动，避免出现反方向移动。

（3）使机器操作最大化、手工操作最小化。

（4）将某些特定的重复动作标准化。

（5）准备必要的辅助设备。

检验活动包括核对采购订单与供货商发货单是否相符、开包检查商品有无损坏、商品分类、所购商品的品质与数量比较等。数量检查有四种方式：

（1）直接检查，将运输单据与供货商发货单对比。

（2）盲查，即直接列出所收到的商品种类与数量，待发货单到达后再做检查。

（3）半盲查，即事先收到有关列明商品种类的单据，待货物到达时再列出商品数量。

（4）联合检查，即将直接检查与盲查结合起来使用，如果发货单及时到达就采用直接检查法，未到达就采用盲查法。

经检查准确无误后方可在供货商发货单上签字将商品入库，并及时登录有关入库信息，转达采购部，经采购部确认后开具收货单，从而使已入库的商品及时进入可配送状态。

2. 在库保管作业管理

商品在库保管的主要目的是加强商品养护，确保商品质量安全，同时还要加强储位合理化工作和储存商品的数量管理工作。商品储位可根据商品属性、商品型号、周转率、理货单位等因素来确定。储存商品的数量管理则需依靠健全的商品账务制度和盘点制度。商品储位合理与否、商品数量管理精确与否将直接影响商品配送作业效率。

3. 加工作业管理

加工作业管理主要是指对即将配送的产品或半成品按销售要求进行再加工，包括：

（1）分装加工，如将散装或大包装的产品按零售要求进行重新包装。

（2）分割加工，如对大尺寸产品按不同用途进行切割。

（3）分选加工，如对农副产品按质量、规格进行分选，并分别包装。

（4）促销包装，如促销赠品搭配。

（5）贴标加工，如粘贴价格标签，打制条形码。

加工作业完成后，商品即进入可配送状态。

4. 理货作业管理

理货作业是配货作业最主要的前置工作，即配送中心接到配送指示后，及时组织理货作业人员，按照出货优先顺序、储位区域、配送车辆趟次、门店号、先进先出等方法和原则，把配货商品整理出来，经复核人员确认无误后，放置到暂存区，准备装货上车。

理货作业主要有两种方式，一是“摘果”方式，二是“播种”方式。

所谓摘果方式，就是搬运车辆巡回于保管场所，按理货要求取出货物，然后将配好的货物放置到配货场所指定的位置，或直接发货。在保管的商品不易移动、门店数量较少且要货比较分散的情况下，常采用此种方法。

所谓播种方式，是把所要配送的同一品种货物集中搬运到理货场所，然后按每一货位（按门店区分）所需的数量分别放置，直到配货完毕。在保管的货物较易移动、门店数量多且需要量较大时，可采用此种方法。

在实际工作中，可根据具体情况来确定采用哪一种方法，有时两种方法亦可同时运用。

5. 配货作业管理

配送作业过程主要包括计划和实施两个阶段。

（1）制定配送计划。配送计划是根据配送的要求，事先做好全局筹划并对有关职能部门的任务进行安排和布置，全局筹划主要包括制订配送中心计划、规划配送区域、规定配送服务水平等。制订具体的配送计划时应考虑以下几个要素：连锁企业各门店的远近及订货要求，如品种、规格、数量及送货时间、地点等；配送的性质和特点以及由此决定的运输方式、车辆种类；现有库存的保证能力；现时的交通条件。从而决定配送时间，选定配送车辆，规定装车货物的比例和最佳配送路线、配送频率。

（2）配送计划的实施。配送计划制订后，需要进一步组织落实，完成配送任务。配送计划可以分三步来完成：

①做好准备工作。配送计划确定后，将到货时间、到货品种、规格、数量以及车辆型号通知各门店做好接车准备。

②向各职能部门，如仓储、分货包装、运输及财务等部门下达配送任务，各部门做好配送准备。

③组织配送发运。理货部门按要求将各门店所需的各种货物进行分货及配货，然后进行适当的包装并详细标明门店名称、地址、送达时间以及货物明细。按计划将各门店货物组合、装车，运输部门按指定的路线运送各门店，完成配送工作。

如果门店有退货、调货的要求，则应将退调商品随车带回，并完成有关交接手续。

建立自己的品牌

好多店铺经营者认为，建立品牌是生产厂家的事，自己只是经销这个或那个品牌的产品而已。其实，这是一个非常错误的认识。店铺也可以建立自己的品牌，从而做大做强。

店铺的品牌就是对这个店在某个地区或是某个行业的实力和形象，进行一个明确的概括。店铺经营者可以通过一定的渠道和手段把自己的品牌进行传播和扩散，从而在某块区域市场或是行业市场形成一定的知名度和影响力。这样就能在消费者的心中树立良好的形象，而且也能使相关的厂家和商家在与店铺的合作中，有更明确的指向性和合作信心。

既然品牌形象对店铺的发展非常重要，那么，店铺该如何树立自己的品牌形象呢？

1. 用诚信经营铸就金字招牌

一个成功的经营者，要有长远的眼光，要通过诚信经营来打造店铺的金字招牌。在经营中，常会有个别的店铺经营者只盯着眼前的蝇头小利，丢掉了最起码的信誉，最后不仅没有树立经营品牌，还给自己的店铺带来了负面影响。比如，每到年底，一些名优卷烟供不应求，有些“聪明”的经营者就从非法渠道进一些假冒伪劣卷烟来销售，结果被顾客发现并举报，被相关部门查处，最终失去了经营信誉。靠一时的小聪明也许能获得眼前的利益，但是要想打造一个属于自己的品牌，还得靠诚信经营。

2. 赢得顾客好口碑，无形中树立品牌

零售店要想树立自己的品牌形象，首先要赢得顾客的好口碑。但赢得顾客的好口碑并不是容易的事。现在顾客的要求高了，他们不仅重视商品价格、商品质量和服务态度，还会拿你的店和别的店进行比较，对店铺的综合素质进行考验。当顾客经过综合比较后，发现你的经营水平确实非同一般，你的人品值得他们信赖时，他们才会认可你的店铺。所以，获得顾客的好口碑不容易。我们在日常经营中要学会善待每一名顾客，尽可能地把服务工作做得尽善尽美。

好口碑不是靠投机取巧得来的，而是实实在在地干出来的。开店搞经营，脚踏实地是根本。经营者要想树立自己的品牌，先要赢得顾客的好口碑。好口碑才能带来人气，带来好生意。

3. 重视店面形象，打造良好品牌

不管是大卖场还是小百货店，店面形象对店铺的品牌形象有很大影响。小店铺的经营者除了要为顾客提供良好的“软服务”外，还要注意在店面形象上下工夫，给顾客创造一个良好的购物环境。店面形象好，能帮店铺吸引更多的顾客。比如，同一个小区内有两家规模和装修水平相当的店铺，一家店铺的店内外打扫得干干净净、店内商品摆放得整整齐齐，另一家店内外堆了不少杂物，柜台内商品随意摆放。顾客肯定会选择前一家店铺，因为顾客去前一家店铺购物，挑选商品更方便，感觉更舒适。

4. 以贴心的服务创造品牌

现在的零售市场竞争激烈，店铺要想有立身之地，就要有自己的特色，有值得顾客留恋的地方。其实，零售店之间的竞争，就是一种服务的竞争，只有在服务方面下工夫，为顾客提供一些超值服务，比如对顾客实行送货上门服务等，才能把店铺的品牌树立起来。

在店铺品牌创建的过程中，经营者还要注意一些细节，做好充分的思想准备：

（1）品牌不是一两个月就能建立的，而是要花上一年乃至数年的时间。

（2）品牌不是建成之后就可以一劳永逸的，而是根据市场反馈状况，需要持续维护与调整的。

（3）品牌不能直接带来收益，还需要与整体的销售管理系统配套才能发挥作用，并且品牌的作用一般都是锦上添花，但不会雪中送炭。

总之，品牌形象对店铺的发展起着非常重要的作用。店铺要想获得良好的发展，就必须下大力气，做好各方面的工作，创建属于自己的品牌。

提升文化，店铺晋级的必由之路

文化价值是小店创业者常常忽视的一个问题，也是有些小店不能持续发展的根本原因。小店文化搞好了，再配上行之有效的制度、科学的管理，经营起来必将事半功倍。

也许大部分小店创业者认为，对于一家规模不大的小店来说，文化理念毫无利用价值。在他们眼里，文化应是像海尔、苹果、索尼、宝洁等这样的商业巨头考虑的事情。

然而在实际经营活动中，无论是脍炙人口的跨国公司，还是面积不大的小店，都能创造文化，小店当然也有小店的文化。如果小店也展现出了自己独到的文化价值，那么，这对于提升小店的品位及小店在顾客心中的地位都能起到良好的作用。

1. 小店文化经营大有学问

小店文化是小店在经营活动中自然而然形成的经营理念、经营目的、经营方针、价值观念、经营行为、社会责任、经营形象等的总和，是小店个性化的最终体现，是小店生存、竞争、发展的灵魂。这需要小店创业者用心去发现、用心去挖掘。

那么，该如何提升小店文化呢？

小店创业者要保持这样的心态：在建设和提升小店文化的过程中，要结合小店的实际情况，以培养小店精神为核心，以人本管理为重点，以诚信经营为基石，以学习创新为动力，全员参与，将小店文化的理念内化于心、固化于制、外化于行，内强素质、外树形象，使文化转化为小店的凝聚力、向心力和竞争力。这些就是组成小店文化的密不可分的重要部分。

拿快餐店来举例，无论经营何种食品，必然有一定的“饮食文化内涵”，无论大店还是小店都是如此。就外观而言，两者间最大的区别是投入资金程度上的差异，但就本质而言，它们同处在一个“文化性”的竞争平台上，所以，小店创业者们大可不必因为成本资金少而羡慕那些大酒楼、大饭店，只要方法得当，同样可以一鸣惊人。

当今社会的经济技术发展水平使得产品和服务都极容易被竞争对手效仿甚至抄袭，我们将之冠名为“同质化现象”，其根本就是文化的导入产生出的“文化内涵消费”。消费者对店家所经营的商品或提供的服务价格高低无所谓，而是冲着那一份“文化内涵”去消费的。所以，提高小店的文化品位，这对小店未来的发展有百利而无一害。

2. 营造小店文化氛围

纵观小店文化氛围的营造，当推香港。香港的很多小店在营造文化氛围方面都有其独到之处。

在香港九龙油麻地的街市上，有一个以摊主的名字命名的摊位叫“佩莲菜摊”。这个菜摊的装潢风格充满了浓郁的文化气息。菜摊上挂满了对联和诗句，非常醒目。菜摊正面挂着一副在红纸上用金色油漆写成的对联，上联是“佳偶合作从今起”，下联是“天成富裕万年长”。菜摊上还挂着一些好兆头的诗句，如“春风得意满堂红，和气生财合家安，丰衣足食人享乐，心想事成好时光”，“玉树荣枝迎福禄，珠联璧合庆和谐”等。

正是凭借着这般独具魅力的文化价值，这家不起眼的小菜摊成为了香港一道亮丽的风景。“佩莲菜摊”虽然以经营蔬菜为主，但其浓厚的文化氛围烘托出了小摊位独树一帜的特色，自然就会为其带来源源不断的客源。

由此可以看到，在创建小店文化的过程当中，小店文化氛围的营造是关乎到自身是否可以健康发展的重要环节。它需要结合商圈、顾客群的特点，符合中国人的传统观念，多一点儿儒雅、少一点儿功利，使顾客在和谐有序的气氛中购物。

所以说，小店要想在与别人竞争的过程中占据优势地位，就要运用一些其他竞争者所没有的“武器”，以凸显小店的个性和文化品位，抓住顾客的目光。

盲目追求店铺规模不可取

开店正确的目标必须是追求“利润”，而不是规模。衡量一个店铺的发展战略正确与否，就是看你的利润增加了还是减少了。

如果店铺盲目追求规模的扩张，将是非常危险的。因为一般来说，店铺的资金量不会太大，而且又处于初期阶段，没有抗风险能力。这时如果把店铺当成大公司运作，全线出击，撒大网捞小鱼，则往往会徒劳无功，最终致使店铺运作失败。不只是小的店铺，即使是大的连锁店铺，如果盲目扩张，也会陷入困境。星巴克就是最典型的事例。

星巴克是全球最大的咖啡连锁店，其扩张的速度让人感到震惊。2006年，正处于快速发展期的星巴克公布了一项大跃进式的扩张计划。根据该计划，在未来3～5年内，星巴克打算在美国本土和海外市场开设约1.5万家分店，年营业收入增幅达到20%，年利润增幅将保持在20%～25%之间。而在星巴克创始人舒尔茨看来，星巴克的最终目标，则是要在全球开设2.5万家连锁店，就像在全球有近3万家分店的麦当劳那样，使星巴克的门店无处不在。

这一疯狂扩张的战略得到了很好的贯彻。在过去的10年里，星巴克的门店由1000家扩张到1.3万家。一个突出的例子是，星巴克在加利福尼亚州拥有1400多家分店，但仍然以每天新开5家分店的速度增加。以至于美国流传着这样的笑话，如果美国某街道的星巴克门店失火，那么消防队队员必须让该门店的星巴克顾客撤离。撤离到哪里呢？马路对面的另一家星巴克。因为50米之外或是马路对面肯定会有另外一家星巴克。

这种大跃进式的扩张最终让星巴克尝到了苦头。2007年，星巴克在美国业绩大幅下滑50%。2008年1月，舒尔茨作为星巴克的创始人不得不重新出山救火，出任该公司董事长兼首席执行官，来应对疯狂扩张带来的运营压力，并当场宣布关闭100家门店。

到了2008年7月初，星巴克不得不宣布，将关闭美国本土600家分店，并准备在未来9个月里裁员1.2万名。这600家分店占星巴克在美国总店数量的19%。8月初，星巴克公司发布的2008年第三季度财务结果显示，截至2008年6月29日的13周时间里，该公司净亏损670万美元。而2007年同期该公司的净收入还是1.583亿美元。这也是星巴克上市以来的首次亏损。事实证明，星巴克为自己在2006年制定的疯狂扩张战略付出了惨痛的代价。

由此可见，店铺的发展一定要稳扎稳打，盯住经营，而不是只顾着扩张。一般来说，店铺在盲目扩张的过程中，会存在如下问题：

（1）缺乏合理规划，盲目投资，未能形成合理、有序的整体布局。一些连锁店铺往往不能根据自己的业态特点和市场定位来确定网点布局，没有做详细的市场调查和投资规划，不搞可行性分析和论证，就一哄而上，在商业中心区重复布点，使大商场过于密集，出现饱和，结果导致连锁店不是亏损就是关门。

（2）管理混乱。管理上的混乱表现在两个方面：一是总店的机构和职能的不健全，无法提供有效的管理。二是总店、分店关系不明确，造成体制上的混乱。

（3）经营缺乏特色，定位趋同，业态单一。许多店铺停留在单体规模大的百货公司这种业态上，在商品经营和提供服务方面都千篇一律，缺乏独到和创新之处。这样就失去了和同业竞争的能力。

（4）资金紧张，负债率高。发展连锁店需要大量资金投入，且非在短期内可以回收。对中小型店铺来说，大力扩张靠本身的财力是相当困难的。而一些大型企业，由于对外迅速扩张，靠自有资金也无法支撑。所以大多数连锁店依赖银行贷款，有些还要拖欠厂家货款。同时由于盲目扩张会导致销售额下降，利润水平降低甚至亏损，更使连锁店无法偿还债务。

（5）品牌意识薄弱。品牌是店铺的无形资产，是店铺的社会声誉，它不仅代表了店铺的整体形象，同时也是店铺进行连锁经营、扩大规模的基础。但很多店铺的经营者缺乏品牌保护意识，或者没有将树立自己的品牌放在重要地位上，从而导致店铺竞争无力，扩张失败。

因此，作为刚开始发展起来的店铺，经营者一定要保持清醒的头脑，务必要保存自己的有生力量，随时防止市场突如其来的变故，该精兵简政的一定要简，集中自己有限的资源，做到稳中求胜，千万不要盲目扩张！

Part 13 第十三章

借势创业——加盟连锁投资虽大见效快

为什么要选择连锁加盟

连锁加盟是一种最简单、成功率最高的经营手段。它提供了一种双赢的模式。许多初次创业者缺乏资金和市场经验，连锁加盟可以让不熟悉开店之道的人以相对较小的风险开创自己的事业。与单一的独自经营、独自创业相比，连锁加盟店业态的经营具有很多无可比拟的优势。

1. 连锁加盟店的风险比较低

据一项调查显示，在投资者首次创业时，加盟的成功率达 80% 左右，而投资者自行开店的成功率仅为 20% 左右。客户在加入连锁体系后都获得了不同程度的成功。例如，餐饮业，如果能加入肯德基、麦当劳、星巴克等著名连锁店，成功的概率都高达 98% 以上，也就是这些连锁的加盟店基本上都是胜券在握的。

2. 连锁加盟店减少了创业初期的困难

一般来说，开店创业初期最艰难。而加盟了连锁企业后，由于加盟总部拥有的连锁系统、商标、经营技术都可以直接利用，比起投资者独创事业，在时间、资金和精神上都使创业者减轻了不少负担。同时，授权者通过输出自己成功的行业经营经验和管理模式，可以帮助加盟者改进管理。加盟者可以在很短的时间内，花较少的精力学习到成功的经营管理经验与知识，少走很多弯路。

3. 连锁加盟店能获得消费者的信任

加盟者可以用较小的代价，分享授权者经过长期经营努力形成的品牌和信誉，从而有力地促进了店铺的销售。加盟店由于承袭了连锁系统的商誉，等于给顾客吃下了定心丸。消费者面对这样新开张的店或是不熟悉的店，都会有亲切感和一定的信任度。消费者在对自己的消费行为不确定时，往往是对品牌信任的力量促使他们做出决定。比如，消费者想吃快餐，就会自然想到麦当劳、肯德基，而不愿去路边的小快餐店。品牌的影响力不是一朝一夕可以形成的，是企业用心经营的成果。因此，对于加盟者来说，直接借用知名品牌的力量，实在是一件省心省力的事。

4. 连锁加盟店会减少同业的竞争

那些著名的连锁企业都会有非常合理的网点布局。在某一个区域的开店数量是经过严密计算的。所以加盟者不用担心自己的店铺周围出现相同品牌的竞争者。如果出现其他品牌的竞争者，由于有加盟总部作为其坚强的后盾和支援，所以加盟店会有强大的竞争力。而且总部会不定期地协助加盟店对周围的环境进行市场调查，如顾客层形态的变化、消费倾向的改变等，以帮助连锁加盟店采取对应的措施，使得加盟商能够安心经营。

5. 加盟店能获得系统专业的培训

加盟总部通常都会为加盟者提供系统专业的培训，以指导加盟店的经营。加盟者可通过接收来自专业连锁总部有针对性的培训和指导，不断提高自己的经营和管理能力。加盟者即使没有同类业务的经验，也能通过这套程序，经过短期培训，直接拥有和经营该类业务。经验对于投资者来说是极其宝贵的，没有经验往往就意味着无法投资，而加盟总部正是扮演了一个师傅的角色，通过其系统的培训，将投资者逐步带进门。

6. 加盟店可以及时享受总部产品设计和研发的成果

优秀的加盟连锁企业，为了提高自己的商誉，会不断开发独创性、具有高附加值的商品，以产品差别化来领先竞争对手。加盟店则是最大的受惠者，而这对于独自创业的人来说，很难做到。

7. 加盟店比自行创业经营成本更为低廉

一方面，连锁经营企业通过统一采购可以享受大批量购买的优惠，增强与供应商合作的力度，降低采购成本，大大节约采购费用。如果自己创业，则商品、原材料进货等都可能遇到种种困难。而加盟店则由总部大规模生产及订制，甚至连设施、货柜、杂项装备等，都可以更便宜地买进。

另一方面，连锁经营企业可以集中资源用于广告促销，降低广告促销的平均成本，加盟店不用再自己掏腰包，费力地到处张贴广告。

当然，任何事情都不可能是完美无缺的，连锁加盟也有其自身的缺点。

比如，由于连锁企业对于全体的一致性要求严格，加盟店想完全独立自主是不太可能的。通常而言，合同书上会有详细的规定，因此，加盟店不太可能有自己太多的创意。

但不管怎么说，连锁加盟的优点大于缺点，对于想创业又苦于资金或经验缺乏的人来说，可以尝试选择这种经营模式。

怎样选择连锁加盟行业

俗话说“男怕入错行，女怕嫁错郎”。对于选择连锁加盟的创业者来说，就必须选对行业，选择行业是加盟的第一准则。创业者需要了解行业的发展前景和准备开店地点的市场情况，如果行业没有前景或者这个行业在当地已经处于市场饱和状态，也就没有做的必要了。具体来说，加盟行业的选择可从以下五个方面进行：

（1）要选择一个成熟的行业。作为个人投资者来说低风险是很重要的，一个不成熟的行业往往意味着危机四伏。

（2）要有良好的发展前景。如果这个行业正处于成长期，表示目前的竞争对手还不算太多，整个市场在今后的成长空间很大，越早投入，获利的可能性就越大，积累的经验就越丰富，赚钱的概率就越高。创业者如果想要加入已经进入竞争期、项目过于密集的行业，必须仔细斟酌，衡量风险。

（3）选择自己熟悉的行业。不同的行业有不同的市场特点、经营方式等，如果创业者对打算加盟领域的市场空间、经营方式等有一定的了解，再加上成熟加盟品牌的市场号召力，就会如鱼得水。因此，创业者在选择加盟项目时，要有门当户对的观念，尽可能选择自己熟悉的行当和领域。在具备一定条件的情况下，可以选择进入壁垒高的行业，这样可以大大减少行业内的竞争。

（4）选择利润比较高的行业。选择的行业利润要高，这样才符合投资的初衷。譬如说美容业，这是被权威杂志《财富》誉为21世纪最朝阳、最有发展前景的产业。

（5）要与本地市场具有兼容性。选择了连锁加盟行业，还要在当地进行大量的市场调查，分析此行业在当地的发展情况，是否具有兼容性，已有的加盟商的相关情况以及选址等实际问题，不要盲目上马。

吴女士加盟了深圳某童装品牌，地址设在北京。当她购进冬装时，收到的却是秋装系列，根本适应不了北京即将到来的寒冷天气。一经询问，才知道总部的服装是根据深圳的天气情况设计的。很显然，吴女士在选择加盟店时不够慎重，没有做市场兼容性的分析。

对于创业者而言，掌握了一般的选择加盟行业的方法，还要了解我国哪些行业比较热门，“钱”景好。从目前各行业连锁经营的发展态势和投资人的加盟热点来看，美容健身、汽车养护、便利店、服饰店、家装、房屋中介、教育培训、餐饮、洗衣店等已成为投资热门。

1. 美容美体、健身养生行业

《中国美容经济调查报告》显示，美容美体业正成为中国继房地产、汽车、旅游和电子通信之后的第五大消费热点。近年来健身养生、美容美体经济一直以每年15%以上的速度持续增长。

2. 汽车养护行业

据统计，汽车的销售利润在整个汽车利润的构成中仅占20%，零部件供应的利润占20%，而50%～60%的利润是从汽车服务业中产生的，尤其是汽车养护业。在国内，全国私人汽车的保有量已占汽车总量的1/3以上，在北京等大城市，私人汽车拥有量还在大幅度地增加。所以，汽车养护业作为我国的一种新兴行业，发展势头日趋迅猛，而对于投资者来说，投资这个行业也是一个不错的选择。

但是，值得注意的是，汽车养护用品目前还没有一个统一的国家标准，市场上的产品鱼龙混杂，因此，创业者事先要对总部进行正确的评估和挑选。

3. 便利店

据商务部的统计数据显示，在百货、超市等零售业态毛利大幅缩水的情况下，便利店已成为我国连锁业发展模式中新出现的亮点。

据业内有关人士透露，在我国，扣除各种开支之后，便利店毛利率也在25%左右。除去每个月的人员工资、水电等费用后的净留存，加盟便利店的老板每个月挣万余元是没有问题的。这种诱惑对加盟者的吸引力可想而知。

但是，对便利店的投资也不能盲目跟风，投资者一定要精心挑选总部。强大的总部应该有一套可供复制的开店支持系统，包括加盟店选址的市场调研、店铺陈列、区域物流配送等。

4. 服饰行业

在传统行业中，服饰行业是个永恒的朝阳产业。中国是世界上最大的服饰品消费国，很多城市“月光族”们的消费清单上，至少有1/3是为了追求靓丽而血拼服饰品的开支。

与其他行业相比，服饰行业的投资门槛低，不需要太多的专门技术，几万元就可以开个不错的小店，而且如果能选择一个正确的专业性加盟总部，即使没有创业开店的经验，也可在连锁总部的指导下较为轻松地获得创业成功，而面临的市场风险则相对较小。

5. 餐饮行业

餐饮连锁是连锁加盟的主导力量，在连锁经营领域的发展中一直起着火车头的作用，如全聚德、东来顺、重庆小天鹅等著名品牌，成功率非常高，但这些著名品牌的加盟费和单店投资的费用都比较高，需要投资者根据自己的实力做出选择。

6. 家装行业

现在，我国的住宅装饰装修业已经成为国民经济发展的重要支柱产业，每年家庭装修消费和装饰用品消费都是非常庞大的数字。家装连锁经营模式前景十分广阔，其巨大的商业空间受到了越来越多投资者的青睐。

但是，目前我国家装行业的连锁经营还没有形成完整意义上的规范，整个家装市场还处于一个相对滞后、混乱的市场格局，这个行业还需要进一步的完善和成熟。

了解拟加盟连锁项目的费用

在鱼龙混杂的市场中如何筛选和甄别出理想的加盟项目是一件需要认真对待的重大选择。作为投资者的您，准备好了吗?

虽然事实证明加盟一个成功的特许经营体系，是一种个人商业经营创业的正确选择，但是，并不是每一个自称成功的特许经营体系都是经过市场检验的。我们看到市场上的特许经营企业存在着良莠不齐的现象。同时，即使是一个优秀的特许体系，在具体选择时，我们也必须经过深思熟虑，试问自己这种经营方式适合我吗?

很多特许经营企业吹嘘，购买特许权加盟他的企业是成功的保证。他们会告诉你成功率是95% ~ 100%。然而，并不是所有的特许经营都能保证您投资的安全。红高粱、红苹果还有很多名噪一时的企业都失败了，更有甚者，市场上大有假借“特许加盟”“特许连锁”“特许经营”等名目进行欺诈的骗子们。结果是，上千个创业梦想破灭了，上亿元的投资流失了。购买特许经营权加盟一个连锁体系可能让你实现一个美梦，但也可能是一场噩梦。关键是要买得明智，也就是说，在签合同之前，你要先做计划和调查。凭借认真的学习、详细地考量，结成您的商业婚姻——加盟到某个特许经营体系中，从而开始创建自己的生意，创造个人财富。

对于个体创业者来说，最关心的恐怕莫过于加盟费用了。下面我们就给大家列出一般加盟所需要的费用。希望可以使您获得有益的参考。

1. 先期投资范围

例如，根据金师傅餐饮管理有限公司制定加盟店硬件设施规范要求，有店号灯箱招牌等标识制作，厨房、店堂内外装修、经营设备购置、经营手续办理、统一服装与餐具等。

一般30平方米的店面，参考投资费用需3.5万元左右，其中不包括房租金、店面转让费、空调。

2. 加盟及品牌使用费

（1）创业者如加盟“金师傅”特许经营，公司依据互惠互利、共谋发展的宗旨，充分照顾到创业者加盟后的资金使用效率，免收加盟金。加盟店开张营业时，公司按月收取“金师傅”商标、品牌、店号、服务标记等加盟管理费1000元。

（2）为保持公司与加盟方长期有效的合作经营关系，有些公司会采用先供货后结账的方式，依照双方约定的结账日期结账。双方以信誉为本，公司与加盟方结账周期原则上为五天。

以上是一般的加盟费用，当然也要根据具体问题具体分析。但无论如何，我们都应该照自身的状况量力而行，找到一个最适合自己的加盟方式，这样你的店铺才能给你带来收益上的回报。

如何挑选加盟品牌

选择什么样的加盟品牌对创业者来说是非常重要的。因为连锁加盟是一把双刃剑：选好了品牌，往往就顺风顺水，财源广进；选错了品牌，则只能自认倒霉，损兵折将。所以，连锁加盟的第一步，也是很重要的一步，就是要从选择加盟品牌开始。

1. 要看所加盟品牌公司的基本情况

了解清楚品牌公司的发展情况，包括发展历史、现状和未来走势，对你的选择决定十分重要。如果条件有限的话，至少应该弄清楚公司的以下基本情况：

这家公司的信用情况好吗？

发展第一家加盟店到现在有多少年历史？

目前有多少家自营店、多少家加盟店？计划扩张到多少家店？

公司是否有拥有自己的生产基地？

公司同时经营的品牌一共有几个？

除了总部之外，公司有没有全国其他地区的分公司或办事处？

你接触到的公司销售人员是否够专业？

2. 要看其产品是否被市场所认可

每一个立志加盟的创业者，对投身的项目是否值得加盟，一定要考察清楚两件事——产品本身是否具有过硬的品质、项目的实施是否具有广泛的适用性。无论你是加盟大品牌还是小品牌公司，最终出售的还是一种产品或服务，这就需要加盟者在加盟项目的产品或服务等实质内容上多加考察，它是否具有市场生命力。

在评选项目的时候，加盟者切忌只看宣传图纸上的介绍，或者只听对方天花乱坠地吹嘘盈利前景是多么美好。这时候，需要有心的加盟者细细地测算该产品或服务大致的市场定位、市场前景及占有率、有效消费量等。

3. 要看所加盟的商标品牌的知名度

要选择加盟品牌，就要对你所要加盟的品牌在当地的口碑是否良好、产品受欢迎的程度如何等情况进行详细考察。

首先，该品牌在全国各地区的受欢迎程度如何？在消费者心目当中的地位如何？你可以直接向品牌公司索取其以往的销售数据，也可以从侧面了解，由商场、经营过该品牌的代理商处了解到它的销售情况。其次，根据该品牌的定位以及产品风格，在当地大概有多少比例的人会对此产品有兴趣购买？由此来判断你的目标顾客群人数是不是足够。最后，产品定价在类似品牌中是不是具有价格竞争力？设计风格跟当地消费者的消费习惯和偏好是不是吻合，尽量避免矛盾和冲突的可能性。

需要指出的是，产品的受欢迎程度一方面是一个品牌多年来慢慢沉淀的结果，另一方面也是跟公司的广告支持密切相关的。如果一个品牌持续性地在全国性的媒体上投放广告，保持一定的媒体曝光率，跟它的受欢迎程度一定是成正比的。

4. 要看品牌公司对加盟者所提供的支持

对加盟者的支持包括人力资源培训、广告、营运、后勤资源、配送系统等，这是最重要的一点。加盟商大多缺乏生意经验，要保证生意的高成功率，非常需要公司的培训支持。大到店铺形象、陈列指导，小到货品管理、促销手段的运用，如果品牌公司能够有一整套的方法培训你，那你生意的成功就有了一大半的保证，反之则前途渺茫。所以，在签约加盟之前，投资者要问清楚公司能够给你多少培训和服务支持。

成熟的品牌公司在各地的加盟店应该像是一个模子里刻出来的，在形象、道具、货品陈列、店员的服务等各方面都是统一的。要想了解一个公司管理培训加盟店的水平如何，很简单，多看几家不同地区的店，情况就一目了然了。

5. 要看所要加盟品牌的规模

一般说来，越大的品牌越能得到社会的认同，作为一个整体，它在商业谈判中往往能得到比其他小品牌更为优惠的待遇，这从根本上也降低了经营成本，加盟者更能实际分享到实惠。所以，在选择加盟品牌时要尽量选择规模比较大的公司。

总的来说，对加盟品牌的选择要细致谨慎，要有主见，不能听别人的怂恿，就盲目选择自己不了解的公司。对这些需要注意的地方，我们总结了“十要”和“十戒”。

加盟“十要”：

（1）要自我评估是否适合做加盟，以及愿不愿意配合加盟总部的各种规定。

（2）要洞悉未来趋势，并结合兴趣与对产业的认同，选择合适的项目。

（3）要评估资金状况，与财务顾问或会计一起讨论可投资的额度。

（4）要在加盟前考察市场，看是否有长期发展的潜力，以及顾客的承受程度如何。

（5）要过滤浮夸不实的连锁公司，三思而后行，别被包赢包赚的承诺欺骗。

（6）要找发展多年、经验丰富，且连锁店数达一定规模的品牌。

（7）要与总部面对面洽谈，了解总部的经营实力与企业性格。

（8）要在加盟签约前，深入了解合约内容以确保自身权益。

（9）要了解开店前的总部支持体制，以及开店后总部的经营指导内容。

（10）要做好万全的准备，抱定比别人更努力的心态。

加盟“十戒”：

（1）戒认为加盟保证赚钱，当大老板的美梦马上成真。

（2）戒缺乏加盟基本知识，不知需要如此多的资金，会有如此多的束缚。

（3）戒加盟赶流行，别人正在赚钱的项目，马上跟进，希望能海捞一票。

（4）戒听信连锁公司员工的吹嘘，不用心打听，糊里糊涂就加盟。

（5）戒签约后才发现合约的内容与当初想象的不同，因而与总部争论。

（6）戒所有事情都交给总部管理，自己什么都不用动脑筋。

（7）戒每天为了筹钱偿还加盟时借的债，无心全力投入经营。

（8）戒根本不具备实际操作能力，想依靠加盟来弥补自己的不足。

（9）戒投入技术难度高的加盟系统，却又没有耐心及毅力坚持下去。

（10）戒不愿接受总部指导，不愿执行总部命令，不愿配合总部计划。

看清连锁店总部的“脸”

在选择连锁店总部时，我们应该认真甄别对比一下孰优孰劣。尽量选择那些有实力口碑好的大型连锁店加盟，这样对于店主来说承担的风险自然就会小很多。

那么面对市场上良莠不齐的众多连锁店，我们到底应该如何看清它们的真实面目呢？有些品牌虽然犹抱琵琶半遮面，但是通过总结我们还是有办法能够看清它们的真容的。

下面是几种典型的连锁店总部的类型。

（1）理想伙伴型。这类连锁店的总部通常具有丰富的管理经验、较好的管理制度以及先进的经营思想。它们普遍重视销售组织的建立和人员的培训，市场推广能力强、自身销售网络健全、覆盖面积广，而且与当地的政府及银行等机构有着良好的信誉和合作关系，通常在当地拥有良好的口碑。

这类连锁店是加盟的首选，投资者可以考虑优先给予授信和促销支持，可以列为将来升级为战略合作伙伴的候选单位。

（2）中规中矩型。这类连锁店自身的经营实力一般不大，市场开拓实力也不算强，但信誉较好，虽然短期内难以有很好的业绩，但常常还是能够完成与企业签订的销售任务，回款基本不过分拖欠，如确有困难，通常会知会企业说明情况，赖账的现象较少。

这类连锁店可以列为加盟的候选对象，可以派遣调查人员进一步了解其企业内部经营状况，汇总出一份详细的调查报告。该类连锁店可以列为长期合作，逐步升级的合作伙伴。

（3）店大欺客型。这类连锁店具有非常完善的经营管理思想和方略，资金和市场开拓实力都很雄厚，通常是当地商业的佼佼者。这类连锁店往往认为自己的经营业绩很好，所以对加盟商的要求比较高，甚至到了苛刻的地步。例如，除了要求加盟商具备良好的资质以外，还要缴纳品牌使用费、店内发布POP广告的宣传费、店外促销的场地费等，有的商家向加盟者索要的费用几乎到了令加盟者无法承受的地步。

（4）善变型。这类连锁店的经营管理与市场开拓实力均较强，自身拥有较大的销售网络，并常常拿这个资源作为与加盟商讨价还价的筹码，令一些自身资金不充裕，但是急于加盟创业的投资人乖乖就范。而且还经常向加盟者提出各种各样的诸如增加返点、要广告费、促销费、促销品的要求，一旦加盟商回应稍慢，他们就会暂缓供货速度和减弱推广力度来进行威胁。

（5）低能型。这类连锁店通常资金实力与市场开拓实力都很低，销售网络不健全，通常只在与几家与他们的实力和信誉差不多的批发商在合作，资金上常常是拆东墙补西墙，有钱或者被逼无奈时就给，否则拖欠就是常事，没准哪天你一觉醒来，他们已经没了踪影。

对于这类连锁店，原则上企业应该避免与其合作，如果合作，一定要坚持款到发货，现金交易。

（6）恶意窜货型。这类连锁店通常是倒货做惯了，根本无心踏踏实实地做市场。他们看好某种产品，就会百般想办法和企业搭上关系，签下经销协议，然后摆开门面做样子，暗地里却做着倒货的勾当，扰乱企业的市场秩序，破坏企业的价格体系。

（7）空手道型。这类连锁店通常无资金、少网络，一味地屯货、倾销、买空卖空。他们会摆出一副财大气粗的样子来迷惑加盟者，一旦加盟费用到手就无限期地拖延开店时间，直到他消失为止，或者以货品暂时供应不足等理由企图浑水摸鱼蒙混过关。

只有看清连锁店总部的真面目，才能让我们这些投资者有的放矢地将资金投入进去，避免竹篮打水一场空的商业风险。

绕开连锁经营中的陷阱

世界上任何事物都有两面性，特许连锁经营也不例外，既有其诱人的魅力，也有其自身的缺陷。加盟商如果选对连锁总部等于成功了一半，但一旦上了“贼船”，将会一失足成千古恨，枉费一腔心血，甚至影响整个后半生的生活和情绪。因为加盟商经营失败对于总部不过是整盘棋中的一颗棋子，而对于加盟者则是他们的积累和事业的全部，如果选错特许总部，那加盟商将时时处于羊狼共舞的危险。

由于加盟者和连锁总部之间的地位并不是完全对等的，加之加盟者在加盟之前，往往对自己将要开展的事业抱有极大的热忱，因此，这时加盟者很容易落入某些居心不良的人的圈套之中。下面将常见的几种特许经营陷阱列举出来，提醒加盟者小心防范。

（1）有一项很赚钱的连锁经营业务，总部向你保证，只要你投资就能100%赚钱。

（2）商标不是注册商标，不受法律保护。

（3）连锁总部是一个自然人而不是一个法人机构。

（4）连锁总部打着“知识经济时代，知识就是金钱”的旗号，实际上他卖给你的只是一个概念，而他自己却从未经营过这项业务。

（5）连锁总部虽然自己有过经营历史，却从未赚过钱，所以刚入行的你千万别指望你的运气比他好。

（6）不需要你干什么事，只要你肯“宰熟”，所赚的钱完全来自你的亲朋好友。

（7）不管你是谁，只要你肯花大价钱买他们的商品就可以加盟，而一旦你出了钱，连锁总部坚决不让你退货。

（8）当你想了解其他加盟商的经营情况时，连锁总部却振振有词“商业秘密不容侵犯”，他要你做的只是“服从命令听指挥。”

（9）当你提出要考虑考虑时，连锁总部却急促地告诉你，有数不清的人要加盟，“时间紧迫，过了这个村就没这个店了”。

（10）当你在对总部管理能力进行考评时，发现人员很不稳定，换人频繁。但当你询问频繁换工作人员的原因时，得到的解释可能是：连锁经营有它的固定结构和运作方针，在这样的模式下，谁做都一样，人不是问题，重要的是体制。

（11）对于你要认真研讨连锁经营合同条款时，总部的人却告诉你：“我们的制度是弹性的，制度是要人来掌握的，不能僵化和教条。”

所以，作为一个潜在的加盟商，你在投资过程中遇到以上情况，千万不要疏忽麻痹，要多加思考，多问为什么。实际上陷阱的情况形式多样，记住在将你的钱投资出去之前，再怎么认真也不过分。一定要按规范的程序进行学习、考察、分析、评估与请教。永远把“小心驶得万年船”这句话牢记在心。

签订公平合理的加盟合同

加盟连锁合同是双方未来合作愉快与否的基础，它规范了总部与加盟店权利与义务的长期关系，具有法律约束力，因此，加盟者必须详细研究其内容并逐条了解，必要时最好请教相关的法律专家。有一些事项在合同中必须特别注意：

1. 合同序言

在合同的序言中应把合同中可能引起的误解或歧义的文字用定义的形式加以解释、说明，以免将来出现不必要的纠纷，如在合同中列明加盟金、保证金、特许权使用费的概念。

2. 关于特许权的授予

特许经营权的授予是指特许人给予受许人使用商标、商号、专有技术及经营模式等无形资产的权利，其中，特许人要为这些权利设定具体的形式或范围。

3. 关于业务种类

（1）必须清楚加盟店售卖的货品种类及系列，因对加盟店而言，基本上是可供销售物品越多则竞争力越大，经营额亦应较高。因此，对货品的描述亦应尽量详细。

（2）对于一些经常转换款式的货品，加盟店亦应要求加进条文，规定每当总店生产最新产品时，应于一定时间内通知加盟店并提供最新货品以供销售。

4. 总部供货的价格

一般的加盟合同中都会要求加盟者一定要向总部进货，不得私下进货，这点往往是总部与加盟店纷争最多的一环。因为加盟店经常认为总部的供货价格偏高，于是纷纷自行向外采购。但是总部基于连锁体系品质的一致性，不得不要求加盟店必须统一向总部采购，于是争端便产生了。较为合理的方式是加盟者在签立合约时，即应事先要求总部供货的价格不得高于市场行情，或是高出市场行情百分之多少是可以接受的，以免事后双方为了价格问题争执不休。

5. 关于费用支付

任何一种合同在涉及费用或价格问题时都比较敏感，特许经营合同也不例外，在特许经营合同中，特许经营的费用问题既是谈判的焦点也是合同签订后的难题。

（1）加盟费。在加盟时一次支付，通常已包含初步训练、广告、装修及一些开业时的支出，但一般均说明不包括器材等费用。加盟费的数额及其包含项目应由双方协商。

（2）使用费。加盟店使用总店的商标、商号、知识产权及接受管理训练及服务等。一般需要支付按销售额计算某一百分比的费用。

（3）其他费用，如广告费、保证金等，视总店的政策及销售行业的惯例而定。

（4）《企业连锁经营关于财务管理问题的暂行规定》第 16 条规定，加盟店按销售额或营业额不超过 3 %的比例支付特许权使用费。然而，该规定没有明文禁止总店征收其他费用。

（5）《商业特许经营管理办法》第 14 条亦详列各种可能发生的收费，但最终是根据双方协议执行。

6. 关于经营范围

（1）通常合约订明加盟店只在其营业地址经营，不可在其他地方开设店铺经营同样业务。

（2）总店应承诺在一定的范围不会允许开设另一家加盟店。加盟者对这个范围有多大，必须在合同内写清楚。

（3）加盟店应要求总店承诺在一定范围内开设另一家新店时，已加盟店应有优先权。

但值得一提的是，某些连锁企业因为加盟店增多或已达饱和状态时，在商圈的保障下，已很难再开新的加盟店，于是便取巧发展第二品牌。意即使用另一个新的品牌名称，而营业内容与原来的品牌完全相同，这样就可以不用受限于原有品牌的商圈保障限制了。例如，曾有某个房屋中介连锁公司就是如此，最后当然就会招致加盟店的群起抗争。因此，加盟者为保障自身权益，在签约时，最好载明总部不得再发展营业内容完全相同的第二品牌。

7. 关于初期及延续责任

（1）总店初期的责任。

①提供关于经营加盟店必须的开业资料及营运守则或经营手册；提供关于加盟店的标准设计及装修要求，并按设计提供加盟店开业所需的货架、店内宣传用品及店内灯箱片及加盟店所需的其他协助，费用由加盟店负责。

②为加盟店的员工提供培训课程。

③为新开张的加盟店推出广告，以增加其知名度。

④提供专卖证明书予加盟店。

（2）总店的长期责任。

①为了帮助加盟店更有效地推广业务，总店需要经常提供最新的货品讯息予加盟店。

②继续向加盟店提供关于经营管理加盟店的最新技术、知识、指导及员工培训服务。

③如加盟店发现有问题的产品，可携发票换取同样品质的完好产品。

④提供宣传推广材料给予加盟店。

⑤提供技术或专业人员为加盟店解决经营上的问题。

⑥按加盟店的购货要求提供产品，如未能提供应尽快通知。

⑦为加盟店提供一切有关经营业务上的一切协助。

8. 关于违约罚则

由于加盟合约是由总部拟定，所以会对总部较为有利，在违反合约的罚则上，通常只会列出针对加盟者的部分，而对总部违反合约部分则只字未提。加盟者对此应可提出相对要求，明定总部违约时的罚则条文，尤其是总部应提供的服务项目及后勤支援方面，应要求总部确实达成。

9．合同终止的处理

当合约终止时，对加盟者来说，最重要的就是要取回保证金。此时，总部会检视加盟者是否有违反合约或是积欠货款，同时，总部可能会要求加盟者自行将招牌拆下，如果一切顺利且无积欠货款，总部即退还保证金。但若是发生争议时，是否要拆卸招牌往往成为双方产生分歧的重点。某些总部甚至会自行雇工拆卸招牌，加盟者遇此情况，需视招牌原先是由何者出资而定。若由加盟者出资的话，那么招牌“物”的所有权就应归加盟者所有，总部虽然拥有商标所有权，但不能擅自拆除。若真想拆，就必须通过法院来做出判决，如果总部自行拆除，即犯了毁损罪。

当然，最重要的还是要把合约内容看清，逐一了解，若有任何不明了或不明确的地方，都应该向总部人员询问清楚。因为唯有在签约前仔仔细细了解合约，才能减少日后纷争的产生。

连锁加盟店经营技巧

加盟连锁店最大的优势是能直接借用总部的品牌和经验，从而能降低投资和经营的风险。但是，对于加盟者来说，并不代表“复制”完总部经营场所的环境、气氛和产品后就可以高枕无忧了。

在经营过程中，加盟店一定会涉及财务管理、人事管理、开拓市场、同行竞争等诸多因素，而且各个加盟店会因为地方习俗、所处市场、竞争环境等的不同，与总部存在很大差异。因此，加盟店要想稳定地获利，就必须把总部的经营理念、运作方式等吸纳为自身可用的方法，培养自己的经营管理能力，提高自己的经营技巧。

1．在前期，加盟者要注意合理筹措和投入资金

有些人由于急于创业开店，到处筹措加盟金、保证金等，甚至借高利贷。开店后，虽然生意也还算顺利，但是每天为了筹钱偿债，无法全身心地投入店铺的经营，最终导致店面垮掉。

胡峰为了筹措加盟金及开业费用，四处向人借钱。开店后，生意非常红火。见有利可图，一名债主提出以借给胡峰的6万元入股，参与店铺的利润分成，若不同意，则立刻还债。为了筹钱偿债，胡峰无心投入店铺的管理，服务品质逐渐降低，生意出现亏损。

因此，加盟者要量力而行，选择适合自己的加盟费用，否则，债台高筑，整日忧心忡忡，对店面的经营造成很大的影响。

同时，加盟者要对整个资金的投入确定一个合理的分配比例，做好整体规划。不要等到风风光光的开业后，才发现已无资金进行店面后期的运作，岂不是前功尽弃。

2. 控制好经营成本，规划好进货策略

经营过程的成本控制非常重要，少一分开支就等于多出一分利润，把成本压缩在较低的范围内是绝对必要的。

同时，规划好进货策略，调节好周转速度，也是控制成本的有效方法。如果经常出现资金占压严重的情况，资金运作捉襟见肘，就会很快陷入困境。

3. 学会管理员工，提高工作效率

虽然加盟后，加盟总部一般会在员工管理上提供一系列的培训，会给加盟商提供相应的支持，但是，远水救不了近火，加盟者需要从源头上找问题，真正融会贯通，学会管理员工。但是在实际经营中，有些加盟店老板正是因为没有正确认识这个问题，从惯常思维出发，依照自己的性情来做事，结果导致内部员工互相拆台的事情出现。

刘女士是一家美容连锁店的老板。她认为，只要加盟成功，自己就什么也不用干，一切可由总部来管理。可是真正开业后，员工的问题接踵而来。店里的一位员工乘工作之便，向客户推销别家的美容产品；不到一个星期，美容店的几名骨干员工被别的美容院挖走了，并带走了几十个固定客户。刘女士重新招兵买马，没过多久，发现又是为他人做了嫁衣。

由此可见，加盟店老板必须认识到管理员工是自己的事，而且是必须

要做好的事。首先，要充分了解自己的员工。作为管理者，要能充分地认识员工并非一件非常容易的事。但是管理者如果能充分了解自己的员工，工作开展起来会顺利得多。“尺有所短，寸有所长”，每个员工在能力、性格、态度、知识、修养等方面各有优点和缺点，有的员工工作起来利落迅速，有的谨慎小心，有的擅长处理人际关系，有的却喜欢埋头在统计资料里默默工作。俗话说“士为知己者死”，一个能够充分了解自己员工的管理者，不管是在工作效率上还是在人际关系上，都将会是个优秀的管理者。

其次，要多与员工交流，聆听员工的心声。员工总会有自己的不满和看法，虽然其中有正确的，也有不正确的。但是，如果得不到发泄或引导，就可能引发大的问题。所以，管理者需要经常与员工进行交流，征询员工的意见，倾听员工提出的疑问。解开了员工的心结，团队才会更加团结，工作积极性才会更高。

最后，要允许员工犯错误，对表现好的员工要经常表扬。现实世界充满了不确定性，在这样的一种环境中，做事自然不可能事事成功。作为一个管理者，若要求下属不犯任何错误，就会抑制创新精神，使之工作起来缩手缩脚。当然，对做出贡献的员工，要及时给予奖励和表扬，以鼓舞士气。

4. 掌握管理客户的技巧，建立良好的客户关系

客户是店铺的财神爷，没有了客户，也就没有做成生意的可能。因此，加盟店的老板一定要重视客户的关系维护，掌握管理客户的技巧。如果加盟店管理得好，客户就会成为其忠实的消费者；管理不好，则会大量流失，并且影响其他的客户。

（1）留住老客户。开发一个新客户是维护一个老客户成本的6倍，所以留住老客户，是加盟连锁店生存的基础。为客户做好售后服务，加强与客户的沟通，是行之有效的方法。同时，可以通过会员优惠活动等，及时回报老会员，以提高客户的满意度和忠诚度。

（2）挖掘新客户。加盟店可以采取多种经营方法进行营销，挖掘新的客户。比如，应用联合经营法，可以和附近的咖啡馆、电影院、网吧等具有共同客户群的商业机构形成联营，如买一种规定的商品将可能获得一张电影票等，以此来拓展自己的消费群体，挖掘新的客户。

（3）建立客户档案。客户档案包括顾客的基础资料、交易状况等，是加盟者进行管理、跟踪的重要资料。认真分析客户档案，会发现他们各自的喜好、眼光、购买力，从而可以更有针对性地为他们推荐商品、提供服务。

5. 积极积累行业经验

行业经验对于加盟者来说，是韩信点兵，多多益善。所谓隔行如隔山，同行不同利，就是这点造成的。

行业经验很难从一本或几本书中得来，许多东西只能亲身体验才能获得。因此，加盟店老板要处处留心，多多积累。比如，作为服装品牌的加盟商，就要多看流行杂志，多参加时尚活动，以培养自己独特的时尚理念和敏锐的时尚视觉。若你能以独特的眼光，为走进店里的每一位顾客提供适合她的搭配，还愁店铺的营业额不突飞猛进吗？

6. 与加盟总部协调共进

加盟店与加盟总部有着很微妙的关系，既唇齿相依，又各有其利益轴心。因此，加盟店与总部难免会发生一些冲突。加盟店往往埋怨总部存在官僚主义，只懂得瞎指挥，对实际情况缺乏了解；而总部也会认为加盟店以自我为中心，一意孤行，对总部的工作不支持、不配合。

出现这种情况，往往是因为加盟店对总部的政策或多或少地抱有怀疑或抵触情绪，或者至少是留有戒心的。因此，加盟者在选择加盟总部时，一定要选择一个能为加盟商提供切实支持和指导的加盟品牌，选择那些能很好地与加盟商合作共赢的品牌，并且在日常经营过程中，抱着“共创双赢”的心态，多与总部沟通交流，积极地配合总部的工作。

总之，加盟店的经营者要不断摸索和总结，掌握其中的技巧，提高自己的经营能力，促进店铺不断发展壮大。

连锁加盟店失败的原因

任何加盟者都不愿看到自己事业失败，然而，只要是投资，就会有风险，世上没有百分之百成功的投资，如果以为一旦加盟了连锁店，就能轻松地拥有增值利润，就未免过于天真。据统计，美国每年都有上万家企业破产，这里并不缺乏特许经营加盟店，尽管这些加盟者起初自以为找到了一棵大树做靠山，但大树好乘凉，却不能挡风雨。以下几种可能引致失败的原因，应引起加盟连锁经营者的重视。

1. 由于认识上的错误导致失败

从国外众多失败的案例可以看出，连锁加盟店失败的最重要的原因是认识上的错误。那些失败的加盟店老板认为，只要加盟就可以躺着什么也不干，一切由总部来管理。连锁总部是拥有若干的成功实例，但其他地区经营成功的例子，并不表示在本地由你经营也会成功。必须牢记，总部和加盟店是两个完全不同的事业体，总部提供（销售）给你的，只是一套加盟营运组合，你必须按照它的经验和指导，按部就班且切实地去执行，才有可能获得成功。换句话说，该加盟可能获得成功，你和总部均需付出努力，即使总部所提供的加盟营运组合是适合大多数加盟商的，尽管总部努力在发挥指导、督促的功效，假若你不作相应的投入，那最后就只有站到失败者的队列中了。所以，加盟店首先要端正认识，不要以为加盟之后就万事大吉，可以高枕无忧，任何生意都需要付出巨大的努力才能获得成功。

2. 加盟连锁前未作详细调查

这种失败的例子不在少数。某些加盟者对于将要加盟的连锁总部认识不足，总以为先加盟进去再说，以后有了问题，总部自然会出面协助解决。结果开店以后，总部什么经营指导也没有，有困难与总部联系也未见回音，这才发觉上当。具体说来，主要有以下几种类型：

（1）缺乏加盟连锁的基本知识。由于没有这方面的知识，只是在相关的报纸杂志上看到广告，就打电话过去，在听了对方简单而又令人心动的说明之后，就匆匆加盟。根本没有想到，加盟需要如此多的资金，并且有这么多的束缚，从而大大降低了工作的热情。凡是这种情况均属于对连锁加盟缺乏认识所致。这种“因误会而结合”必然最终导致“因了解而分手”。

（2）片面参观赚钱店。在加盟之前，虽然也遵照专家的意见，去了解了总公司究竟在做何种生意，也去看了加盟店空间经营得如何，但是一般总部都只带你去看经营良好的店而隐瞒不赚钱的店。直到加盟后，才知道竟有那么多的店不赚钱。

（3）没有对该行业进行调查。当初只是看到广告上吸引人的条件，看到漂亮的公司目录，就匆匆加盟了，却不知进入该行业后，同行业中有更优秀的企业，有更优厚的加盟条件与支援指导，想要中途退出，却因“违反契约”而无路可退。

3. 与总部产生严重冲突

加盟者与加盟总部之间的关系是建立在互利的基础上的，而要达到互利，双方必须互相配合和协调，但如果双方在配合和协调上出现问题，影响到双方利益，就会互相推诿，产生矛盾。

例如，某家加盟店生意欠佳，加盟者可能会埋怨总部的经营方针和指导有错误。但总部却认为是加盟者没有按指导方针执行，应属加盟者自己的过失，与己无关，更糟的是，由于双方关系不是雇佣或附属的关系，总部无权撤换加盟店的经营者，也无权干涉加盟店的人事管理；另一方面，加盟者也会认为店铺是属于自己的，因而对总部的指示产生抗拒情绪。这样下去，双方关系会越来越僵，矛盾日益加深，最后演化成冲突。

4. 擅自变更作业规定

有些加盟店老板一旦熟悉了整个店铺的运作，就会觉得总部的若干作业规定不尽合理，如果是基于善意而向总部提出，总部也会乐于接受，但如果是自作主张就会出现问题。特别是在销售的商品在自家店内加工制造的情况下，如果是改变制造的方法，或是更改加工的时间，或是调换作业

的顺序，以致对总部的种种规定都不予在意或不予执行，那么加盟店实际上已失去了总部的支援，孤军奋战了。

总部的种种作业规定，一定有其特色，擅自更改就丧失了它的作用，尤其品质方面更是如此。品质一旦不稳定，特色一旦丧失，顾客是很敏感的，慢慢地就会远离而去。

5. 缺乏管理经验

开创一个事业，要想获得成功，产品的可行性占去成功因素的40%，管理占30%，其余的30%是天时、地利、人和。即使是一家小小的店铺，管理也是不可忽视的，许多加盟店之所以陷入经营困境，很大程度上是因为加盟者缺乏管理经验。

还有一些加盟者在加盟前已创有小小事业，买一个特许经营权希望多方面发展，这类投资者往往会犯一个错误，即自以为是，把过去自己企业的独断专行作风带过来，认为自己有经营管理的经验，而忽略了整体纪律的重要性，这些都是缺乏特许经营事业管理经验的表现。

Part 14 第十四章

跟上潮流——网上开店扩财源

网上开店的优势

网上开店是在互联网时代的背景下诞生的一种新的销售方式，区别于传统商业模式。网上开店投入不大、经营方式灵活，可以为经营者创造不错的利润空间，成为许多人的创业途径。网上开店的优势主要表现在以下几方面：

1. 投入成本非常低

许多有创业想法的人士一开始都会把经营一家实体店铺作为起点，但大多数却不敢轻易尝试，这是因为经营一家实体店所承担的费用相对较高，这些费用包括房租、水电费、员工开支、税金、物业管理费、进货费、宣传费、物品的损耗与折旧，甚至转让费及押金等，粗算下来，要开一家实体店，几万元的先期投入是必不可少的。

但网上开店的成本就会非常小。一般说，筹办一家网店，不用去租门面，不用囤积货品，不用雇佣员工，所需资金很少。网上商店比同等规模的地面商店“租金”要低得多，同时租金不会因为营业面积的增加而增加，投资者也不用为延长营业时间而增加额外的费用。

一切经营都要进行成本控制，网上开店从一开始就将成本控制到了最低限度，这已为成功开店打下了坚实的基础。

2. 自由支配时间

经营服务性实体店的老板大都希望在不增加人员成本的情况下，全天候营业。但是，这对他们来说大多是一种奢望，只能遵循着正常的作息时间，不敢奢想打烊后再来的生意。

但网上商店延长了商店的营业时间，一天 24 小时、一年 365 天不停地运作，无需专人值班看店也可照常营业。网上商店还节省了人力方面的投资，如果不雇用帮手，店主完全可以在享受生活的同时把自家的网上小店打理得井井有条。同时，交易时间上的全天性和全年性，使得交易成功的机会大大提高。

3. 地域和规模限制小

实体店的选址至关重要，因为店铺的位置直接决定着客源与财源。如果是一家规模不大的实体小店，最多只能辐射周边十几公里的顾客，客流量相对很小，更不用说不同城市、不同国家的顾客来店中消费了。

但网上开店，令这一不可能的事情轻而易举地得以实现。只要你选择一个适合的网络平台，无论经营什么商品，无论店面大小，你的网店都不会受任何地域的限制，只要吸引到不同城市乃至不同国家网民的眼球，他们都有可能成为你的顾客。

网上开店不用再担心自己所处的地方多么偏远，甚至这还会成为你的优势。例如，利用网店经营一些本地的土特产、民族服饰，就是你独一无二的优势，获得一份不错的跨国贸易订单也不是没有可能。

店面的规模也不受限制。哪怕只是街边小店，在网上却可以拥有百货大楼那么大的店面，只要投资者愿意，可以摆上成千上万种商品。

4. 经营的风险大为降低

和经营一家实体店相比，网上开店的风险大为降低。这主要体现在以下几个方面：

（1）开实体店初期的准备工作相当烦琐，如选址、租金或店铺转让费用谈判、店铺装修、商品采购、办理相关证照等，店家必须全身心地投入，不可能轻轻松松甚至利用业余时间进行经营。而网上开店，因注册、开店等工作非常简便。只要卖家不辞辛苦，完全可以采取白天上班打工，晚上回家给自己当老板打理网店的生活方式，大大降低了由于选择过于草率所带来的风险。

（2）开实体店如果遭到人为的恶意破坏或者遭遇到不可抗力，将会给店家带来极大的打击，甚至是一场血本无归的灭顶之灾。虽然可以为店铺投保以减小损失，但多数店家只是小规模经营，并不愿支付一笔额外的保险费用。然而，选择在网上开店，卖家依托的是无形的网络平台，如果平时将卖品的数据进行备份，即使网店受到网络黑客的恶意攻击而完全瘫痪，

带来的最大损失也不过是暂时停业。在网络完全修复后还是一切照旧，不会有毁灭性的灾难发生，这就极大地减小了网店卖家面对不可知事件中所承担的风险。

（3）因网上开店成本低，只要控制得当，很少会出现将多年的辛苦积蓄付之东流的经营状况，这也是现在众多有创业想法的人首选网上开店的重要原因之一。

网上开店的形式

要想在网上开店，就要了解网上开店的形式，并结合具体情况，选择适合自己的开店形式。

一般来说，网上开店方式有两种：

1. 在专业的大型网站上注册会员，开设个人的网店

像淘宝网、易趣网、易购网、一拍网等许多大型专业网站都向个人提供网上开店服务，你只要支付少量的相应费用（网店租金、商品登录费、网上广告费、商品交易费等），就可以拥有个人的网店，进行网上售卖。

这种方式的网上开店相当于去线下一些大的商场里租用一个店铺或柜台，借助大商场的影响与人气做生意，我们目前所看到的网上开店基本都是采用这种方式。

2. 自立门户型的网上开店

经营者自己亲自动手或者委托他人进行网店的设计，网店的经营与大型的购物类网站没有关系，完全依靠经营者个人的宣传吸引浏览者。

自立门户型的网店的建设方式有两种，一是完全根据商品销售的需要进行个性化设计，需要进行注册域名、租用空间、网页设计、程序开发等一系列工作，个性明显，费用较高。二是向一些网络公司购买自助式网站模块，操作简单、费用较低，但是缺乏个性。

自立门户型的网店建设费用较高，同时还需要投入足够的时间与金钱进行网站宣传，优点是网店内容不需要像第一种类型的那样受到固定格式的限制，也不必交纳诸如商品交易费之类的费用。这一类网店相当于独立的店铺，如何吸引浏览者进入自己的网店，完全依靠经营者自己的推广。

以上两种网上开店形式是最基本的，但在具体的网上开店经营过程中，会在基本方式下演绎出各种各样的店铺经营方式。具体有以下几种：

1. 做网上特许经营加盟店

通俗地说，这种方式就是网上开店和特许连锁经营的结合体。

如果你始终无法找到网店卖品的定位，或者资金紧缺而不愿冒较大的风险，可以做网上的特许经营店，先期可能会投入 200 ~ 300 元的代理费，加盟那些早已升为皇冠级或钻石级的超级大卖家。

（1）开店优势。这种加盟店的投入少、风险小，但收入也不会很高。不过从长远考虑，加盟网上特许经营店有以下的优势。

①作为网店新手，在选品、进货、照相、修图、商品介绍等环节都需要学习与适应，加盟网上特许经营店正是一个网店新人能够快速提升销售经验的捷径。

②在与上级卖家沟通时，你可以边聊边学，逐渐了解并汲取对方成功的经验。

③鉴于加盟店代理的卖品都是经过经验丰富的上级卖家甄选过的，成交率相对较高，这可以迅速提升网店新手的信用，缩短你从网店新手到成功卖家的时间。

（2）操作方法。加盟网上特许经营店，可以按以下步骤操作：

①寻找合适的卖家做你的上级供货商，与其商谈供货折扣、发货及退货条件，签订合同。

②将卖家的商品原封照搬到你的网店中，包括卖品图片和介绍等信息，但不备货。

③有顾客购买时，与其进行沟通。成交后，告知上级卖家，并按照协商好的供货价格付货款，由上级卖家直接发货给你的顾客。

④顾客收到货，双方之间互作评价后，完成此次交易。

2. 网上开店和实体店铺相结合的形式

传统卖场和网络相结合，能发挥出 1+1>2 的效果。网络是一种手段，卖场是一个平台，通过网络手段，把消费者需要的产品带给消费者，引导消费者到卖场来消费。这样既能提升实体店的知名度，又能实现更多的销售。像淘宝网等网购平台也向实体店敞开了大门，专门开通“品牌商城”频道，来迎接众多品牌的到来，很多在传统卖场中已相当知名的品牌已经入驻。

3. 打造属于自己的 DIY 网店

如果网店里卖品不雷同、独此一份，而且每件卖品都是网店卖家精心设计、精心制作、全程质量把关的，这样的网店就属于 DIY（Do It Yourself）店铺。由于每件卖品都印刻上了店家的个性，这种独特性使卖品的竞争力大大增强，竞争对手模仿的可能性大大降低，卖品的价格自然可以定得高一些。DIY 网店包括个性饰品店、手绘店、十字绣店、个性 T 恤店、定制玩偶店、个性皮具店、家居装饰 DIY 店等，都是卖家靠自己的手艺在经营。DIY 网店重在卖品的创意和质量，如果你也拥有独到的手艺，就可以尝试开 DIY 网店。

网上开店需具备的条件

要开一家网上商店，首先就要有适宜通过网络销售的商品，并非所有适宜网上销售的商品都适合个人开店销售。根据业内人士的建议，合适网上开店销售的商品一般具备下面的条件：

（1）体积较小。主要是运输方便，降低运输的成本。

（2）附加值较高。价值低过运费的单件商品是不适合网上销售的。

（3）具备独特性或时尚性。

（4）价格较合理。

（5）通过网站了解就可以激起浏览者的购买欲。如果这件商品必须要亲自见到才可以达到购买所需要的信任，那么就不适合在网上开店销售。

参照以上条件，目前适宜在网上开店销售的商品主要包括首饰、数码产品、电脑硬件、手机及配件、保健品、成人用品、服饰、化妆品、工艺品、体育与旅游用品等。

任何工作或者创业都需要最基本的装备，就像每个武士都需要配备一把刀或者剑一样。网上创业也同样需要一些最基本的“刀剑”，用来建立网上店铺和平常的维护工作。

（1）可以上网的电脑。网上创业顾名思义就是使用电脑通过网络在互联网上进行产品的销售，从而产生利润。当然，电脑成为必备工具，可以说是网上创业者的“吃饭工具”。

（2）数码相机。货物在上网络“货架”之前，一般都需要对其进行拍照并上传到店铺上。照片使买家对商品有了更加直观的感受和了解，也使物品更受关注。没有照片，货物很难“出货”，一是因为很难引起买家的注意，二是因为买家怀疑该物品是否存在。

（3）电话。跟买家联系的最直接的工具。网上的联系可能因为你离开电脑从而无法及时联络，而可以随身携带的手机，使创业者无论走到哪里，都可以及时得到买家的反馈。

（4）扫描仪。某些货物可能已经有现成的图片，而且制作精良，就可以使用扫描仪把某些图片扫描进入电脑，及时上传货物的照片。

（5）即时通信工具。网上创业者基本上一天超过 12 个小时都应开通即时通信工具。据资深网上创业者介绍，他们需要开通即时通信工具随时和买家保持联络。有时候也是和出货方保持联络的一种方式。

要开一个赚钱的网店，还需要经营者有良好的个人能力：

（1）良好的市场判断能力，可以选择出适销对路的商品。

（2）良好有价格分析能力，既要进到价格更低的商品，又要将商品标出一个适宜的出售价格。

（3）良好的网络推广能力，可以通过各种方式让更多的浏览者进入自己的网店，而不是坐等顾客上门。

（4）敏锐的市场观察力，可以随时把握市场的变化，据此调整自己的经营商品与经营方式。

（5）较强的服务意识，可以通过良好的售后服务建立起自己的忠实客户群体。

总而言之，网上开店虽然是当下非常流行的创业方式，但也并不代表它适合每一个人。在开网店前，我们要认真盘点一下自身现有的资源，分析自己是否适合经营网店。这不仅要从硬件设备上着眼，而且更要从时间精力上考虑。通过全盘的思忖，我们才能切实地了解自身的实力，避免盲目的创业行为。

选择网上开店的平台

网上开店不仅依托网上商店平台的基本功能和服务，而且顾客主要也来自于该网站的访问者，因此，平台的选择非常重要。但创业者在选择网上商店平台时往往存在一定的决策风险。尤其是初次在网上开店，由于经验不足以及对网店平台了解比较少等原因而带有很大的盲目性。有些网店平台没有基本的招商说明，收费标准也不明朗，只能通过电话咨询，这也为选择网店平台带来一定的困惑。

不同网上商店平台的功能、服务、操作方式和管理水平相差较大，理想的网店平台应该具有这样的基本特征：良好的品牌形象、简单快捷的申请手续、稳定的后台技术、快速周到的顾客服务、完善的支付体系、必要的配送服务，以及售后服务保证措施等。当然，还需要有尽可能高的访问量、具备完善的网店维护和管理、订单管理等基本功能，并且可以提供一些高级服务，如对网店的推广、网店访问流量分析等。此外，收费模式和费用水平也是重要的影响因素之一。只要创业者经过仔细慎重的挑选，就可以最大可能地减小盲目性，增加成功的可能性。

目前中国提供网上开店服务的大型购物网站非常多，但真正有一定影响力的则数量不多，在此介绍几个主要的相关网站。选择这几个网站给予介绍的主要原因在于可以从这些网站上获取比较多的信息，这些信息不构成对任何一家网上商店平台的推荐和担保，请根据有关信息自行决策。

1. 淘宝网（www.taobao.com）

投资20亿元的淘宝网成立于2003年。经过几年的不懈经营，以占有网上购物市场份额80%以上的骄人业绩，成为国内C2C的领跑者。淘宝网在成立伊始，便提出5年内网上卖家免费开网店的口号，这大大降低了网上开店的门槛。同时，淘宝网与银行合力推出了支付宝这一降低网购中欺诈风险的支付工具，并自行研发了集即时文字、语音、视频沟通于一体的工具，不仅方便了买卖双方的沟通，还增加了交易全程提醒及发布商讯的功能。据《2006年第3季度淘宝网上购物报告》中所发布的信息显示：截止到2006年9月30日，淘宝网会员数达到2670万人，在线商品数达到3900万件，仅2006年第3季度总成交金额就达到43.5亿元，比中国C2C整体市场2004年全年41.6亿元的成交额还多，遥遥领先于网络购物领域的其他同行。据《2006年度中国网上购物调查结果》披露，淘宝网在包括B2C和C2C在内的中国网上购物市场中占了高达三分之二的市场份额，在C2C网上购物市场中占了高达80%以上的市场份额。

2. 易趣网（www.ebay.com.cn）

eBay易趣网的前身是成立于1999年8月的易趣网，由两名归国留学生创办，是国内最早引入C2C模式的电子商务交易平台，也是唯一一家经历了电子商务的泡沫期和寒冬期并培育了国内网上个人交易市场环境的C2C网站。2002年，以共计1.8亿美元的价格与全球最大的电子商务网eBay对接，成为了eBay设立在中国的分站。只是易趣网在从本土到跨国企业的转型过程中几经沉浮，伤了元气。尤其是并购初期在众多竞争者免收开店费的市场环境下，仍继续坚持根据功能分三档等级收费，经过商户的自身洗牌，虽然筛除了实力较弱的小商户，增强了入驻商户的综合实力，但同时也渐渐失去了C2C网站霸主的地位，其在C2C网上购物的市场份额大幅下滑到15%左右。

3. 拍拍网（www.paipai.com）

2006 年 3 月，腾讯旗下的电子商务交易平台拍拍网正式宣布开始运营。依托于腾讯 QQ 拥有的 2.3 亿庞大活跃用户资源，拍拍网的成长可谓神速。仅一年时间，网上在线商品数即突破 1000 万，在 A1exa 的世界网站排名上，拍拍网一直位列国内 C2C 网站流量排名第二的位置，成为中国 C2C 领域一匹潜力十足的黑马。

网上开店的基本流程

了解网上开店的基本流程，是开始真正实施开店计划的第一步。具体而言，网上开店要经过如下 11 个步骤：

1. 确定到底开一个什么样的网店

你需要想好自己要开一家什么样的网店，经营什么商品。在这点上，开网店与传统的店铺没有区别，寻找好的市场，自己的网店商品有竞争力才是成功的关键。

2. 选择开店的平台

你需要选择一个提供个人网店店铺平台的网站，注册为用户。这一步非常重要。比较著名的平台有淘宝网、易趣网等。大多数网站会要求用真实姓名和身份证等有效证件进行注册。在选择网站的时候，人气旺盛和是否收费以及收费情况等都是很重要的指标。现在很多平台提供免费开网店服务，这可以为你省下一笔费用。

3. 申请开设网上店铺

如淘宝网开店的条件：首先按淘宝网会员注册步骤注册为淘宝会员，然后申请支付宝并通过认证，最后在淘宝网里发布 10 件宝贝（你要在淘宝网上销售的商品）——必须保持在出售状态，这样就可以在淘宝网上免费开网店了。你要详细填写自己店铺所提供商品的分类，如你出售时装手表，那么应该归类在“珠宝首饰、手表、眼镜”中的“手表”一类，以便让你的目标用户可以准确地找到你。然后你需要为自己的店铺起个醒目的名字，网友在列表中点击哪个店铺，更多地取决于名字是否吸引人。有的网店显示个人资料，应该真实填写，以增加信任度。

4. 网上店铺进货

可以从你熟悉的渠道和平台进货，控制成本和低价进货是关键。

5，登录产品

你需要把每件商品的名称、产地、所在地、性质、外观、数量、交易方式、交易时限等信息填写在网站上，一定要搭配商品的图片。名称应尽量全面，突出优点，因为当别人搜索该类商品时，只有名称会显示在列表上。为了增加吸引力，网店的图片质量应尽量好一些，说明也应尽量详细，如果需要邮寄，最好说明由谁负责邮费。

6. 设置价格

这是一项非常重要的事情，因为直接关系到你的销售利润。通常网站会提供起始价、底价、一口价等项目由卖家设置。假设卖家要出售一件进价 60 元的衣服，打算卖到 120 元。如果是个传统的店主，只要先标出 130 元的价格，如果卖不动，再一点点降低价格。但是网上竞价不同，卖家先要设置一个起始价，买家从此向上出价。起始价越低越能引起买家的兴趣，有的卖家设置 1 元起拍，就是吸引买家注意力的好办法。

但是，如果起始价太低会有最后成交价太低的风险，所以卖家最好同时设置底价，如定 230 元为底价，以保证商品不会低于底价被买走。起始价太低，还可能暗示你愿意以很低的价格出售该商品，于是买家不愿出高价，从而使竞拍在很低的价位上徘徊。如果卖家觉得等待竞拍完毕时间太长，可以设置一口价，一旦有买家愿意出这个价格，商品立刻成交。缺点是如果几个买家都有兴趣，也不可能托高价钱。卖家应根据自己的具体情况利用这些设置。

7. 网上店铺营销推广

为了提升你在网上店铺的人气，在开店初期，应适当地进行营销推广，但只限于网络上是不够的，要网上网下多种渠道共同推广。例如，可以利用不花钱的广告，比如与其他网上店铺和网站交换链接等，也可以充分利用博客进行传播推广，还可以购买网站流量大的页面上的“热门商品推荐”的位置，将商品分类列表上的商品名称加粗、增加图片以吸引眼球。

8. 网上店铺售中服务

顾客在决定是否购买的时候，很可能需要很多你没有提供的信息，他们随时会在网上提出，你应及时并耐心地回复。但是需要注意，很多网站为了防止卖家私下交易以逃避交易费用，会禁止买卖双方在网上提供任何个人的联系方式，如信箱、电话等，否则将予以处罚。

9. 网上店铺交易

网上成交后，网站会通知双方的联系方式，根据约定的方式进行交易。可以选择见面交易，也可以通过汇款、邮寄的方式交易，但是总的来说要速度快，以免对方怀疑你的信用。是否提供其他网店售后服务，要视双方的事先约定而确定。

10. 网上店铺评价或投诉

信用是网上交易中非常重要的因素，为了共同建设信用环境，如果交易满意，最好给予对方好评，并且通过良好的服务获取对方的好评。如果交易失败，应给予差评，或者向网站投诉，以减少损失，并警示他人。如果对方投诉，应尽快处理，以免为自己的信用留下污点。

11. 网店售后服务

完善周到的网店售后服务是生意保持经久不衰的十分重要的因素。因此，一定要把顾客当上帝，随时与客户保持联系，做好客户管理工作。

如何提高网店的知名度

网上开店最怕没人光顾，毕竟酒香也怕巷子深。可以说，网名或者店名是吸引顾客的一种重要方式，如何扩大自己网店的知名度、增加客流量成为网店发展的关键之一。通常可以用下面的方法提高网店的知名度。

1. 头像、签名档

做一个漂亮的头像和论坛签名图，最好是动态的，以说明你卖的商品，这样做广告既不违规，而且还能吸引众多顾客光顾。

2. 友情链接

多置链接也是一种不错的方法，可以跟其他店主交换链接，最好选择与自己产品无直接竞争关系而具备互补性质的店交换，以增加网店被访问的概率。

3. 多留网店地址

为了让更多的顾客光临自己的网店，店主们要充分利用自己手中的资源，如在QQ和MSN的个性签名档中留下自己网店的网址，在每封邮件正文后面附上网店地址，也可以到各处的网络社区逛一逛，在各个网站BBS论坛的账号签名档上贴上网店网址。

4. 主营项目关键词

在店铺基本设置的主营项目中尽量多加与所售商品相关的关键词，这样容易被其他网站搜到，有助于提高店铺的知名度和浏览量。

5. 充分利用个人空间

因为在论坛里，好多人点你的名字就会进入你的个人空间，要多花些工夫装修一下个人空间，如果设计得很美、很有创意，就会吸引买家进入你的店铺。

6. 增加商品数量

尽量多上货（可不要重复发布），因为每件商品被买家看到的概率是一样的，所以商品数量多能增加你的浏览量，来的人多了，销量自然大，但是一定要分好类目，否则就成了杂货铺，影响了自己店铺形象，也不利于买家查看。

7. 利用品牌效应

许多顾客在网上买东西的时候喜欢买品牌商品，那么就要根据自己店里的特点，把这种品牌效应融合到店名、商品名字中。比如，“诺基亚手机专卖”“索尼之家”等利用品牌的效应融合在自己网店的特色中，这样一来顾客在购物时只要涉及需要的东西，搜索引擎会自动进行搜索、显示，为网店的生意带来很多方便。

8. 多开分店

淘宝网禁止重复发布商品信息，也禁止重复开店（出售相同商品），你可以用亲戚的身份证多开几个店，作为自己店的分店，同时用模板链接回主店，从而达到增加货品的目的。

网上开店如何进货

如何进货是网上开店非常重要的一步。选择市场需求旺盛的商品以及优质的货源，才能保证销售的利润。

怎样才能寻找到适合自己创业的货源是所有网上开店创业者最关心的问题，也关系到网上创业能否成功。

1. 到厂家进货

正规的厂家货源充足、价格较低，如果长期合作的话，一般都能争取到滞销换款。但是一般来说，厂家的起批量较高，不适合小批发客户。如果你有足够的资金储备，并且不会有压货的危险或不怕压货，就可以去找厂家进货。

2. 去批发市场进货

这是小店最常采用的进货渠道。如果你的店经营服装，那么你可以去周围一些大型的服装批发市场进货。在批发市场进货需要有很强的议价能力，力争将批发价压到最低，同时要与批发商搞好关系，在关于调换货的问题上要与批发商说清楚，以免日后发生纠纷。

3. 找大批发商进货

一般用百度、Google 就能搜到很多这类批发商。他们一般直接由厂家供货，货源较稳定。不足的是，由于他们已经做大了，订单较多，服务难免有时就跟不上。而且他们一般都有固定的回头客，不怕没有客户，你很难和他们谈条件，除非你定的次数多了，成为他的一个大客户，才可能有特别的折扣或优惠。而更为糟糕的是，他们的发货速度和换货态度往往很难令人满意。发货慢一点倒也没什么，只要我们提前订货就可以解决，但真正的问题在于换货。收到的商品有时难免有些瑕疵，尤其是饰品，所以应事先做好充分的沟通与协商。

4. 找刚刚起步的批发商

这类批发商由于刚起步，没有固定的批发客户，没有知名度。为了争取客户，他们的起批量较小，价格一般不会高于甚至有些商品还会低于大批发商。你还可以按照你进货的经验和他们谈条件，如价格和换货等问题。他们为了争取回头客，通常会在这些问题上做出小小的让步。而且他们的售后服务一般比较好，但需要注意他们的诚信度。

5. 寻找特殊货源

（1）购进库存积压或清仓处理商品。因为急于处理，这类商品的价格通常是极低的，如果你有足够的议价能力，可以用一个极低的价格买下，然而转到网上销售，利用网上销售的优势，利用地域或时空差价获得足够的利润。所以，你要经常去市场上转转，密切关注市场变化。

（2）关注外贸产品或 OEM 产品。目前许多工厂在外贸订单之外的剩余产品或者为一些知名品牌的贴牌生产之外会有一些剩余产品处理，价格通常十分低廉，这是一个不错的货源。

总之，网上开店，进货是一个很重要的环节，需要把握商品的销售市场和货源情况。只要找到了物美价廉的货源，你的网上商店就有了成功的基石。

网上开店的支付及送货

越来越多的人在网上开店，也有很多人开始在网上购物，目前网上开店主要有以下几种付款方式：手机支付、网上支付、邮局汇款、银行汇款、货到付款。为了方便顾客付款，应该给出多种选择，不要只接受一种支付方式，这样很可能会因为顾客感觉不便而失去成交机会。

为了增加顾客的信任度，可使用第三方付款方式，人民币可使用如支付宝、贝宝、快钱等支付方式。申请这些第三方网上支付的方式并不复杂，根据网站要求填写表单，然后进行身份验证，等着通知开通即可。

当然，一般情况下不要接受货到付款的方式，原因很简单，增加了网店的经营风险。货到付款的物流如果选不好，不仅使得资金周转周期过长，还有可能存在大量的城市物流到不了的情况。

如果要选择货到付款的物流公司，则必须要符合以下几个特征：

（1）结算信誉好。防止一些个人代理的公司，有时候他们会卷钱跑人。

（2）结算周期短。有的货到付款公司的结算周期是 3 天，有的是 45 天，差别非常大。

（3）能够到达的城市多。很多物流公司都支持货到付款，但是到达的城市不多，所以有很多订单发不过去。

网上开店主要采用的送货方式主要有以下几种：

（1）EMS 快递。安全可靠，送货上门，寄达时间更快，只是费用较高。

（2）快递包裹。与普通包裹类似，只是寄达时间加快许多。

（3）普通包裹。普通包裹用的是绿色邮单，寄达时间需 7 ~ 15 天。

（4）挂号信。适合比较轻巧的物品，20 克内，3 ~ 5 天寄达，注意物品要多包几层以免积压损伤。

（5）其他快递。目前国内快递业发展很快，送货也可以采用一些 EMS 之外的快递公司，前提是对方是正规的快递公司，比较 EMS，可以节省 50% 左右的费用。

（6）专人送货。如果顾客就在本市，可以考虑直接送货上门。与这种方式相结合可以采用货到付款的方式。

把网店生意做红火的窍门

做任何生意都有窍门，网上店铺经营也一样。关键是你要做个有心人，要多观察，多动脑子，也要多向别人学习。网店生意兴旺的窍门有以下几种：

1. 要想方设法吸引顾客

网上出售的商品，绝大部分的时候买家无法看到实物，所以需要拍出清晰漂亮的商品照片，还要有详细的商品描述，这样才能对买家有更大的吸引力。如果你的网店里的商品照片模糊不清，描述也非常简单，就很难获得买家的青睐。还要灵活使用推荐位，当你有了一两个推荐位时，一定要挑一个在你这个分类里最有特色、价格最有优势的产品，将它放到推荐位上去，目的不光是提高销售量，而是希望这个产品成为一个引子，吸引顾客到你店里去参观，这样就会增加成交的机会。而且，要经常更新商品，把新货挂到明显的位置。

2. 要巧妙沟通，不能犯忌

销售最重要的技巧就是沟通。如果沟通得好，就能很快促成交易，卖出商品；沟通得不好，顾客即使想买商品也会离开。为什么会沟通得不好呢？大多是由于犯了忌讳。一般来说，在网上交易过程中，要避免下面四种情况：

（1）基础知识不扎实。例如，顾客来时激动万分，三言两语便语塞，对产品的性能、功用不了解，对同行价格等相关数据未做调查，临时抱佛脚，现查现答，这样肯定效果不好。工欲善其事，必先利其器，此器就是产品的相关知识，产地、性能、功用、性价比等以及和同类产品的对比、竞争对手的情况等。

（2）做出无法兑现的承诺。为做成一笔生意，对顾客所有的要求全部一口答应，而到真正履行承诺的时候，却发现自己的能力达不到，或者即便履行了承诺，自己也伤筋动骨。轻诺必寡信，用脑袋管好自己的嘴巴。

（3）对顾客过分热情。顾客上门，热情似火，问一答十，恨不得把店铺所有的商品全部介绍出去，键盘敲得飞快，回过头来，却发现顾客已经离开。大家普遍认为，新手服务到位，但服务出位却是十分忌讳的，过分的热情会给顾客带来购买压力，不给对方考虑的机会，甚至会让顾客对你热情的动机产生怀疑。真正的热情不是话多，而是尊重对方、站在对方角度为顾客考虑。

（4）与顾客争论。为了一些无关紧要的问题与顾客争来争去，把交易变成了辩论。也许你让顾客最后哑口无言，但最终却失去了生意。我们的目的是把商品卖出去，而不是逞一时之快，对顾客所有的观点表示认同，学会说是，没错，您说的真对。

3. 售后服务要周到

售后服务是卖方向已购商品的顾客所提供的服务。售后服务的目的是让顾客方便使用，放心使用，降低使用成本和风险，增加使用效益，使顾客成为回头客或成为卖方商品的宣传者。因此，卖出商品后，要在第一时间和买家取得联系，发货后尽快给买家发一封发货通知信，最好能附上包裹单的照片，让买家能看清楚上面的字迹和具体编号等信息，让买家更放心，也让买家感到亲切，这对吸引“回头率”非常重要。

4. 要用诚信赢得顾客

在网络上经营，最主要的就是诚信。每个卖家都有一个关于诚信的记录，买家都可以看到卖家以前的销售状况以及别的买家对卖家的评价。网上记录了任何一个卖家的诚信记录，不诚信的人很难在网络上经营下去，而诚信卖家的商品价格即使高些都会有人买。

5. 采用一些有效的促销策略，定期有折扣，或者赠送小礼品

给予回头客一定的折扣，如购物满多少元，可以有礼物赠送，可以免邮费等。配合活动，你要换上新的签名档，介绍活动，还要去其他地方发布“促销消息”，充分利用好每一个资源来宣传网店。

最好、最省钱的宣传方式就是论坛了。首先，要想在论坛宣传，签名档是最重要的东西，特别是有些论坛不让发广告，那就只有通过签名档来指引感兴趣的人到你店来。其次，是去各省的省站论坛和各个大城市的城市论坛，及各种专业论坛。如果该论坛有部分栏目可以发广告，就要精心制作一份精美的帖子，发到论坛上，并保持定期更新和置顶，让你的帖子始终处在栏目的第一页。如果该论坛不让你发广告帖，你可以把自己商品的精美图片放上去，让大家欣赏，自然就会有感兴趣的顾客通过你签名档的地址到你店里参观。

6. 网上开店要循序渐进

一般开店的前 3 个月是适应网上开店和聚集人气的时候，这个时候要多学习好的卖家的经验，及时根据市场调整自己的经营，同时可以积累一些客户，这些客户都是你的朋友，也是最有缘的人，一定要服务好，老客户服务好会不断给你介绍新客户，之后，网店的经营就会向良性发展。

7. 要挣女人和孩子的钱

“赚女人和孩子的钱！”这是创业的一条金玉良言。在选择网店商品的时候，就要注意这一点。有关调查显示，70%的社会购买力来自女性。大到商场小到街边店，消费的主力都是女性。

女人身上的商机无非与美丽有关，但与其他商机相比，大多数产业项目在经营业绩上呈此消彼长的态势，美丽产业的差异在于，在新的商机出现时，对于原有结构的冲击并不明显。举例来说，从近二十年的女性消费热点看，从服装、化妆、美容瘦身、整容一路过渡着，但是新热点的出现，对前者并不会产生冲击，甚至有着相辅相成的效果。可见，这一市场是一个无限扩张的市场，对于网上开店者来说，后期经营能力的考验胜于前期项目选择的判断。

总而言之，网上开店赚钱需要不断积累经验，学习技巧，用各种方法促进商品销售，提高盈利。

网上开店不能犯的错误

做任何生意都会有风险，网上开店也不例外。如果在开店的过程中犯了不该犯的错误，就容易导致开店失败，造成损失。总括起来，开店不能犯的错误通常有以下几种，希望创业者尽量避免，不要造成遗憾。

1. 目标不明确，不切实际

网上开店必须要有明确的目标，不能糊里糊涂，盲目跟风。在网上开店的人中，肯定有不少卖家是兼职的，有的卖家只想体验一下创业的激情，在有激情时，他们也想在某个时间段内达到一个什么目标，可激情过后或经过一段淡季后，结果发现和自己所定的目标相差甚远，于是泄气，打退堂鼓。因此，我们在订目标时应贴近实际，要有可行性。

2. 效率太低

对网店新手来说，最重要的是提高人气。可如何提高，那就要多做广告，多发帖。可是同一时间段过频地发帖也不好，因为淘宝论坛中每时每刻都有新帖出现，不断更新，你的帖子可能会一步步下沉下去，或者你的帖子很难让阅读者产生共鸣，大家只是付之一笑或视而不见，随即忘却了。这样就浪费了不少劳动。如果长时间维持这种状况，则必然导致开店失败。

3. 商品质量不过硬

这是开网店失败的重要原因之一。因为没有人愿意买质量差的商品。如果商品质量过硬，我们在回复客户时就不必躲躲闪闪，可以很响亮地给予承诺。比如我们可以向所有客户承诺，如商品存在质量问题，全程包退换，来回的运费全免。

4. 服务太差

一些网上开店者刚开始的时候没什么本钱，可能服务态度比较好，可等他有了一定资本，成为钻石级卖家以后，觉得腰杆粗了，服务意识逐渐淡薄。例如，有顾客无意进了你的店，发现商品物美价廉，可顾客又犹豫不决，可能会对你的商品问这问那，你可能会出现烦躁心理，内心越来越讨厌他，就对他说每种商品店里都有，自己去看，要买就拍下等。这样就等于把顾客推出了门，时间一长，必然会经营困难。